ユング派心理療法

河合俊雄
[編著]

ミネルヴァ書房

はしがき

　ユング派心理療法（Jungian psychotherapy），あるいは分析的心理療法（Analytical psychotherapy）は，スイスの心理学者・精神科医であるカール・グスタフ・ユング（Carl Gustav Jung, 1875-1961）の心理学に基づいている。ユングはチューリッヒ大学精神科のオイゲン・ブロイラー（Eugen Bleuler）教授の下で助手を務め，統合失調症の治療および言語連想実験で有名になった。ユングの言語連想実験は，従来の研究のような反応内容の分析や分類ではなくて，反応時間の遅れや反応語の再生の失敗などの形式面での障害に着目したところが画期的である。そしてそのような障害からいわゆるコンプレックスと言われる，こころの感情的なしこりやひっかかりを明らかにしたのである。これには，こころの無意識的な側面への関心がすでに示されている。

　後にユングはフロイト（Freud, S.）と知り合って親交を深め，ともに精神分析を押し進めていく。フロイトのユングに対する信頼は，ユングが初代の精神分析学会の会長となったことにも現れている。その意味でフロイトの精神分析とともにユング心理学は，人のこころの無意識に着目する理論であり，心理療法なのである。だからクライエントの問題や症状についても，それを直接的に解決しようというよりも，その背景にどのようなこころの無意識的はたらきがあるのかを探っていき，その根本に取り組もうとするのである。

　しかしフロイトの権威的な姿勢，さらには無意識における性を強調するフロイトの理論に賛成できなかったユングは，心的エネルギーが性的なものに限らないことを1912年に書かれた『リビドーの変容と象徴』で表明してフロイトと決裂し，また1914年にはじまる自らの精神的危機を日記の『黒の書』，さらにはそれに絵とコメントをつけた『赤の書』に著すことで，独自の心理学を打ち立てていく。それは，フロイトが親子関係や過去の経験に基づく個人的な無意識を分析しようとしたのに対して，個人を超えた，いわゆる「集合的無意識」（collective unconscious）を強調する心理学である。なお秘伝の書と言われた

はしがき

『赤の書』は，2009年にはじめて出版され，大きな反響を呼んできている。

『赤の書』においてユングは，ヨーロッパが血の海になるなどの，自分のさまざまな夢やヴィジョンを記録してコメントをし，また夢やヴィジョンに登場した人物像を積極的に想起することで対話を行うアクティヴ・イマジネーションという方法を行って記録し，ときにはそれを絵に描き，それについても心理学的コメントをしている。これはユング一人での自己分析であるとしても，ここにはユング派心理療法のいわばプロトタイプが見られる。つまりユング派の心理療法においては，無意識からわき上がってくる内容を精神分析のように言語によって自由連想するのではなくて，夢，ヴィジョン，絵画などのイメージとして捉え，またイメージとなった無意識と積極的に対話していこうとする。これは初期の主著である『自我と無意識の関係』において理論化されていく。つまり自我とイメージとして現れてくる無意識との関係から心理療法を行っていこうとするのである。またイメージとして現れてくる無意識は，個人的な経験や記憶と関係がないことも多く，しばしば神話的な内容を示すので，個人を超えた集合的無意識の現れを重視していった。そのような集合的無意識の内容を規定するのが元型なのである。

元型というのは，実際のイメージの現れを名づけ，概念化していったもので，たとえば『自我と無意識の関係』で重点的に取り扱われたペルソナ，影，アニマ・アニムス，自己というのが代表的なものである。つまりわれわれは現実においては，父親，○○会社員などの自分の社会的役割であるペルソナと同一化している。しかし心理療法の過程においては，ペルソナとの同一化が揺らぎ，自我意識に対立するものとして無意識から現れてくるイメージにさらされ，それと対話し，ときにはそれを統合することが課題となる。ユングは，まず自分の生きてこなかった反面としての「影」が同性の人物として現れてくるとする。それはいつも礼儀正しい人なら，非常に失礼で厚かましい人であったり，逆に怠けている人に非常に積極的な人がイメージとして現れてきたりする。そのような影のイメージはクライエントの語りの中やイメージに登場する。心理療法が進むと，無意識からのイメージは異性像として現れてきて，ユングはラテン

語で魂を意味する言葉を使って女性像をアニマ，男性像をアニムスと呼んだ。無意識との対話においては，対立からの統合が問題になっているが，無意識を含むこころ全体の中心は，神，マリア，老賢者などのイメージとして現れてきて，ユングはこれを「自己」（self）と名づけた。このあたりのプロセスは，『赤の書』におけるユング自身の体験においてもたどることができる。

　日本における最初のユング派分析家で，日本にユング心理学を導入した河合隼雄の『ユング心理学入門』も，ほぼ『自我と無意識の関係』を元に書かれている。ただし，日本人の心性に合っていたためか日本で非常に広まったユング派心理療法は，またそれゆえに独自の展開を示したと言えよう。まず西洋のような明確な自我が確立されていない日本人にとって，こころ全体の中心としての「自己」という概念は理解されやすかったかもしれない。またユングが行った自我と無意識が対立する関係や対話としての心理療法というよりは，無意識のイメージの自己展開としての心理療法が中心になっていったように思われる。その代表が日本で爆発的に受け入れられた箱庭療法で，それはまさに無意識のイメージが自己展開していくことによって治療がなされ，ユングが重視したような無意識との関係性や，無意識の解釈や理解という側面があまり必要とされないことになる。日本におけるアニマ・アニムスのイメージが弱いという指摘も，同じような理由による。

　日本においてユング派の心理療法を行う際にも，文化差への配慮が必要となるように，イメージとして現れてくる個人を超えたこころを扱うためには，それの参照枠が必要となる。それをユングが神話，昔話，儀礼などに求めたように，河合隼雄が日本の昔話や神話の研究を通じて見いだした母性性の優位や「中空構造」，さらには生け花，庭園をはじめとする美的な伝統と日本の心理療法との関わりも大切であろう。

　後期のユングは，錬金術の研究に没頭していく。それは自分の心理学の歴史的背景を見いだそうとしたということや，また自分の心理療法のプロセスとイマジネーションとして示される錬金術のプロセスに類似を見いだしたことがあると考えられてきた。後期の錬金術研究は心理学や心理療法としてあまり意味

はしがき

がないという立場のユング派もいたけれども，これに対してドイツのユング派分析家であるヴォルフガング・ギーゲリッヒ（Wolfgang Giegerich）は，後期ユングが錬金術の研究を通じて，大著『結合の神秘』の副題にあるように，「結合と分離の結合」という論理に取り組もうとしたことを指摘する。錬金術が金を作り出すという不可能な課題と取り組んだように，ユングの言う結合も，神との結合や超越との結合として，科学的な世界観を生きているわれわれにとって文字通りに実現できるものではない。それは弁証法的に乗り越えられねばならないのである。またこの論理は本書でも取り上げるように，意外にも発達障害における主体の成立を考える上でも重要なことがわかってきた。

このようにユング自身の心理学の発展とまたそれの日本での展開を考えてみると，一口にユング心理学やユング派心理療法と言っても，非常に多様であることがわかる。発達心理学的側面を重視するユング派は，精神分析とのつながりを強調するのに対して，むしろユング派心理療法の特徴は，自我を中心としない前近代の心性をイメージとして取り上げているとも考えられる。本書は後者の立場からユング派の心理療法と前近代のこころ観との関連をクローズアップしつつも，精神分析との関係についてもおもにウィニコット（Winnicott, D. W.）とのつながりでさぐっていきたい。

2013年1月

編者　河合俊雄

ユング派心理療法　目次

目　次

はしがき

第Ⅰ部　解説編

1　心理療法という場と主体性 ……………………………河合　俊雄… 3
　　1．心理療法とは……3
　　2．心理療法と場……5
　　3．枠……7
　　4．主　体　性……10
　　5．人　間　観……13
　　6．クライエントによる心理療法の理解……15

2　近代の心理療法とユング心理学的アプローチ …………河合　俊雄… 18
　　1．心理療法と時代・文化差……18
　　2．近代意識の成立と心理療法……19
　　3．心理的症状と心理療法の成立……24
　　4．前近代の心理療法……27
　　5．集合的無意識とユング派のアプローチ……29

3　中間対象としてのイメージ ……………………………河合　俊雄… 32
　　1．心理療法における第三のもの……32
　　2．ウィニコットと中間領域……34
　　3．心理療法と三者構造……36
　　4．中間対象としてのイメージ……38
　　5．第三のものの誕生……40
　　6．語りにおける第三のもの……43

4　物語と象徴 ……………………………………………河合　俊雄… 46
　　1．集合的無意識と元型……46
　　2．物　　語……48

3. シリーズでの理解……51
　　4. 心理療法における物語……53
　　5. 象徴と拡充法……55
　　6. 象徴と文化……57
　　7. 継時性と同時性，水平性と垂直性……59

5　物語と象徴以前・以後 …………………………………………河合　俊雄… 61
　　1. 物語・象徴の通じない世界……61
　　2. 物語・象徴性と病態水準……63
　　3. 物語・象徴以前……66
　　4. 物語・象徴以後……69
　　5. メトニミー……70
　　6. 物語・象徴以後の心理療法……72
　　7. 物語・象徴を超えた見方……73

6　イメージとの関係 ………………………………………………河合　俊雄… 76
　　1. 第三のものとしてのイメージ……76
　　2. 内　面　性……77
　　3. イメージへの内在性アプローチ……78
　　4. イメージとのさまざまな関わり（1）暗黙の理解……81
　　5. イメージとのさまざまな関わり（2）イメージとの意識的関係……82
　　6. イメージとのさまざまな関わり（3）イメージとずれ……84
　　7. イメージとのさまざまな関わり（4）イメージから現実へ……85
　　8. イメージとのさまざまな関わり（5）現実との解離……86
　　9. イメージとのさまざまな関わり（6）イメージとの関わりが困難な場合……87

第Ⅱ部　事例編

1　言葉の遅れを主訴とする軽度自閉傾向の幼児期男児とのプレイセラピー
　　………………………………………………………………大久保　もえ子… 93
　　1. はじめに……93

目　次

　　　　2. 事例の概要……93
　　　　3. 面接の経過……94
　　　　4. 考　　察……101

　2　発達障害ボーダーと診断された小学生男児のイメージの世界
　　　　──影，そして主体の誕生 ………………………………渡辺　あさよ…111
　　　　1. はじめに……111
　　　　2. 事例の概要……111
　　　　3. 面接の経過……112
　　　　4. 考　　察……124
　　　　5. おわりに……127

　3　性犯罪被害を受けた小学生女児の描画・箱庭表現
　　　　──火の表現による再生 …………………………………高見　友理…130
　　　　1. はじめに……130
　　　　2. 事例の概要……130
　　　　3. 面接の経過……131
　　　　4. 考　　察……140
　　　　5. おわりに……142

　4　発達障害が疑われた幼児期女児をもつ母親との心理面接
　　　　………………………………………………………………三宅　理子…146
　　　　1. はじめに……146
　　　　2. 事例の概要……146
　　　　3. 面接の経過……147
　　　　4. 考　　察……155
　　　　5. おわりに……162

　5　摂食障害の10代女性との心理面接──背後にある現代の意識
　　　　………………………………………………………………橋本　尚子…166
　　　　1. はじめに……166

2. 事例の概要……*166*
   3. 面接の経過……*167*
   4. 考　　察……*174*

6　摂食障害を抱え，自分らしく生きる基盤を模索した
　　10代のクライエントとの心理面接 ……………………………桑原　晴子…*184*
   1. はじめに……*184*
   2. 事例の概要……*184*
   3. 面接の経過……*185*
   4. 考　　察……*193*

7　アトピー性皮膚炎に苦しむ青年期女性の夢と言葉 ……前川　美行…*201*
   1. はじめに……*201*
   2. 事例の概要……*201*
   3. 面接の経過……*202*
   4. 考察――「もう一人の自分」の成立……*217*

8　「解離」した生活を送っていた20代女性との心理面接
　　………………………………………………………………………田熊　友紀子…*221*
   1. はじめに……*221*
   2. 事例の概要……*221*
   3. 面接の経過……*222*
   4. 考　　察……*230*
   5. おわりに……*234*

9　統合失調症の10代女性との塗り絵を用いた心理面接 ……福田　周…*237*
   1. はじめに……*237*
   2. 事例の概要……*237*
   3. 面接の経過……*239*
   4. 考　　察……*245*

目　次

10　統合失調症と診断された20代女性との心理面接
　　　――自分と第三者との関係性をめぐって ……………………本島　京子…*251*
　　　1. はじめに……*251*
　　　2. 事例の概要……*251*
　　　3. 面接の経過……*253*
　　　4. 考　　察……*265*

11　神経症の40代男性との心理面接――イメージとして見た身体症状
　　　………………………………………………………………藤巻　るり…*272*
　　　1. はじめに……*272*
　　　2. 事例の概要……*272*
　　　3. 面接の経過……*273*
　　　4. 考　　察……*283*

第Ⅱ部各章末コメント ……………………………………………河合　俊雄

ユング派心理療法を学ぶ人のためのブックガイド …………河合　俊雄…*289*

さくいん ……………………………………………………………………*293*

第I部

解説編

1 心理療法という場と主体性

河合　俊雄

1. 心理療法とは

⑴心理療法が必要とされるとき

　本書は，心理療法におけるユング心理学的アプローチを紹介するものである。ユング派の心理療法と言うと，夢分析が中心という印象が強いかもしれない。筆者にも，心理療法は夢分析だけで行っているのかという質問をする人がいるくらいである。たしかにユング派における狭義の「分析」では夢が中心になるのかもしれないし，夢や箱庭をはじめとするイメージを扱うことが重要なのは間違いない。この理論編においても，イメージはキーワードになっていくであろう。また後での事例編においても，夢，絵，箱庭などのイメージが用いられていることが多い。けれども，ここでは夢分析などという特殊な技法に限定されたものではなくて，むしろ広い意味でのユング的なアプローチを取り上げていきたい。つまりかならずしもユング派の訓練を受けていなくても，あるいはかならずしもユング派的なオリエンテーションではなくても，ユング的な心理療法の捉え方や基本姿勢がどういうものであるのかをつかんで，それを学びとっていってほしいのである。

　このように狭い意味でのユング派の心理療法に限らず，さまざまな心理療法に共通したり，応用したりできる点に焦点を当てていくためには，そもそも心理療法とは何かという共通理解から出発した方がよいであろう。心理療法は，

何らかの症状や問題を抱えた人が受けにくるものである。たとえば学校に行けないということであったり，ときどき電車の中で怖くて呼吸が速くなり，息苦しくなるということであったりする。事例編11に出てくるクライエントは，吐き気がとまらなくなる。もちろんこのような問題があるときに，誰でもいちおうの対処の仕方を工夫してみるであろう。電車で呼吸が速くなる場合だったら，がまんできるように，少しがんばってみたり，飲み物を用意したり，音楽を聴いてリラックスに努めたりする。親や友だちに少し相談してみたら，「気にしない方がよいのじゃないの」というアドヴァイスを受けたりするので，取りあえず考えすぎないように努めてみる。あるいはどこか体が悪いのかもしれないと思って，病院で呼吸器や循環器の検査を受けたりする。しかしながら，このような対処の仕方ではどうしてもうまくいかなくて，心理療法を受けてみようということになったり，精密検査を受けた病院で「精神的なもの」なので心理療法を勧められたりするのが通例であろう。

　心理療法に到るまでのいきさつにも示されているように，心理療法にはどうしてもマイナスの，消去法的な定義が似合っている。医学的な検査を受けてみて，何も悪くないのに朝起きられない，呼吸が速くなってしまう，手が人前で痙攣するなどのように，医学的には原因を見つけたり，解決を見つけたりできないのに，問題や症状が残っているときに，また簡単な方策やアドヴァイスでうまくいかないときに，心理療法というのがクローズアップされてくることは多いのである。

(2)簡単に問題を解決する方法はない

　このように方策がなくて，藁にもすがる思いで心理療法を受けに訪れたのに，心理療法は学校に行かせたり，過呼吸を治したりする方法をすぐに教えてくれるのではない。あるいは逆に言うと，簡単に治すような方法が存在するならば，わざわざ心理療法を受けにくることはないであろう。簡単には治す方法がないからクライエントが心理療法を受けにきているということは大切な前提であると思われる。つまり医学におけるような処置や治療，教育におけるような指示，

教育，指導，訓練などですぐにはよくならなかったから心理療法がはじまったのであり，したがってそのような具体的な手伝いをしてもらえるところではないのである。逆にセラピストの立場からすると，たとえ指示や指導をしてもうまくいかないことがあらかじめわかっているので，それらを差し控えることになる。このように心理療法が，処置や処方を与えてくれる医学モデルや，指示や教育をしてもらえる教育モデルとはまったく異なる考え方に基づいていることを理解しておくのは大切である。

　これは心理療法を医学でない，教育でないなどと，「……でない」という言い方でネガティヴに定義する場合にかなり特徴的なことであるけれども，はじめて心理療法を受けに来たクライエントからすると，期待に添わなかったり，意外であったりすることが多いであろう。クライエントは，何よりも問題や症状を解決したいし，簡単な方策が通じなかったのにもかかわらず，せっかく専門家の所に来たのだから，すぐにでも問題が解決されることを望んでいる。またセラピストに解決方法を教えてもらえると信じていることも多い。これに対してセラピストはクライエントに，心理療法がそういうものでないことを多少とも理解してもらわないと，心理療法はそもそもはじまっていかないのである。このあたりが心理療法の抱えるジレンマであり，また心理療法が成功するための第一の関門であると言えよう。

2. 心理療法と場

(1) 心理療法の定義

　それでは心理療法とはどのように定義できるであろうか。心理療法とは，「クライエントが主体的に問題を解決するために，場や拠り所を提供することである」とまず定義できよう。クライエントは，セラピストの指示や指導を受け身的に与えられることによってよくなるのではなく，あくまで自分で主体的に解決を見いださないといけない。ただしそれは一人でやれることではなくて，心理療法は自分の問題と向かい合い，自分で解決していくための場や拠り所

提供するのである。そのような場に守られ，支えられ，また一人だとついつい自分の問題や課題から逃げ出したくなるのに，それと向かい合うことをつきつけられることによって，心理療法は進行していくことになる。

　これは心理療法についての一般的な定義のつもりであるけれども，これにもすでに心理療法についての筆者の，あるいはユング心理学的な理解が入ってきているかもしれない。たとえば，先ほどの定義を「クライエントがセラピストとの人間関係を支えにして，主体的に問題を解決すること」に変えると，より治療関係が強調されていることになる。それはクライエントからさまざまな感情や問題がセラピストに移される，いわゆる「転移」ということを強調する精神分析の理解に近づくのかもしれない。しかし筆者には，治療関係を強調するよりは，むしろ「場」ということを考えていく方が心理療法にはふさわしいように思われるのである。

(2) 場を作ることと相談すること

　またこのように定義すると，心理療法においてはまず場を形成し，それをベースにして具体的な内容を話し合い，相談するという，いわば二段構えになっていることになる。話をするためには，まず話せる雰囲気が前提になることは，日常のやり取りにおいてさえも同じであろう。たとえば，さほど信頼していない担任の先生に，「何か悩んでいるの？」と尋ねられても，生徒は「別に」と答えるだけであろう。心理療法に関しては，どのような具体的な悩みや問題があるかという内容に焦点づけられがちになる。しかし具体的な悩みの内容やそれの解決ということよりも，それの前提となる「場作り」の方がはるかに大切なことがわかるであろう。柔らかい言い方をするならば，話せる，話しやすい雰囲気があってこそ，はじめて話もできるのである。極端な言い方をすれば，相談や問題の内容に関わらなくても，あるいはそれを理解していなくても，場さえあれば解決に向かうことも多いのである。たとえばクライエント中心療法と言われるロジャース派の態度などは，雰囲気や場作りのみに専念していると言えよう。心理療法においては，クライエントが主体的に解決を見いだしてい

くことが基本なので，河合隼雄がしばしば述べていたように，セラピストは「何もしないことに全力をつくすことだ」（河合，2000, p.21）などという表現がされることすらある。しかしこれは何もしていないのではなくて，むしろ場作りに全力を注いでいるのである。

場作りと相談の内容と言っても，まだ漠然としているかもしれないので，心理療法についての定義を，枠，主体性，人間観というキーワードに展開させて，もう少し詳しく説明してみたい。

3. 枠

(1)時間・場所・料金

まず枠であるが，これはまさに心理療法の場作りのための具体的な方法である。心理療法における枠とは，時間，場所，料金をおもに指している。つまり心理療法では時間，場所が決まっていて，面接に対して料金が支払われる。このように通常1回50分という時間と，いつも同じ相談室という場所が決められ，区切られることによって，心理療法は日常とは異なる時空間として成立してくる。それは文化人類学的な表現をするなら，いわば俗なる日常の世界と区別された聖なる世界のようである。これはいわば異次元であり，また限られているからこそ，無限の世界になりうるのである。また時間と空間を決めるからこそ，守られているという感覚がクライエントに生じてくるのである。そしてこの異次元で話されたことは，他の人には話さないという守秘義務が生じてくる。このことも守りとして機能するのである。

日本でスクールカウンセラーが導入された際に，この時間と場所というのが大きな問題となった。学校側からすると，教室や職員室の片隅でもカウンセリングはできると考えがちであるのに対して，カウンセラーとしては，相談のための独立した部屋が存在することの大切さを理解してもらおうと，努力していったように思われる。学校の中にありながら，その秩序からは多少とも自由な場所があるからこそ，相談に訪れる生徒や先生も自由に話ができるのであって，

そのためにカウンセリングのための空間が確保されていることは大切である。

また時間が決まっていることにより，たとえ短くとも，他の人が邪魔してくることのないクライエントのためだけの時間となる[1]。そして通常50分という制限のある時間であるからこそ，他の他愛もない話題にかまけている場合ではない，真剣で濃密な時間となりうるのである。

さらにはお金が支払われることは，治療関係があくまで心理学的な作業のための同盟であり，契約であって，個人的に親しくなるのではないことを意味している。お金が支払われることも，治療の場を守ることに寄与するのである。もっとも先のスクールカウンセラーや，学生相談の場合など，無料で行われている場合もある。その場合には，枠や守りが弱いという自覚が必要であろう。

精神分析の場合には，これにさらに自由連想とセラピストの禁欲原則というのが付け加わるかもしれない。つまり平たく言うと，クライエントは頭に浮かんだことは何でも話し，セラピストはそれに対して指示や批判などを向けることを差し控えるのである。そのことによってクライエントは自ら主体的に，問題の解決に向けて進んでいくはずなのである。

(2)枠の重要性を学ぶ

心理療法における枠の重要性は，いくら強調してもしすぎることはないであろう。クライエントの問題があまり複雑でない場合には，枠さえしっかりしていれば，自然によくなっていくことすらある。つまり場作りさえしっかりしていれば，クライエントは安心して語っていって，うまく治療が進むというわけである。しかし枠の重要性は初学者には本当の意味で理解することはむずかしいし，またクライエントにとっても不可解に思えることも多い。なぜ50分しか会えないのか，なぜ他の場所では会えないのか，なぜ料金を払わないといけないのか，などという疑問が生じてくることもある。

セラピストにとって枠の重要性を学ぶにはさまざまな方法が考えられる。も

---

(1) 時間に関しては，河合隼雄（2009）の説明がすぐれている。

ちろん心理学の理論や，文化人類学の儀礼やイニシエーションにおける聖なる時空間についての理論を学ぶことは重要であろう。たとえば多くの民族においては，若者が住み慣れた村里から引き離され，森の中の小屋などの聖なる場所でイニシエーションの儀式を受けることがある。しかし実際的には，たとえば自分が受け持っている事例を相談するスーパーヴィジョンを受けてみると，時間と場所が決まっていること，料金を支払うことにどのような意味があるのか，身をもって知ることができる。ビギナーにとってのスーパーヴィジョンは，ほとんど見当のつかない心理療法の内容についてベテランのスーパーヴァイザーから逐一指導が受けられるということに重点があるように思われているかもしれない。しかしそれ以前に，クライエントの立場に立って，治療構造や枠のこと，つまり場作りの大切さを体験でき，いわば体感できるということが非常に重要であると思われる。たとえば毎回決まった時間に，自分の関わっている事例のことを話せることが，いかに安心につながるかが実感されるかもしれない。あるいは逆に，忙しいスーパーヴァイザーに合わせて，毎回時間が変更になり，それどころか，ときには先生の研究室，ときには勤務先の病院などのように場所が変わることに，動揺を感じるかもしれない。この場合にも，場作りと心理療法の内容について学ぶことの二層が存在していることになる。

　また枠の大切さは，セラピストが失敗することから経験的に学ぶことになる場合が多い。つまり枠とはわれわれを取りまいている空気のようなもので，それが存在しているときには気づかないし，なぜ重要であったり，必要であったりするのかわからないけれども，それを守れなくて，さまざまな問題が生じてきたときにはじめて気づかされるのである。スーパーヴィジョンを受ける際に，時間と空間が定まっていないというのも，そのような例である。心理療法というのが否定的にしか定義できないことをすでに指摘したけれども，その枠の大切さも，否定的にしか学べない場合が多いと言えよう。

　さらには，自分自身の失敗は自分に近すぎて気づきにくく，むしろ事例検討会などで他のセラピストの失敗を聞いて学ぶことも多いように思われる。他人の事例において，セラピストが時間を延長したばかりに，クライエントと距離

が近くなりすぎて，治療がうまくいかなくなってしまったこと，あるいは心理療法の内容をクライエントの母親に話してしまったために信頼関係が崩れてしまい，クライエントが来なくなったり，治療プロセスが途切れたりしたこと，などが如実に感じられることもあり，このようにして枠の重要性が実感されていくことになるのである。

　このようにスーパーヴァイザーや同僚などのまわりから枠について学ぶことが多いからこそ，心理療法を支えている治療枠とは，セラピストとクライエントとの間の個人と個人の契約関係だけではないことがわかる。つまりセラピストがどのような同僚を持ち，どのようなスーパーヴァイザーを持っているかも枠に寄与している。さらには，どのような機関で仕事をし，どのような所で訓練を受けているかも枠になるのである。時間・空間・お金というのも，セラピストとクライエントとの間の二者の契約では弱く，それが相談機関のルールであることによって，普遍的なものとなり，枠として機能する。受付の人がいてくれたり，○○クリニックや△△相談所という場所で心理療法を行っていたりすることが，暗黙のうちに枠となり，守りとなっているのである。だからこそ治療関係というよりは，「場」という言い方の方が，心理療法の枠を考える場合に重要なように思われるのである。

4. 主体性

(1) クライエントの主体性を尊重する

　次に主体性というポイントに移りたい。心理療法にとって主体性とは，根本的なことであろう。そもそも「クライエント」という言い方が，心理療法の対象が，心理療法家のもとや相談室に「訪れてくる人」であることを示しており，「患者」や「病人」というものが対象でないことを如実に示している。これは医学モデルと決定的に異なることである。たとえば医学モデルからすると，不登校や引きこもりの子どもがいる場合に，その問題を持った本人が来ないことにはお話にならないであろう。それこそ子どもが骨折した疑いがある場合に，

その本人が病院に来ずに母親が来院しても、まさか母親のレントゲン写真を撮るわけにもいかず、医者としては対処のしようがない。

しかしながら心理療法においては、あくまで主体的に来談してくる人がクライエントなのであって、それはかならずしも精神医学的に見て一番問題を持っていそうな人ではない。だからこそ不登校になっていたり、引きこもっていたりする子どもは来談せずに、母親が来談してくる母親面接というものも心理療法として成立するのである。事例編4でも、母親面接の例が取り上げられることになる。また逆に子どもがプレイセラピーを受けているけれども、心理療法を受けようとせずにたんに情報だけを得ようとしたり、付き添いという役割に徹したりしようとする母親、さらには一度も現れてこない父親の方が問題ははるかに深いということも、しばしば見受けられることなのである。

同じようなことであるけれども、心理療法は問題を持った人をピックアップできない。医学なら健康診断が典型的なように、医学的なデータを集めて、精密検査や治療を受けるべき人をピックアップでき、法定伝染病の場合は強制的に入院させたりすらできるけれども、心理療法の場合は、心理テストの結果などによって、心理療法を受けるべき人をピックアップすることはできない。大学の授業や、調査研究で描画テストなどを行うと、非常に問題があると感じられたり、ときには精神病圏の疑いがあったりする描画に出会うことも多いけれども、そのような人に半強制的に心理療法を勧めるわけにはいかない。あくまでも自分で問題を感じて訪れてくる人が心理療法の対象なのである。

そして心理療法の中においても、セラピストが主導して指示したり、解決を教えたりするのではなくて、あくまでクライエントが自分で主体的に語っていき、自分で解決を見いだしていくことになる。心理療法とは、あくまでそれを支える場の提供なのであって、クライエントの主体性が発揮されるように、いわば背後から支えることなのである。けれども場なくしては主体が成立しないことも事実であって、主体性と場作りというのは、図と地、表裏のような関係になっている。比喩的に述べると、心理療法とは、あるいはセラピストの作業とは、主体の立つための場所を用意し、語りのための沈黙を準備するものなの

である。

　そしてクライエントが主体的に来談し，語っていくからこそ，もともとの問題が思わぬ方向に変化し，広がっていったりするのである。たとえば子どもの不登校のことで心理療法に来たはずなのに，話される内容は親子関係の問題から，夫婦関係の問題へ，さらには自分の幼少期の親子関係のことに広がり，移っていったりする。つまり主体的であるというのは，狭い意味での自由な意志決定ができるということではなくて，主体的であればあるほど，あたかも自分で自分をコントロールできないかのようになってしまう逆説が存在するのである。この意味で，語ることや，ユング派の心理療法におけるようなイメージを生み出していくに際しての，無意識の働きということを考えざるをえなくなるのである。主体的であるとは，逆説的なことに自分を何かに積極的にゆだねることでもある。ユング派の心理療法では，夢であれ，箱庭であれ，イメージの流れに自分をゆだねるという面が強いと思われる。

　また主体的に来談しているからこそ，問題をさらに深めて追求するのではなくて，逆に問題をある程度のところで切り上げてしまうことも可能なのである。セラピストとしては，まだ問題を深めていく必要があると思っていても，クライエントは自ら区切りをつけて心理療法をやめていくことがあり，この場合にも医学的な治療とは違って，セラピストはクライエントの主体的な意向を尊重する場合が多いのである。事例編にも，たとえば「『解離』した生活を送っていた20代女性の事例」（事例編8）のように，自分の心理学的な課題とは別にクライエントが区切りをつけていく例が見られる。

(2)派遣されて行う心理療法における主体性

　付け加えておくと，この心理療法における主体性ということに関して，変化が生じてきているかもしれない。近年，教育現場に派遣されるスクールカウンセラー，ターミナルケア，HIVカウンセリング，遺伝カウンセリングなど，医療現場に派遣されている臨床心理士，医療少年院など司法領域に派遣されている臨床心理士，企業に派遣されている臨床心理士，さらには震災のこころの

ケアで脚光を浴びたように，災害現場に派遣されている臨床心理士などが増えてきている。これは従来のように，セラピストが主体的に訪れてくるクライエントを待つのではなくて，逆にセラピストが出向いていって，クライエントの方はいわば受動的にサービスが受けられる形態が広がってきているのである。スクールカウンセラーをはじめとして，無料のことも多い。このことは，クライエントの主体性を大切にするという心理療法の本質にも変化をもたらしていると考えられるので，よく検討する必要があろう。

　また派遣としての心理療法は，そこでこれまでとは異なるタイプのクライエントに出会う可能性がある。一方では，まだ問題があまり重くなく，深刻化していないクライエントに対処できるということがあって，それは非常に大きなメリットとなりえよう。スクールカウンセラーの仕事においては，このような例が多く認められ，問題がこじれないうちに心理療法を受けたために，箱庭や描画で劇的な展開が見られることがある。しかしながら他方では，主体性が非常にあいまいで，心理療法での対応がむずかしいクライエントに遭遇する可能性も大きいのである。そのようなクライエントは，自らセラピストを訪れるはずがないので，これまでの心理療法ではあまり考えてこられなかった特徴を呈するのである。

5. 人間観

　心理療法において，基本姿勢というか，人間観が背景にあることは大切であろう。それはあるスタンダードや基準を元に，クライエントを矯正したり指導したりするのではなくて，クライエントの個別性と主体性を大切にするという姿勢に示されている。認知行動療法を除いては，その基本姿勢は共通していると思われるが，その表現のされ方は，さまざまな心理療法の学派で異なっている。そこでは逆にセラピストの側の主体性が現れていたり，問われていたりすることになると思われる。

　心理療法の基本姿勢はロジャース的に言うと，「非指示的」や「クライエン

ト中心」ということになろう。つまりクライエントの語っていくことに対して，セラピストは指示したり，自分の意見を表明したりせずに，あくまでその感情を尊重して，映し返していくようにする。そのことによってクライエントは自分で解決を見つけていくはずなのである。あるいはフロイト的に言うと，自由連想という治療の形に表れていることになる。これには，主体的であるということが，意図的，意志的なものを超えているという人間観が含まれている。つまり自由に語っていくというのは，けっして自分の意志通りに計画的に語るのではなくて，まさにそれに反したり，それを超えたものが出てきたりするからこそ治療的になりうるのである。このことがまさにフロイトの言う「無意識」なのであって，だからこそフロイトはたとえば言い間違いなどにも着目したのである。

　ユング派の心理療法においては，自己治癒力への信頼感が強く，そこから「個性化」や「自己実現」というような考え方も生じてきたと思われる。だからこそ，どのような夢をクライエントが見ていくか，どのようなイメージを表現していくか，そのプロセスに治療をゆだねようという発想も出てくる。

　このように心理療法にさまざまな学派があっても，そこには個別性と主体性を信頼する共通した人間観が認められる。しかしながら学派により，背景となる人間観の違いも存在する。それは，基本的態度を超えて，人間というものの理解が際立ってくる場合に生じてくると思われる。

　それは個々の症状についての理解や，治療の技法というものを超えていて，人間全体や人生全体，さらには歴史や世界についての理解にまでつながっている。それはとくに精神分析とユング心理学の場合に顕著であると思われる。フロイトの性を中心においた人間観は，ラカン（Lacan, J.）における，欲望というものを中心に据えた人間観に発展してきている。それに対して，ユングの人生の前半と後半における神経症という考え方にも，人間観がよく現れているし，またユングが晩年にこだわった錬金術において，結合と分離というものが重要なテーマであったことがわかるのである。

　心理療法というのは，クライエントが主体性を発揮できる場を提供し，どこ

までもクライエントの主体性に寄り添おうとする。しかし同時に，セラピストが自分の人間観を持ち，それを通じて学派につながっていることも大切であると思われる。その意味で心理療法はつねに臨床哲学でもあると言えよう。

6. クライエントによる心理療法の理解

(1) まず枠組みを呈示する

　いろいろな解決法に行き詰まって，心理療法をはじめてみて，「ともかく話を聞いてもらえて落ち着いた」などと自然に最初から心理療法の世界に入っていけるクライエントは存在する。しかし，心理療法がいわば聖なる世界，非日常の世界であることからして，日常的な世界や関係に囚われているクライエントには異様なものに思え，なかなかついていきにくいかもしれない。そこまでいかなくても，クライエントは医学モデルや教育モデルに多くの場合に囚われているものである。だからこそまったく異なるものに出会ってほっとするクライエントも存在するけれども，逆に違和感を覚える人もいる。そこでクライエントに多少とも心理療法の姿勢を理解してもらう必要がある。それにはいろいろなレベルがあるし，またいろいろなタイプのクライエントがいると思われる。

　まずは心理療法の導入に当たって，ある程度の枠組みを与え，説明することが必要であろう。時間，場所，お金については，枠組みを提示することが大切であると思われる。そのような枠を設定する意味というのは，おそらくクライエントは正確には理解できなくても，このようになっているということをはっきりと示しておくのは大切であろう。それが心理療法を理解してもらうための大きな手がかりとなる。また最初に何らかの心理療法についての直感的理解が生まれないと，そもそも心理療法ははじまっていかないと思われる。

　心理療法の枠組みを守っている中で，心理療法というのは体感されていくはずなのであるけれども，それに疑問を持つクライエントも多い。たとえばなぜ時間が決まっているのだろう，などというような疑問が生じてくる。なぜセラピストはアドヴァイスしてくれないのだろうというのも，よく生じてくる疑問

である。そのように生じてきた疑問を，セラピストにぶつけ，やり取りをする中で理解が生まれてくると思われる。興味深いことに，疑問をぶつけても，セラピストも「それは・・だからです」などの形で，直接に答えを示すことができない場合が多い。しかしセラピストにぶつかることで，自分はじつは何を求めていたのかがわかってくることがしばしばあるように思われる。クライエントによっては，心理療法の立場についての批判やそれについての戦いが繰り広げられることもある。それもある種の枠作りの作業として考えていけるかもしれず，どこでクライエント自身の問題を扱うことへの転機が生じるかが大切であろう。

(2) 心理療法を理解することが目標であったという場合もある

　心理療法において，何年もの長いプロセスが終わりになるときになってはじめて，「いつも先生にアドヴァイスを期待していたけれども，そうではなくて自分で考えなくてはいけないのだ」ということにクライエントが気づくことがある。普通は，心理療法についてセラピストが説明し，ある程度の理解をクライエントに持ってもらって，心理療法がはじまると思われているかもしれない。けれども心理療法というものが理解されることがセラピーの結果であり，後から考えると目標であった場合もままあると思われる。同じような意味で，精神分析は自由連想によって治療していると考えているけれども，自由連想ができるということが課題であって，自由連想ができると，治療としては終わっている場合もあるのである。つまり自由連想ができるということが，主体的になっていることであり，また主体に自分を委ねていることであるからである。心理療法は探し求められている目的への手段や方法ではなくて，じつはそれ自体が探し求められているものである場合も多いと考えられる。

　ユング派の心理療法というのは，他の心理療法に比して，さらにわかりにくいところがある。それは近代意識とは異なるパラダイムが入っていることが関係していると考えられ，それについては，次章以降で考えていくことにする。

文献

河合隼雄　2009　河合隼雄のカウンセリング教室　創元社

河合隼雄　2000　エロス欠乏症　河合隼雄・小林康夫・中沢新一・田坂広志　こころの生態系　講談社＋α新書　pp. 11-28.

② 近代の心理療法とユング心理学的アプローチ

河合　俊雄

1. 心理療法と時代・文化差

　学校にスクールカウンセラーがいたり，災害や事故のときに臨床心理士が派遣されたりするように，今では日本でも心理療法はあたりまえのものになりつつある。けれども筆者が子どものころには，悩みを持ったときに心理療法やカウンセリングを受けるということや，さらには話を聞いてもらうだけでお金を払うということに随分と抵抗がある人が多かったように思う。またもっと以前には，困ったときには拝みやさんや占い師のところを訪ねたり，そこまでしなくても近所，親類，職場で話を聞いてくれる人がいたりしたかもしれない。今でも地方での心理療法の事例を聞くと，クライエントが拝みやさんや占い師を訪ねていったエピソードが報告されることがあるし，また心理療法についての抵抗感もいまだに強い場合もある。

　このように数十年の時間差やわずかな地域差によって心理療法の受け入れられ方が異なることからすると，心理療法にとって文化差や歴史性ということは大きな要因ではないかと考えられる。そもそも心理療法（psychotherapy）という言葉ができたのが19世紀の末であるように（エレンベルガー，1980），心理療法は近代西洋において成立してきて，それが他の国や文化にも広がっていったものであり，その中のユング派の心理療法も例外ではない。そうすると，ユング心理学的アプローチを単純に学んだり，導入したりする前に，心理療法が

ヨーロッパの歴史と関連して近代に成立してきて、それがグローバル化によって世界中に広がったということを踏まえておく必要があろう。すでに第1章において、心理療法が主体性に焦点を当てていることを指摘したように、主体性があることは心理療法の前提である。内面と主体性を持った個人の成立、それに関連する主体と客体、こころと物の分離なくしては、心理療法は成立しないのである。また主体性を持った個人の成立を心理療法の前提とみなすことは、通常の心理療法はどのような病態水準の人、どのような自我レベルの人をもともとは対象とみなしているかという問題とも関わってくる。このあたりのことをまず確認してから、それに関連してユング派的なアプローチの特殊さについて考えていきたい。

2. 近代意識の成立と心理療法

(1)共同体におけるつながり

　なんとなく一緒にいたり、話したりして息抜きができる、さらには困ったときに、近所や親類の人に相談できるというのは、共同体におけるつながりが機能しているからで、個人が共同体に包まれていて、それに強く結びついて生きているからである。だから困ったら職場の同僚であれ、近所の知り合いであれ、親類の誰かであれ、身近な人に話を聞いてもらうことができる。あるいはむしろ、誰かが何か悩んでいそうだったら、本人が言い出さなくてもまわりが必然的にそのことに気づいてしまい、関わってくることになる。たとえば親類のおばさんに会ったときに、困っていることを話さざるをえない雰囲気になったり、あるいは姑との関係がややこしいのを、とくに自分から話さなくても近所が皆知っていたりするなどのようにである。それは悩みを抱えている人からすると、頼れるところがあったり、苦しさを分かち合ってもらっている感じがあったりして助かることでもあり、また逆にときには面倒くさく束縛的に感じられるかもしれない。つまり共同体におけるつながりが機能していると、個人のこころの中の秘密というのは厳密な意味では存在せず、したがってそれを閉じられた

空間で相談するような近代的な心理療法は必要ないし，また不可能なのである。

そして前近代の世界における悩みを受けとめる場は，拡大家族や近所の人たちなど，狭義での共同体の中だけにとどまらないことを指摘しておかねばならない。明治以前の日本においては，「村八分」などという表現が示しているように，村でのつながりなくしては生きていけないくらいであったのに，村の束縛や重圧に耐えかねた人が山に入っていったことが民俗学で指摘されている（高取，1972）。前近代の世界において，共同体の束縛は非常に強かったけれども，それにどうしても耐えられなくなった人が飛び出していくためのお寺，山，などのいわゆる「アジール」が存在していた。アジールとは，世俗の力や関係が及ばない，神や仏の支配している領域で，網野善彦が『無縁・公界・楽』（網野，1978）で示したように，縁切り寺などもその例であった。共同体におけるつながりや束縛と相補うように，そのようなアジールも心理療法的な機能を果たしていたと思われ，それも前近代の世界に構造的に備わっていたものだと思われる。

(2)個人の内面の成立

逆にあらたまって心理療法を受けに行くというのは，そのような共同体による助けがあまり機能していなくて，また守秘義務ということが言われるように，共同体に，ときには自分の家族にさえ自分の個人的な悩みや秘密を知られたくないからである。そのような個人，とくに個人の内面の成立を待ってはじめて，心理療法は可能になる。それはキリスト教による一神教的世界観を背景にしているとは言え，ヨーロッパにおいてでさえ近代になってはじめて生じてきた事態なのである。またフーコー（Foucault, M.）が近代における監獄や精神病院の誕生を指摘しているように，社会の外や周辺にあったアジールが，消滅し，いわば社会の中に囲い込まれるという意味での内面化もパラレルに生じてきている。心理療法のための相談室の誕生というのも，アジールの消滅と監獄や精神病院の誕生とパラレルなのである。

このように個人の成立というと，よく共同体との関係で捉えられる傾向があ

る。つまり個人が共同体や家族から自立していく過程としてである。たとえばルソーが『社会契約論』の中で書いているように，西洋近代は，個人がさまざまな中間的な共同体から解放されて，国家と直接的に契約を結ぶようになっていくプロセスであったという捉え方がある（作田，1981）。つまり近代以前のヨーロッパでは，ギルド，拡大家族，教会，荘園制度などが強い共同体を形成していたのに対して，そこから個人が自立していったのである。

　しかし個人の成立は，たんに共同体や家族からの解放だけではなくて，西洋の歴史を考えてみると，自然，共同体，神，家族などに包まれたあり方からの，主体性を持った個人の解放のプロセスであったと言えよう。これはとくにイメージや神話を重視するユング心理学からすると，重要なポイントであると思われる。

　自然に関して言うと，11〜13世紀からのキリスト教の浸透とともに，樹木信仰や泉の信仰は否定されていく（阿部，1989，p. 78）。さらには啓蒙主義が，これまでのさまざまな迷信を破壊して，個人を自然から解放していく。たとえばゼウスの働きによるというように考えられていた雷も，空と大地の間の放電にすぎないものと説明されてしまう。日本的に言うと，雷は鬼が太鼓を鳴らしているものではない。これによって威力に満ちた自然の力はそがれて，自然科学の対象となっていく。それは何よりも，人間が威力に満ちた自然に包まれているのではなく，人間が自然を抜け出て主体となって，自然を対象化するようになっていくことである。

　そのような過程は，たとえばヨーロッパ中世の『贖罪規定書』から伺い知ることができる。『贖罪規定書』とは，どのようなことがキリスト教から見ると罪に値して，贖罪をせねばならないかを定めたものであるけれども，逆にどのような罪，つまり迷信が広がっていたかがわかる。たとえば贖罪に値する禁じられたこととして，雨乞いについての複雑な儀式が記述されている（阿部，1989，p. 205）。しかし禁止せねばならなかったというのは，そのような儀式が迷信として生きていたことを逆に裏づけている。だから『贖罪規定書』を読むと，そのような迷信との何百年に渡る戦いを通じて，自然を擬人的に捉え，そ

こに威力を認める迷信から，ヨーロッパの人々が解放されていったさまがわかるのである。また，自然の威力というのは，最終的には近代の自然科学において脱神話化され，否定されたとはいえ，その前にキリスト教による否定の作業が重要であったこともわかる。これは，共同体からのアジールとしての自然や民間信仰を人々から奪っていく動きでもあったのである。

自然からの解放ということは，物とこころの分離ということにも関係してくる。つまり自然に霊性や威力が認められないということは，自然がたんなる物体や物体の現象となってしまうことである。その結果，精神性が認められるのは，人間のこころだけになってしまう。これがいわゆるデカルトによる二元論による世界観である。この世界観は，自然を対象化する自然科学を可能にしただけではなくて，唯一のこころを持つ存在としての人間のこころに関する心理学や，人間のこころを扱う心理療法をも可能にしたのである。まさにラカンが言うように，デカルトなくして精神分析，心理療法は考えられないのである。

自然や共同体からの解放に関して，キリスト教の果たした役割は非常に大きいけれども，信仰に関しても，個人の解放は進んでいく。神に関しては，これまでの教会という共同体に包まれたあり方から，宗教改革は神と個人の直接的な関係を打ち出し，そこから人々を解放していく。このように自然，神，共同体から人間主体が自立していくことによって，近代的な意識は生まれていったと言えよう。

(3) 個人空間の成立

近代的な個人の成立と心理療法の関係を，イーフー・トゥアン（Tuan, Y.-F.）は『個人空間の誕生』（トゥアン，1993）の中で，個人空間の成立との関連で捉えていて興味深い。この本の中で，18, 19世紀においてはじめて個人空間がヨーロッパにおいて誕生したことが実証されていく。西洋の家には個室があることが当然のように日本では考えられているかもしれないけれども，それはけっして昔からのものではなくて，歴史的にはようやく18, 19世紀にできたもので，たとえばそれ以前にはいわば家族が雑魚寝をするような状態であったの

である。このように個人空間が成立してくるのと同時に，室内装飾についての関心も生まれてくる。

　トゥアンは次のように述べている。「およそ三百年前に始まった内面化は，家族の親密さや，室内風景や，詰め物の入った椅子の快適さへの引きこもりによって特徴づけられるが，それとともに自己への引きこもりや自意識の強まりによっても特徴づけられる。壁掛けの鏡は，十七世紀の終わり頃に普及し始めた。」このような個人空間の成立と内面化は，自意識の強まりとも関係しているのが興味深い。18世紀になって，文章に「私」という言葉が頻繁に使われるようになり，「『自己愛』『自己認識』『自己憐憫』『自我』『性格』『両親』『憂鬱』『当惑』といった言葉が，イギリスやフランスの文学に出現し，現代と同じ意味で使われるようになった」のである。つまり個人が自然，共同体，神などから解放され，さらに家族の中で個人空間を持つようになったことによって，個人の内面が自覚され，発見されてくるのである。だからトゥアンが述べているように，「家の内部の調度は，心の内部のファーニチャーとともに現れた」のであり，このようなことを前提として精神分析も生まれてきたのである。

　トゥアンの記述によると，近代ヨーロッパにおいて個人空間が成立してきて，室内への関心が高まったことと，個人という意識の成立や自己の内面への関心が高まったことが同時的であることがわかるであろう。しかも個人の成立は，自意識の誕生と関わっていて，必然的に自己関係（自分と自分の関係）に関わることもわかるのである。心理療法が，自分について考え，関わることだとすると，自己関係が成立してきたことは非常に重要であると考えられる。このようにして，共同体が弱まり，また逃避する場所であったアジールが消滅していったことによって，個人は唯一の引きこもりの場所としての自分のこころに焦点を当てるようになる。こころの内面とそれに焦点を当てる心理療法とは，近代に生まれた新しい形でのアジールとも言えるのである。

3. 心理的症状と心理療法の成立

(1)不安・劣等感・罪悪感

　このような内面と主体性を持った個人，さらにはそれに伴う自分で自分のことを見つめるという自己関係の成立によって，心理療法というのははじめて可能になる。あるいは逆説的であるけれども，内面と主体性を持った個人が問題をはらんでいて心理的な症状を生み出すからこそ，心理療法が必要とされてくるとも言えるのである。

　一つには，自然，神，共同体によって包まれ，コンテインされていないことによって不安が生じてくる。西洋のコンテクストにおいて，18，19世紀において，不安という感情が重要になり（Hauke, 2000），キルケゴールやハイデッガーをはじめとして，哲学において不安が中心的な概念となることは，近代個人と自意識の成立に関係している。このような哲学は不安を人間存在の根源的なものとみなしているけれども，それは近代の大人に特有なもので，自分を意識しない人には不安はない。4歳くらいのときに，はじめて死の恐怖を感じたという人は多いと思われるが，それは意識というものが成立してくるためである。自分を特別な存在と思い，自分への自覚が生まれるからこそ，それを失うかもしれない，脅かされるかもしれないという不安が生じてくる。不安障害を持つ人の夢に，何ものかに追いかけられる夢が多いのは，自分を特別な存在で大切であると思うから，脅かされる感情が生じてくるのである。また追いかけられる不安夢は，思春期に増えてくるが，これも自意識の強まりによって生まれてくるのである。

　また日本において，近代個人を目指す動きは，人が怖いという欧米では見られない対人恐怖という特有の症状を生んできた。対人恐怖の人は，家族などの特別親しい人でも，まったく知らない人でもない，近所の知り合いとか同じ学校に通っている生徒などといった，少しだけ知っているいわゆる「中間の存在」の人々を怖がる。そのような少しだけ知っている人々とは，共同体的な人々に他ならない（河合, 2000）。本来はなんとなく自分を包み，守ってくれる

はずの共同体の人々が，そこから抜け出ようとしている人には，逆に怖いように思える。だから対人恐怖は，共同体の機能が薄れつつあることによって生じてくる。また対人恐怖の症状である，近所の人に噂されているとか，クラスで見られているという訴えは，別に実際に他人によってなされているのではなくて，自分を意識しはじめる自意識の働きに他ならない。つまり近所の人の声やクラスメイトの視線は，自分自身に語りかけたり，自分自身を見つめたりする自意識の投影であり，じつは自分で作り出している。このように自立した個人というのが不安定であって，拠り所がなく，また自意識というものが必然的に矛盾を含んでいるからこそ，さまざまな症状が生まれ，それに対する心理療法の必要性も生じてくる。

　そのような近代意識に特有な症状や問題として，すでに述べた不安のほかに，劣等感，罪悪感をあげることができよう。主体性を持った個人は，自分に対する意識である自意識を持つようになるが，自分で自分のことを見る場合に，どうしても等身大の自分を見るのがむずかしい。多くの場合は，「本来の自分はもっとできないといけない」というように，高い基準から自分を見てしまうから，それと比べて劣っている自分に対する劣等感が生じてくる。またそれの裏返しのように，自分がよりすぐれて見えてしまうと，自己愛や自我肥大に陥ってしまう。青年期において，劣等感，自己愛，自我肥大などの感情に悩まされがちなのは，まさに自分というものが成立してくる途上にあって，自分自身への意識が高まるからである。

　強迫症状やうつ症状をはじめ，神経症的な症状に罪悪感の訴えが含まれることが多い。たとえば近親者が亡くなった後で，「自分が十分に看病しなかったから」とか「あのときに病院に連れて行きさえすれば」と自分を責めて罪悪感にさいなまされ，うつ状態に陥っている人がいる。罪悪感というのは，人に責められるのではなくて，自分で自分のことを責めるから生じてくるものなので，ここにも自己意識が大きな役割を演じていることがわかる。逆に言うと，自分と自分の関係なくして，罪悪感は生じてこないのである。

第Ⅰ部　解説編

(2) 内面・主体性を持つ個人と心理的症状・心理療法

　このように内面と主体性を特徴とする近代意識がさまざまな心理的問題を引き起こしやすいからこそ，心理療法が生まれてきたと言えよう。心理的な問題とそれに対応する心理療法というのは，まさに近代意識の両面なのである。内面と主体性を持った個人であることは，心理療法にとって欠かせない条件である。内面を持つというのは，自分のこころの中をいわば鏡に映してみるということで，自分と自分の関係を持てるということである。自分と自分の関係は，劣等感に関して指摘したように必然的にずれや矛盾を生み出すので，葛藤というものが生じてくる。それは自分とは異なる性質を持つまわりの人にいわば投影することもあるけれども，心理療法はそれを個人の中の異なる面として見ていく。たとえば親が自分を責めているのではという訴えも，自分の罪悪感として捉えていくし，クラスの友人のことを非難するのは，自分の中の嫌な側面を友人に投影していると考えられる。心理療法はすぐれて個人内の葛藤を扱うものである。

　また主客の分離やこころと物の分離を前提として，心理療法は可能になる。さまざまな物の存在を疑っていくデカルトの懐疑は，物から魂を奪い取っていく作業であったと言えよう。このような物とこころの分離によって，全てをこころの投影として理解することが可能になる。キリスト教と啓蒙主義によって，自然の中の魂や霊が否定されていったことを指摘したが，近代意識においては，たとえば木が風にそよいでいて，お化けがいるように不気味な感覚を覚えても，それは本人のこころの状態の「投影」として考えられる。前近代の世界においては，それは木の霊が現れていることであったかもしれないし，悪魔のささやきであったかもしれない。しかしながら現代では自然や物から魂が奪い去られてしまっているので，それは人間主体のこころの投影になるわけであって，だからこそ心理的に扱えるのである。これが前近代の世界観だと，ある神や悪霊の仕業ということになり，その結果としてその神や霊にお祈りやお供え物をしたり，お祓いをしたりすることになって，心理的なものになっていかないのである。

同じようにして，内面化せず，外の世界で何かをしてしまうことは，「行動化」と呼ばれ，現代の心理療法では否定的に見られる。クライエントがヒステリー症状を呈したときに，それを悪霊の仕業とみなしてお祈りをささげたり，お供え物をしたりすることも行動化とみなされるであろう。クライエントの中の攻撃性が高まってきたときや，エネルギーが出てきたときに，先生をなぐってしまうとか，親をなぐってしまうなどという行為が生じたときには，本来は言葉によって内省すべきことが，外での行動に出てしまったとみなされるわけである。

行動化は，クライエントの側だけに限られない。セラピストが具体的な指示やアドヴァイスを与えることも，心理療法の外に出て行くことになるので，行動化と言えるであろう。現代の心理療法ではそのような行為をなるべく避けるようにして，クライエントの中の自己関係として，あるいは内面として扱うようにするのである。

このように，内面と主体性を持った個人の成立は，心理療法の前提であるし，またそれに沿って心理療法は進んでいこうとするのである。

4. 前近代の心理療法

このように心理療法とは，近代意識の成立と密接に関わっているとしても，占い師や拝みやさんのことにふれたように，こころの悩みや苦しみに対する癒しの方法というのは，前近代から存在していた。エレンベルガー（Ellenberger, H.）は無意識的な心の存在を前提として，それとの関わりを重視する力動的な心理療法の起源を，シャーマニズムなどの古代の癒しの術に遡っている。前近代の人の考え方に従えば，病気とは魂が自分の身体を立ち去ったり，また逆に疾病物体や悪霊が体内に入り込んできたりすることであった。だからシベリアのシャーマンの場合は，特殊な技術によって脱魂状態になって，失われた魂を取り戻しに行くことが治療になる。またケチュア族のインディオでは，クリオーソと呼ばれる治療者が，患者の家から白い線を引いて問題のはじまりとなっ

た場所に行き，そこの大地をなだめる儀式を行って，白い線を頼りに行方不明の魂を連れて帰る。また，ドイツの人類学者アードルフ・バスティアーン（Bastian, A.）が南米ギアナで調査中に自ら受けた治療は印象的である。彼は激しい頭痛と発熱を来して，その土地の呪医に治療を頼んだのである。バスティアーンが呪医のもとを訪れると，原住民が30人ばかり集まっていて，治療はその面前で行われた。小屋の中で呪医は6時間におよぶ儀式を行って，最後に治療した証拠に毛虫を一匹取りだした。

　エレンベルガーが指摘しているように，心理療法と異なる前近代における癒しの特徴は，まずこころの病と身体的な病の区別をしていないことである。たとえばバスティアーンの場合も，身体的な病とも考えられるけれども，呪術師は治療を行った。前章で心理療法の消去法的な特徴が指摘されたように，デカルト的な心身二元論を前提としていて，あくまで身体的な原因がないということを確かめたものをおもな対象にしている現代の心理療法と古代の癒しのワザはまったく異なる。

　また先に挙げた癒しの儀式からもわかるように，儀式が集団によって担われている。つまり治療というのは個人の内面世界のものではない。そして，魂が身体から失われたり，逆に悪霊などが身体に入ってきたりすることから，こころというものが人間の内面に限られていなくて，全てのものに魂の認められる世界であるのがわかる。これらは，近代の心理療法とまったく異なる世界観に基づいていると言えよう。個人の病気を治すというよりは，悪霊が入ってきたりして乱されている世界や共同体の秩序を取り戻すことが大切なのである。

　そして回復や治癒の方法として儀式が大切である。つまり言葉を中心とした理解によって治癒が起こるのではなくて，儀式や行為が具体的に行われることが大切なのである。それがどのような意味を持っているかは暗黙の内にメンバーによって理解されていて，あえてそれを言葉にする必要がないのである。

5. 集合的無意識とユング派のアプローチ

(1)ユング派の心理療法と前近代の心理療法の類似性

　ユング派の心理療法は，たしかに近代の心理療法のうちの一つであるけれども，そのアプローチは，前近代モデルに近いところが多いのではないだろうか。ユングは神話や宗教儀式に関心を寄せ，クライエントの夢において，前近代の象徴や世界観が生きていることに気づいた。それらは個人史においてかならずしも体験されたものではないと考えられたので，個人を超えた集合的無意識ということを提唱する。集合的無意識というのは，まさに神や自然をも含んだ共同体的なものに他ならない。ユング派の心理療法で扱う内容は，前近代の癒しの技術で使われるものに類似しており，イメージの捉え方は前近代の世界観に基づいている。

　たとえばユング派のマイヤー（Meier, C. A.）があげているうつ病のクライエントの治療例では，三つ叉の矛で水の中の魚を突き刺す夢が見られる（マイヤー，1989）。三つ叉の矛というのはポセイドンの道具であり，夢で海や地震の神であってエネルギーを象徴しているポセイドンが登場して，無意識を示すと考えられる水から魚を捕ってくることは，エネルギーを取り戻す行為と考えられる。古代ギリシャにおいて，アスクレピオスの神殿にこもり，そこで蛇が現れる夢を見ると治ると考えられていたように（エレンベルガー，1980），ポセイドンが現れたことが治癒につながっている。また同じクライエントは，建物の外で，若い女性が美しい歌声で歌っているのを聴く夢を見る。ユングは，魂は夢などに女性像で現れてくると考え，それを「アニマ」と呼ぶけれども，これはまさにアニマ，魂の帰還と考えられる。ここにもうつ病を魂の喪失として見て，その回復を失われた魂の帰還として捉える見方が認められる。

(2)ユング派の心理療法と前近代の心理療法の違い

　このように前近代のこころ観や世界観との共通点が認められながら，ユング派の心理療法での儀式や神の取り上げられ方は，前近代の癒しの儀式とまった

く異なるのである。まずユング派の心理療法では，集団の中で行われる儀式などの直接的な行為によって，前近代の世界観や癒しが生きられるのではなくて，イメージという個人における内面的なものによって体験されるところが異なる。マイヤーの事例においても，ポセイドンを呼び出す儀式が，集団の中で行われることによって，クライエントを癒やしたのではない。それはあくまでクライエント個人の中でのイメージ体験である。その意味で，イメージや集合的無意識というのは，前近代の世界観と個人の内面に基づく現代の心理療法との間の妥協形成なのである。

　さらには前近代の儀式においては，儀式は自明のものである。それはたとえば，ユングがウガンダのエルゴニー族との間で経験したことにも現れている。ユングは，人々が朝，太陽に向かって祈るのに対して，その意味を説明してもらおうとしたが，誰もそれができなかった。しかし人々にとって，その儀式のリアリティーは自明であって，疑う余地のないものなのである。ユング派の心理療法において，とくに夢や箱庭などのイメージにおいて，たしかに前近代の世界観と同じような内容が扱われるかもしれない。それはスサノオであったり，太陽を象徴する鳥であったり，シャーマンのイニシエーションの儀式であったりする。しかしそれらは，夢を見た人にとって自明のものではなくて，その象徴や意味を知らないといけないのである。先のマイヤーの事例においても，三つ叉の矛が海神ポセイドンの具現と考えられるなど，その夢を見た患者からすると思いもつかないことで，説明や理解を必要とするであろう。このように直接的に体験できるのではなくて，その意味を考えるという意味での振り返り（reflection）が入るという点で，ユング派の心理療法も近代の心理療法なのである。近代の心理療法のパラダイムは，自分で自分のことを考えるという自己反省である。イメージの意味を考えるというユング派の方法もそれに含まれていることになる。

　その意味で，ユング派の心理療法は，その扱っている内容からすると前近代の世界観や癒しのワザに近いけれども，その形式，方法からすると近代の心理療法のパラダイムに則っていると言えよう。しかしだからこそ，前近代の世界

観と近代的意識の間の矛盾や葛藤が生じてきやすい。そのためにまた，クライエントに心理療法で起こってくることが理解されにくい場合も生じてくる。

　前章で，心理療法のあり方というものは，一般の人になかなか理解されにくいことを指摘した。ユング派の心理療法の場合には，それにさらに前近代の世界観が入ってきているので，さらに理解されにくいと言えよう。ユング派の心理療法について，どのような態度をとるクライエントがいるかについては，第6章のイメージとの関係のところでふれたい。

文献
阿部謹也　1989　西洋中世の罪と罰　弘文堂
網野善彦　1978　無縁・公界・楽　平凡社
エレンベルガー, H. F./木村敏・中井久夫（監訳）　1980　無意識の発見　上・下　弘文堂
Hauke, C.　2000　*Jung and the Postmodern: Interpretation of Realities.* Routledge.
河合俊雄　2000　心理臨床の理論　岩波書店
マイヤー, C. A./河合俊雄（訳）　1989　夢の意味　創元社
作田啓一　1981　個人主義の運命　岩波新書
高取正男　1972　民俗のこころ　朝日新聞社（高取正男　1983　著作集3　民俗のこころ　法蔵館）
トゥアン, Y./阿部一（訳）　1993　個人空間の誕生　せりか書房

3 中間対象としてのイメージ

河合　俊雄

1. 心理療法における第三のもの

(1)ユング派のアプローチの特徴

　心理療法は自己意識と内面を特徴とする近代意識の成立と密接に関わっているはずであるけれども，ユング派のアプローチは，むしろ前近代の癒しモデルに近いところがあるのがわかった。一番大きな違いは，近代の心理療法が，内面としての人間個人のこころを扱うのに対して，ユング派のアプローチは，狭い個人のこころに限定されるのではなくて，それを超えたこころを考えていくプレモダンの世界観に基づいていることだと言えよう。近代意識が人間主体を中心として，全てを自分に関係づけているのに対して，自分を相対化し，自分から出て行っている心理学であるとも考えられる。このあたりは，日本においてユング派の心理療法が箱庭療法を通じて広まったことを振り返ってみると興味深い。つまり箱庭というのも一つのイメージ表現であり，こころの中のものの作品への投影とも考えられるけれども，同じイメージであっても夢などと違って具象性を特徴としている。むしろ箱庭とは自分の外にあって，物の魂の現れであると考えることができる。だからこそ前近代の心性を残している日本人にぴったりときて，箱庭を通じてユング心理学が日本で広まっていくことになったのであろう（Kawai, 2010）。

　最近においてユング派の心理療法が急速に拡大していっている地域は東ヨー

ロッパ，東アジア，ラテンアメリカなどで，それはこれらの地域にこれまでユング派の分析家があまり存在しなかったというだけではなくて，まだ前近代の心性が残っていることが大きな要因であると思われる。東ヨーロッパと西ヨーロッパで人々の意識にそれほど差があるとは，日本ではあまり気づかれていないかもしれないが，たとえばロシアにおける心理療法や訓練の現状を聞いても，およそ個人の秘密や独立性が確保されているとは思えない。外国から派遣されてくるスーパーヴァイザーとのセッションがロシア人のスーパーヴァイジーたちの間で共有されていたりして，あまり個人のこころや秘密にこだわっているようには思われない。そのような前近代の心性があるからこそ，いわば物の魂に関わっていこうとするユング派の心理療法が受け入れられやすいと考えられる。

しかし前近代の癒しモデルに近いとなると，ユング派の心理療法は，他の心理療法とまったく異なることになってしまい，現代の意識を身につけている他の心理療法家ばかりか，クライエントから理解してもらうのもむずかしいという印象を与えるかもしれない。そこでここでは，もう少し他の心理療法と関係づけてユング派のアプローチの特徴を明らかにしたい。

(2) 第三のもの

クライエントがセラピストに会うという形をとっているために，心理療法はクライエントとセラピストの二者関係として捉えられることが多い。そうではないことを強調するために，本書では場という見方を強調したのであるけれども，たとえば精神分析における転移や逆転移という考え方は，二者関係から心理療法を考えていくことの典型であろう。しかしながらユングは，異なる治療関係のイメージを持っていたと思われる。二者関係がまさに中心になると考えられる転移を問題にしたユングの『転移の心理学』を読むと次のような文が見られる。「避けることのできない心的な電気誘導によって，二人は第三のものの変容に襲われ，それによって変容されることになる」(Jung, 1946/1984, §399)と述べている。つまり心理療法は二者関係ではなくて，二人が第三のものにい

わば不意を打たれ，変えられていくことなのである。

　物の魂というのは，この第三のものと考えられないであろうか。つまり心理療法における第三のものとは，イメージであり，症状であり，クライエントの語りなのである。それによってセラピストもクライエントも襲われ，変容されるのである。とくに二人の間にあるものとしてのイメージは，第三のものの典型であろう。ユングの理解によると，イメージはけっしてクライエントが生み出したものとして，クライエントの表現としてのみ捉えられるものではないし，また精神分析が考えるように治療関係だけで捉えられるものではない。「イメージは魂である」というユングの言い方に端的に表れているように，イメージはいわばクライエントから独立した魂を持ったもので，だからこそクライエントを変容させることもできるのである。自己意識や自己関係の問題は，いつまでも自分と自分の間を循環していて袋小路に陥り，解決が見つからないところにある。二者関係についても同じことが言えよう。

2. ウィニコットと中間領域

(1)移行対象

　心理療法における第三のものというのに他学派で比較的近い考えを述べているのは，精神分析のウィニコットであると考えられる。ウィニコットは，移行対象（transitional object）ということを強調する。これは，乳児や幼児がお気に入りで手放さないような布きれ，服などのことで，そのようなお気に入りの物がないと，子どもは寝つけなかったり，あるいは旅行に行ったときに混乱したりする。まさに幼い子どもが肌身離さず持っているものである。ウィニコットは移行対象を，しゃぶる自分の指とテディベアなどのぬいぐるみの中間のものとして定義している。つまりそれは自分の中のものでもないし，またはっきりと自分から区別された自分の外にある対象でもない。授乳されているときの母親の乳房は，赤ちゃんからすると対象ではなくて，まだ自分の中のもの，あるいは自他がまだ渾然一体となっているものと考えられる。母親の側からし

ても，赤ちゃんは自分から区別されていないものであろう。移行対象は，もはや自他が一体になっているものではないものの，まだはっきりと自分から区別された対象ではないのである。

ウィニコットは，これが「主観的なものと客観的に知覚されるものとの間の中間領域」（ウィニコット，1979, p. 4）にあるとしている。主観的なものになってしまうと，それは主体の中の内面的なものであり，さまざまな感情や内的な対象などの大人の心理療法で問題にされていく内容であろう。逆に客観的に知覚されるものは，デカルト的な意識から把握される自然科学や日常の意識の対象になろう。移行対象は，そのどちらでもなく，自他が一体になったものから，自他が区別されるまさに移行期に出てくる対象であって，その意味で第三のものであると言えよう。またこれはたんに移行期のもので消滅してしまうのではなくて，ファンタジー，芸術などとして，第三の領域を開くとウィニコットがしているのは興味深い。ユング派で扱っている夢，絵画，箱庭などは，まさにこの第三の領域に属するものと考えられないであろうか。

(2)移行対象と第三のもの

ウィニコットの言う移行対象を，二者関係と第三のものという枠組みから捉え直してみたい。これは現実の母親がイメージとして内在化されていく過程で，たとえばぬいぐるみ，タオルなどの具体的な対象になることとも考えられる。しかしこれは母親がいわば内在化されてしまうと消滅するのではなくて，先に指摘したように，ファンタジー，芸術などとして，第三の領域を開くとも言われている。つまりこれは，母親と子どもの間にある，第三のものなのである。もちろん移行対象という言い方には，まず母親があり，母子関係という二者関係があって，移行対象という三つめのものが生まれてくるというニュアンスがあると思われる。しかしながら母子関係というのが最初は未分化な器のようなものであるとしたら，むしろ二者から第三のものが生じてくるのではなくて，最初に出てくるものが移行対象であるとさえ言えないであろうか。

同じような意味で，藤山直樹は，精神分析における第三のものを強調してい

る。ユングとほぼ同じような言い方で,「治療者と患者の相互作用（転移と逆転移）はこうした視点からみると，単にふたりだけの相互作用ではない。そこに第三者Ｘがふたりによって発見され，創造されるのである。」（藤山，2003）と述べている。

　これまでのユング派の中の発達派と言われるグループは，精神分析の中でメラニー・クライン（Klein, M.）とコフート（Kohut, H.）に接近してきた。メラニー・クラインに関しては，良い対象と悪い対象という考え方が，元型と意味するところが似ていると考えられることが大きな理由で，また母子関係を強調するところも，ユング心理学の内容に近いとみなされてきた。良い乳房と悪い乳房というのは，まさにユング心理学における良い母親元型と悪い母親元型にあたるとも考えられる。コフートについては，自己という概念が重要であると思われ，同じように自己という概念を提唱しながら，それを中年以降の心理学の文脈で用いたと考えられるユングの理論を補うものとして，子どもの発達理論の中に取り入れられている。しかしながら心理療法における第三のものということが重要であるならば，心理療法の技法という文脈ではむしろウィニコットの方がユング派的アプローチに近いと言えるであろう。

3．心理療法と三者構造

(1)精神分析におけるエディプス構造

　精神分析による治療において，エディプス構造というのは決定的な意味を持つ。エディプス構造というと，字義通りの親子関係に基づくものとして理解されがちである。つまりエディプス王の物語のように，父親を殺し，母親と交わりたいという欲望と，それの禁止との関係としてである。しかしここでのエディプス構造は家族のドラマというよりは，むしろ人間の根本的な存在構造を意味している。つまりエディプス構造とは，二者が直接的につながるのではなくて，媒介されていることで，それは二者が切断され，直接的な二者関係が禁止されていることによって生じてくるような構造のことを指している。それは家

族関係的に言うと,母子の二者関係,とくにその間の近親相姦的で直接的な関係に父親による禁止が入ることになる。人間の存在構造としては,直接的な関係が禁止され,言葉によって媒介された関係が生じてくることになる。たとえば心理療法において,セラピストに直接抱きつくとか,攻撃を加えるとかいう行動があったとすると,それは禁止や媒介のない直接的な行動である。それに対して,「好きだけども,近づけない」とか,「なぐりたいほど腹が立つ」とクライエントから表明されることは,直接的な行動が禁止され,言語によって媒介されていることである。精神分析はすぐれて言葉によってなされるものであり,エディプス構造という三者構造が成立していることは,精神分析が行われるための必須条件である。もちろん精神分析は,エディプス構造の成立していない子どもや,境界例の心理療法に関して,二者関係の検討によって取り組んでもきたけれども,基本となっているのがエディプス構造であるのは間違いないであろう。

(2)ユング派におけるイメージを媒介した三者構造

それに対して,ユング派ではエディプス構造が明瞭ではないとみなされていることが多い。それはたとえば,イメージでの直接的な表現や直感的な理解を重視して,言語化するのをあまり重んじないことに現れている。それは箱庭療法によってユング派の心理療法が導入されたことを指摘したように,とくに日本におけるユング派のアプローチにおいて顕著である。そうすると,あたかも言語で媒介されていない直接的な理解や交流を求めているかのようである。あるいは,父親というものが,精神分析では重要な役割を演じるのに対して,ユング派の心理療法では,結合というものが大切であったり,母親像の方が大きく取り扱われたりする。ユングの『転移の心理学』は,錬金術におけるまさに近親相姦のイメージを扱っている。その意味では,ユング派の心理療法においては三者構造ではなくて,二者関係の方が大切なのかもしれない。メラニー・クラインがイギリスのユング派で大きく取り上げられ,イギリスのユング派の一部が,ほとんどクライン派と習合してしまっているのも,母親像の大切さや,

二者関係の重視と関係しているかもしれない。

　しかしユング派においても，別の形での三者構造は存在すると考えられる。それはユングの述べていたような第三のもので，二人の間に第三のものとしてのイメージが存在することによって成立する構造であると言えよう。だから夢が報告されたり，箱庭が作られたりすることは，クライエントとセラピストとの間がつながることによって生まれるとも考えられるけれども，それは直接につながるのではなくて，ある意味で関係が切れていて，分離がなされていることによるのである。そのためにクライエントによっては，夢を報告したり，箱庭を作ったりすることによって，セラピストから距離を感じたり，ときには見捨てられたとさえ思う人がいるのである。いわゆる境界例と言われる人たちは，イメージによる心理療法がむずかしい。それは境界例の人が，三者構造に耐えられず，セラピストとの直接的な二者関係を求めるからである。そこまでいかなくても，クライエントとしては，今困っている母親との関係や，不安などを語りたいのに，夢について報告するように求められることは，すでにある種の間接性が導入されている印象を受けるのである。

4．中間対象としてのイメージ

(1)箱　庭

　ユング派の心理療法は，クライエントとセラピストの間にイメージという中間領域における対象を置く構造をもっているものとして捉えた。そのような中間対象としてわかりやすいものは，すでに述べた夢，箱庭，描画などである。箱庭というのは，とくに物に魂を認める前近代の世界観との連続性を考えた場合に，移行対象にもつながってくる第三のものの典型であろう。箱庭は，具体的に手で触れたり，目にしたりできるもので，心的なものでありつつ，具体的な物になっている。それは内的な対象でも外的な対象でもない移行対象に近いと言えよう。夢を語ったりすると，それは通常の語りとの連続性が強かったり，また実際に目で見たり手で触れたりできるものでなかったりするので，クライ

3 中間対象としてのイメージ

エントの内面のものというニュアンスが強いのに対して，箱庭というのは，まさにクライエントとセラピストの間に置かれた第三のものとしての意味を持ちうる。箱庭はクライエントの内的世界の表現や，クライエントとセラピストの二者関係の表現というよりも，それ自体が自律性を持った物の魂の表れとして考えられるのである。

　だから乳幼児が移行対象に関わることによってこころの成長を遂げていくように，箱庭を作っていくうちにいつの間にか症状が取れたり，クライエントが安定していったりすることがあると考えられる。乳幼児がお気に入りの布きれで遊んでいるときに，それが母親の代理であったり，自分の何かを投影していたりすることが自覚されていないように，箱庭においてもある意味で箱庭制作に没頭することによって，箱庭自体の変化によって治療的な展開が生まれてくるのである。

(2)描画・夢

　もう少し抽象性やテキスト性が強まるけれども，描画や夢も，心理療法における第三のものとして機能していると考えられる。描画や夢の方が，箱庭よりもクライエントの内面の表現として捉えられやすいかもしれない。すでにあるミニチュアを置いていく箱庭と違って，真っ白い紙に描いていく絵の方が，クライエントの内面を投影しているものと考えやすい。それどころか夢になると，何も具体的な対象が存在せず，こころの中だけの出来事なので，内面の出来事としてみなした方が適切なように思われるかもしれない。けれどもユング派の心理療法においては，描画や夢も，それ自体が自律的なプロセスを持つ第三のものとして見ていく方向性が強いと思われる。夢にしろ，描画にしろ，それは自律性を持った魂なのであり，だからこそ個人を超えた無意識であるということも言え，自己治癒力が働くのである。

　第1章で心理療法の基本として場や枠の重要性を強調したが，スクールカウンセリングにおいて，描画などが，枠の弱いカウンセリングにおける一つの枠となって，いわば二重の枠としての機能を持ちうる。しかし描画はたんに枠だ

けではなくて二人の間の第三のものとして捉えられる。また夢についても，通常の語りの奥にあるより深いものとも考えられるけれども，それはクライエントとセラピストとの間にある自律的な第三のものともみなされるのである。

(3)その他のイメージ

このようにユング派の心理療法で技法的に用いられるものの代表のような，箱庭，描画，夢が第三の中間対象として機能することがわかったけれども，心理療法においてはさまざまなことが第三のものとしてのイメージになりえる。山中康裕の『少年期の心』（山中，1978）には，そのようなよい例があがっている。クライエントが持ってくる写真，読んでいる小説，将棋や囲碁などとの取り組みも，心理療法におけるイメージとして，第三のものとなりえる。それがどのような対象や内容に変化していくかを読み取ることで，セラピストとしては治療の展開が感じられるのである。だからかならずしもクライエントが自分の生育史や，さまざまな人間関係を語り，それに対する見方を深めていくという方向を取らなくても，治療として展開していくのである。ユング派の心理療法の成功は，いかに第三のものをセラピーの中で見いだしていくかに拠っていると言っても過言ではないのである。

5. 第三のものの誕生

(1)第三のものが生まれるための場作り

ユング派のアプローチからすると，たとえば最初からクライエントが夢を報告してくれたり，誘ってみるとすぐに箱庭を置いてくれたり，絵を描いたりしてくれると，第三のものとしてのイメージによって進んでいく心理療法は楽であり，展開しやすいであろう。子どものプレイセラピーにおいて，子どもが何らかの象徴的な遊びをしてくれる場合においても同じことが言え，その場合には象徴的な遊びが第三のものになる。たとえば戦いの場面や，親が子どもをケアしない場面をずっと演じ続けるなどということがある。しかしながら，夢を

尋ねても，あまり見ないという返事があったり，絵や箱庭も拒否されたりして，なかなか第三のものが生まれにくい場合もある。子どもの場合でも，なかなか遊びにのって入っていきにくいことがある。

　その場合に，まず第三のものが生み出されてくる必要があろう。近代の心理療法は主体や内面を前提にしているけれども，後述する発達障害などに対してまず主体が造り出されることが必要になってくる心理療法があるのと同じことである。ウィニコットを受けて治療における第三のものを強調している藤山直樹は，空間に注目している。つまり「思考，感情，空想，不安といった心的内容よりもそれが容れられている場所がどのように推移しているかに気を配る」というのである。その意味では第1章で強調してきたような場作りこそが，まさに第三のものを生むための条件なのである。先にスクールカウンセリングにおける描画は，カウンセリングにおける第三のものであると同時に，枠や構造が弱いところでのいわば二重の枠のように機能しているとして，第三のものと枠が関連していることを指摘した。つまり第三のものが登場するためには，場作りが重要になってくる。

(2) 夢の中に現れた第三のもの

　藤山は空間の重要性について自らの例を挙げているけれども，ここではそれにはふれず，心理療法における第三のものや第三のものの誕生のイメージをつかんでもらうために一つの夢を手がかりにしたい。次の夢は，ある若い女性が筆者のもとで心理療法をはじめて5回めにようやく報告された初回夢である。

　「見知らぬ男性と向かい合ってすわっている。間にある机の上にアルミニウムの燭台が置いてあって，そこから強く心地よい香りが立ちこめてくる。」

　これは心理療法のごく初期に見られて報告された夢であるので，この見知らぬ男性は心理療法に関係していると考えても無理がないであろう。これはセラピストのイメージかもしれないし，あるいはセラピストを通じて出会う彼女の内的な男性像として理解できるかもしれない。ともかく彼女はこの未知の男性と向き合おうとしており，二人の間にいい香りを発する燭台がある。心理療法

第Ⅰ部　解説編

とは一対一の関係ではあるので，この夢についてもどうしても男性や男性との関係に注目しがちになる。クライエントの向き合うべきものは男性であるとか，未知の男性にはどのような特徴があるのかとか，どのように関係が変化していくのかが検討されるかもしれない。

　けれどもこの夢について考える際には，むしろ二人の間にある第三のものが大切なのではなかろうか。その証拠に，男性についてはたんに見知らぬ男性としてしか示されていなくて，その特徴がわからないのに対して，第三のものについての夢の中の描写は正確である。燭台というのは，明かりをもたらし，それは何かに焦点を当てて，検討していくためのものかもしれない。電気のランプではなくて燭台であるというのが伝統的な見方や柔らかい光や見方を示唆しているのに対して，アルミという材質がモダンなのが興味深い。それと同時に，よい香りというのは部屋いっぱいに広がっていって，まさに空間を作り出し，さらに二人を包んでくれる。燭台によって何かを見るという面を強調すると，視覚が際立ちつつ，心理療法で焦点の当たる問題や話題に関係していき，点や対象という側面が強いであろう。しかしながら燭台から立ち上る香りの方は，対象化できない全体を包む場を作り出している。そこでは見る主体は崩壊し，空間全体に広がって客体と融合する。このように空間や場所が第三のものを生み出すと同時に，ここで燭台からの香りが空間を開くように，第三のものがそれを包む空間や場所を作り出すという相互関係が認められるのである。この夢は心理療法における第三のものの誕生を見事に示していると考えられる。

　ユング派の心理療法の視点からすると，心理療法において第三のものがクライエントとセラピストの間に生まれてきたり，あるいは二人によって発見されたり，共有されたりする時点というのが比較的よく存在するように思われる。それは何か遊びが定まらなかった子どもがある遊びを見いだして没頭するようになることかもしれないし，話が流れていって，焦点が定まりにくかったカウンセリングにおいて，あるイメージ的な話題が見つかることかもしれないのである。

6. 語りにおける第三のもの

(1) 雑談風の語りのもつ意味

　第三のものとしてのイメージを強調すると，夢や箱庭などのイメージやイメージ的な対象がないとユング派の心理療法は成立しないと思われるかもしれない。しかしそもそも心理療法における語りも，主体が主体を超え，主体に反したような語りを思わずすることがあるのを指摘したように (p. 12)，クライエントが語っているのではなくて，心理療法における第三のものであると考えられる。つまりクライエントが語っているように見えても，じつは語りが第三のものとしてクライエントを通して自ら物語るのである。その意味では症状や，クライエントの問題についての語りも，第三のものと考えられるけれども，それらはむしろクライエント自身についての内省として捉えられやすく，第三のものという視点からは捉えにくいかもしれない。あるいは精神分析では，治療関係の反映として捉えられてしまうかもしれず，第三のものとはみなされないかもしれない。第三のものとしての語りという見方がよく当てはまると考えられるのは，心理療法らしい話題ではなくて，むしろ雑談風のものであったり，何のたわいもないことの報告であったりする場合であろう。

　たとえば岩宮恵子 (2009) が取り上げているように，スクールカウンセリングにおいて，思春期の生徒が，アイドルやマンガについて語ることなどもそうである。クライエントが，ひたすら自分の聴いている音楽をリポートし続けるということも，思春期のクライエントにおいて比較的よくあると思われるが，これも二人の間における第三のものとして登場しているのである。そしてそのような話題は，夢，箱庭，描画を代表とした，ある程度象徴体系や意味として心理学的に理解できるものに対して，まったくそのようなカテゴリーに当てはまらない場合もある。

　クライエントが，自分が旅行に訪れた場所の報告をしたり，お寺や神社を訪れたなどということが，雑談風に話されたりする場合もある (河合・鎌田, 2008)。これらは精神分析の枠組みからすると，心理的なことや自分の問題を

語りたくないために生じる抵抗として受けとめられることもあるかもしれないけれども，ユング派のアプローチからすると，治療における第三のものとしてみなしていくと興味深い。山森路子が紹介しているアトピーの事例では，クライエントがアジアのＰ国に旅行したことを報告する（山森，2004）。これも自分の問題を語りたくないという抵抗や，現実逃避とも考えられるけれども，セラピストはクライエントにおける非日常を求める動きとして，その話題に注目していく。ところが何回かの旅行を通して，クライエントは非日常に到達できないということを悟っていき，症状はおさまっていくのである。これも語りにおける第三のものがうまく機能した例と言えよう。そして第三のものの内容が深められるというよりは，あたかも子どもがいつかはぬいぐるみに飽きて，それを置き去りにして成長するように，ここでのクライエントが第三のものに興味をなくしていくと同時に，その症状もよくなっていき，治療は集結を迎えたのである。まさにその話題は治癒のための移行対象であったと言えよう。

(2) 隙間や沈黙の持つ意味

　第三のものは対象とは限らない。むしろ話が連続していく中で，二人の間に異次元が開くことでもある。その意味では隙間や沈黙というのが，第三のものの位置を占めることも多い。たとえば，遮る間もなく面接の時間中語り続けるけれども，セラピストとしてなかなか話が追いにくく，また意味がつかみにくいクライエントというのが存在する。セラピストとしては，どの話題が中心になるのであろう，どのように物語ができていくのだろうという視点で話を聞いて，第三のものを探しがちであるけれども，なかなかある話題にとどまることも深まることもない。むしろ切れ目のない話が途切れたり，沈黙が訪れたりすることこそが第三のものの次元を開いてくれることがある。

　同じようにして，なかなかセラピーで起こっていることの意味がセラピストからしてわかりにくいにも関わらず，驚くほど休みなくクライエントがセラピーに来ることがある。これは発達障害的なクライエントの場合によくあることであるが，そのような場合にも，クライエントがときどきキャンセルをして，

隙間ができてくることが，第三のものの誕生につながっていくことが多い。このように第三のものとは具体的なイメージや物とは限らず，だからこそ第三のものと場との間の相互関係があるのかもしれない。

文献

藤山直樹　2003　精神分析という営み――生きた空間をもとめて　岩崎学術出版社

岩宮恵子　2009　フツーの子の思春期　岩波書店

Jung, C. G. 1946/1984 *Die Psychologie der Übertragung*. In: GW Bd. 16. Walter Verlag, 4. Auflage.（ユング，C. G.／林道義・磯上恵子（訳）2000　転移の心理学　みすず書房）

Kawai, T. 2010 Jungian psychology in Japan: Between mythological world and contemporary consciousness. In M. Stein & A. J. Raya (Eds.) *Cultures and Identities in Transition*. Routledge. pp. 199-208.

河合俊雄・鎌田東二　2008　京都「癒しの道」案内　朝日新書

ウィニコット，D. W.／橋本雅雄（訳）1979　遊ぶことと現実　岩崎学術出版社

山森路子　2004　心身症への心理臨床的アプローチ　山中康裕・河合俊雄（編）心理臨床と医学の接点　京大心理臨床シリーズ 2　創元社　pp. 68-79.

山中康裕　1978　少年期の心　中公新書

4　物語と象徴

河合　俊雄

1. 集合的無意識と元型

(1)個人を超える問題や課題

　ユング派の心理療法において，いわばクライエントとセラピストの間の第三のものとしてのイメージが重要であり，心理療法とは，いわばその第三のものに出会うインパクトによって変容が起きてくると考えられることがわかった。だから第三のものとしてのイメージの展開に心理療法は多くのものを負っている。そのために，症状や問題が軽い場合には，子どもが箱庭を作ったり，絵を描いたりしていると，セラピストもあまり訳がわからないうちによくなってしまうことも起こりえるのである。症状や問題も第三のものとして捉えると，イメージで展開していくものは，元々の症状などが置き換えられたものとも考えられる。スムーズに置き換えが行われて，イメージが展開していくと，治療はいわば，大船に乗ったように進んでしまう。実際のところ，ユング心理学が箱庭療法を通じて日本に導入された1960年代には，そのような事例もしばしば見られた。これは第三のものという表現が用いられるように，それがかならずしも症状や問題，さらにはクライエントのパーソナリティーと直接に結びついていないように思われることも大きいと考えられる。そのために症状はいつのまにか取れていることになる。ましてやセラピストとのやり取りという見方ではほとんど理解できない。

しかしながら，近代の心理療法が自分で自分のことを見つめる自己反省（self-reflection）を特徴としているように，その第三のものの展開を理解することが大切になる場合も多いし，また多少理解していないとクライエントからしてもセラピストからしても安心して自分を流れに委ねられないことになる。前近代の癒しの技術においては，儀式などの意味が参加者にとって自明であって，それを問う必要がないのに対して，近代の心理療法の一派でもあるユング派の心理療法においては，第三のものとしてのイメージを多少とも理解することが求められるのである。そしてユング派の心理療法において，自己反省の方法，第三のものとしてのイメージを捉える方法として，物語と象徴というパラダイムが重要なように思われるので，この章で扱いたい。

　ユング派の心理療法においては，何かの症状や訴えがあるときに，たとえば幼少期の母親との関わり方に問題があったなどのように，親子関係をはじめとする個人の過去に原因を求めて遡ろうとしない。もちろんクライエントが親子関係を問題にする場合には，それに耳を傾け，その話題を取り扱っていくのであるけれども，とくに問題になっていないときに，クライエントの語りやイメージを無理に親子関係に結びつけて理解しようとしたりはしない。むしろ逆に個人の問題として生じている背景に，どのような個人を超える問題や課題が布置されてきているかを考える。そのために理論的な枠組みとしては集合的無意識や元型ということが存在する。つまりユングは，個人の無意識を超えたところに，かならずしも経験的に獲得されたのではない，文化に共通したり，さらには人類に普遍的であったりする無意識が存在することを仮定し，それを集合的無意識と名づけた。その集合的無意識におけるさまざまな基本的な型のようなものが元型である。

(2) 肉の渦に巻き込まれた夢

　河合隼雄が『ユング心理学入門』の中で挙げている，不登校の男の子によって報告された，肉の渦に巻き込まれた夢は，集合的無意識や元型という考え方の心理療法における有用性を示す古典的な例と言えよう（河合, 1967, p. 90）。

夢は以下のようなものである。

「自分の背の高さよりも高いクローバーが茂っている中を歩いてゆく。すると，大きい大きい肉の渦があり，それに巻き込まれそうになり，おそろしくなって目が覚める。」

肉の渦ということから，河合隼雄は全てを呑み込んでしまうような母なる元型を連想している。不登校になっている理由として，家族関係における問題とか，学校における適応状況とか，さまざまなことが考えられるであろう。そのような問題を話し合っていくことも普通の心理療法においては考えられる。しかしそのような個人的なコンテクストではなくて，肉の渦というイメージで現れてきているように，個人を越えた母なるものという元型が強力に働いていて，それにいわば呑み込まれてしまっているので子どもが動けなくなっているとユング派ではみなしていくのである。したがって母なるものからの解放や自立が治療において大切になっていく。事実この少年は「家で甘やかされているのが嫌だ」と発言して，治療が展開していく。

このように集合的無意識や元型という考え方は有効であることがわかるけれども，実際の治療における見方としては，むしろ物語と象徴がパラダイムとして重要なように思われるので，それをここでは取り上げたい。

2. 物　　語

(1)物語というパラダイム

近年において，認知行動療法を中心としてエビデンス・ベースドということが強調されるのに対抗して，ナラティヴ・ベースドということが言われるように，物語というのは心理療法における重要なパラダイムであろう。イメージの理解のために，あるいはイメージを水路づけていくために，物語というのはユング派のアプローチにおいても重要なパラダイムになっている。因果関係とか，象徴性などの複雑な読み取り以前に，物語としてイメージの流れを見ていくことは重要な第一歩であるし，またたいていのイメージは，それでほぼ理解でき

る。そしてたとえ本当の意味の理解でなくても，流れを追っていけることでセラピーはうまく展開するのである。

(2) 夢

　まず夢について考えてみると，個々の夢における起承転結という劇のような構造が重視される。これは最初に①「提示部」があって，場所，時間，登場人物が示される。次に②「展開部」では問題の描写がなされる。さらに③「転回点」では，カタストロフィーの余地を残すような変化が生じる。最後の④「大詰め」では，夢の結果がまとめられる。

　ユングは，『子どもの夢』（ユング，1992）というセミナーで，この図式に夢の例を当てはめている。すなわち，①提示部が，「夢見手は簡素な家に農夫と一緒にいる。」，②展開部が，「そしてこの農夫に，ライプツィッヒへの長い旅のことを話す。」③転回点が，「地平線に恐ろしいザリガニが現れる。それは同時に恐竜でもあり，彼をはさみでどうにか捕まえる。」④「大詰め」が，「夢見手は不思議なことに手に小さな占い棒をもっていて，それで怪獣の頭に触れる。怪獣は死んでぐしゃぐしゃになる。」という流れになる。

　物語というパラダイムにおいては，まず夢やイメージが断片的でなくて，一つのまとまりを持った物語をなしていることが必要であろう。ある場面だけで夢が終わっていたり，次々と場面が変わっていったりしては，物語的な見方ができない。さらには物語における結末が重要になる。たとえばこの夢も，ザリガニか恐竜かの化け物に夢の中の私が捕まえられたところで終わっていて，恐怖で目覚めたりしたならば，たんなる不安夢に過ぎなかったかもしれない。そこに変容の可能性を見てとることはできない。しかしそこから意外な解決が生じてくることによって，物語は展開し，結末を迎える。ユング自身も，夢における結末部分の大切さを指摘している。ユング研究所における夢の事例検討会やセミナーに参加しても，西洋のユング派の心理療法では夢の結末が非常に重視されているという印象があった。それは自分の問題に対してどのように主体的に対処できるか，あるいは自分によってでなくてもどのような対処がもたら

されるかが重要だからであろう。

　これに対して先の肉の渦の夢では，結末がないとも言える。つまり肉の渦に巻き込まれるという転回点，パニックで終わってしまっている。ある意味で問題や症状が示されただけで，その解決は夢の中では示されていない。しかしこれも物語というパラダイムからするとそこからどのような解決が考えられるのか，あるいはそのために夢の中の私がたんに受動的なままにとどまるのではなくて，どのように夢の中で主体的に関わっていくのかが大切になってくる。

(3)箱庭・個々のセッション

　物語というのは，箱庭に対しても有効な場合がある。つまり個々の箱庭においても，そこで一つの物語が展開されていると考えられる場合も多いと思われる。箱庭というのは，一つのまとまった風景や小宇宙をなすことが多く，いわば同時的なスナップショットのようなものとして見られがちであるけれども，そこに物語が読み取れるならば，何かの動きが生じてきやすいのである。

　また心理療法における個々のセッションをとっても，それは一つの物語をなしていることが多い。最初は話題を探っていくように，ある話が浮かんでは消えたり，セラピストからの一問一答のようなやり取りがあったりしたのに，途中からある話題やある人物のことで一気に話が深まっていき，最後にはいちおうその話がいったん閉じられて，現実的な話題で終わっていくというのは一つの理想的なセッションの物語である。それに対して，ある話がはじまったのに，それが閉じられないうちに別の話に流れていったり，個々の話が断片的に終わっていたりして物語をなさない場合や，さらには同じ話が繰り返される場合には，心理療法が困難になってくる。あるいは話しはじめられたことが，あまりにも閉じられずにセッションが終わるのも，むずかしいと考えられる。

3. シリーズでの理解

(1) 夢や箱庭をシリーズで見ていく

　ユング派の心理療法では，個々のイメージの物語だけではなくて，夢にしろ，箱庭にしろ，描画にしろ，何回かのセッションでの展開を見ていって，シリーズで理解していくことが重視される。一つの夢を取り上げてもわかりにくいかもしれないけれども，次に報告される夢，さらに次の夢で，同じモチーフが似たコンテクストで登場したり，変化していったりすると，何が問題になっているのか，そして何が変化していくのかがわかりやすい。あるイメージがわからなくても，多義的で曖昧な言葉がコンテクストによって意味がはっきりしてくるように，流れを見ていくことによって明確になっていくことは多いと考えられる。たとえば最初に箱庭で池が掘られていたのが，次に川になっていると，最初はエネルギーが滞っていたのが，流れるようになってきているなどと理解できる。

　またシリーズで理解しようという姿勢は，たんにシリーズで見ることによってイメージの意味がより明らかになるだけではなくて，取りあえず曖昧でわかりにくいものを決めつけずに，オープンに接するという治療的効果を生んでいると考えられる。「次の夢を待ちましょう」とは，ユング派の分析において聞かれる常套句である。

　シリーズによる理解がもっとも有効なのは箱庭療法であろう。一つだけの箱庭を見ても，あまりよくわからないかもしれないけれども，クライエントが毎回毎回置いていった箱庭をたどっていくと，何が起こっているのか，何が変化しているのかが見えてくる場合が多い。たとえば箱庭療法において，とても小さな領域しか使わなかった子どもが，どんどんと使う領域が広がっていくことがある。あるいは大量のミニチュアがところ構わず置かれていたのに，徐々に使われるミニチュアが減ってきて，箱庭の中に隙間ができてくることがある。また混沌としていた世界が二つに分離していくことがある。逆に分離していた世界に橋が架かったりして，二つの世界がつながっていくことがある。あるい

は動きがなかった箱庭に，二つのグループによる戦いがはじまることがある。このようにイメージの流れを見ていくことによって，イメージを摑めることは多いように思われる。たとえば事例編9で紹介される福田周の塗り絵を用いた心理療法において，いつも横顔の動物が選ばれてきたのに，最後の方に正面から見たフクロウが描かれる。このようにシリーズの中での変化を読み取ることが重要なのである。

　このようにイメージがシリーズで変化していっても，イメージが何を意味するかが比較的明らかなこともあるし，またあまりよくわからないこともある。たとえば二つの世界が作られていても，それが内界と外界や，女性性と男性性などのようにわかりやすい場合もあれば，たんに二つの世界が存在しているとしかわからない場合もある。このあたりが物語という捉え方が，象徴という見方と絡んでくるところである。

(2)変化の流れをつかむことのむずかしさ

　ユング派の心理療法とは，あくまでも第三のものの変化にゆだねているところがある。その場合に変化の流れがわかっていることによって，流れにのっていきやすくなり，治療やクライエントの変化が促進されることになる。ある程度流れがつかめていないと，イメージは自動的に展開するのではなくて，止まってしまうことが多い。しかし流れをつかんでいることにはかならずしも肯定的な面ばかりではなくて，セラピストの読んでいるつもりの流れによって，クライエントをある方向に誘導してしまったり，それどころか本来の変化をゆがめてしまったりすることもあるので注意したい。本来は分離することが課題であるときに，セラピストがつながろうとするイメージで捉えようとするのは，よく見られる現象のように思われる。またセラピストがクライエントに変化の方向を指摘したりすることによって，逆に動きが止まってしまうリスクもある。とはいうもののセラピストに流れがわかっていないと，せっかく動いているシリーズが乱れることがある。セラピストもクライエントもどの程度流れを読めていて，それをどの程度意識化や言語化するかというのは，セラピーにおける

大きな課題である。

　このようにシリーズで物語が展開する場合はよいけれども，心理療法においては流れが停滞したり，同じことが反復されたり，物語にならないような断片的なイメージしか生まれてこないことも多い。これにはいろいろな要因が考えられる。イメージが場というものを必要としていることを指摘したように，ずっと断片的なイメージや語りしかもたらさなかったクライエントに対して，セラピストが辛抱強く耳を傾けていると，心理療法という場が成立してくるのか，まとまりを持ったイメージや物語が生まれてくることがある。あるいは，セラピストにイメージがまったく摑めていないから，物語になっていかない場合もある。さらには次章で取り上げるように，発達障害やいわゆる心身症と言われるクライエントのように，物語というパラダイムが通用しない場合も考えられる。

4. 心理療法における物語

(1) 精神分析とユング心理学の違い

　心理療法におけるイメージの展開に一つの流れが見えてくるだけではなくて，それがある物語に似ているという場合がある。精神分析とユング心理学の違いを，物語という視点から考えてみたい。精神分析において，エディプス構造が大切であるということを述べたけれども，これはエディプス王の物語という一つの物語を根底に見ているとも考えられる。あるいは，かならずしもエディプス王の物語にきれいに当てはまらなくても，精神分析の着目するのはつねに父親，母親をはじめとする家族の物語である。古沢平作が日本における精神分析の独自性に気づいて，エディプス・コンプレックスに代わるものとして阿闍世コンプレックスということを提唱したけれども，これも阿闍世王の家族に関する物語であることには変わりはない。

　それに対してユング派は，もっと個別的な物語を捉えようとする。エディプス・コンプレックスを強調した精神分析に対して，ユングがさまざまなコンプ

第I部　解説編

レックスの存在を指摘するように，エディプスの物語だけでなく，さまざまな物語が存在する。たとえば岩宮恵子の報告している拒食症の少女の事例では，「かぐや姫」の物語が重要になってくる（岩宮，1997）。クライエントはかぐや姫の絵をよく描き，ほとんど自分をかぐや姫と同一視しているかのようである。そしてクライエントが昇天するかぐや姫を描くのと同時に，普通の女子高校生らしくなって，心理療法は収束していく。

　このように心理療法においてはさまざまな物語が背後に動いている可能性があるので，ユング派の心理療法の訓練においては，昔話，神話などが学ばれる。同じように物語が重要であっても，精神分析ではエディプス構造ということが言われるように，構造や形式が大切であるのに対して，ユング派では物語の内容が重視される。できるだけ多くの物語を，しかもその内容を深く知っていることが心理療法において有用なのである。

　しかしクライエントの物語は，かならずしもある神話や昔話のモチーフに分類できるわけではない。むしろそのようなパターンに囚われずに，どのような物語があるのかを発見していくのが大切であろう。たとえばクライエントの家族史を聞いていると，男性が入ってこない家族であることに気づかされることがある。男きょうだいは病気などで亡くなってしまい，女きょうだいと結婚した男性たちも離婚したり，事故で亡くなったりして，なぜか男性が入ってきにくいというのが見えてくることがある。このような場合にこの物語がどのように続いていくか，またそれを変えようという力がどこに生まれてきているかに注目していくことになる。

(2) **クライエントとセラピストの合作の物語**

　エディプス・コンプレックスがその典型であるけれども，クライエントだけではなくて，セラピストも物語を持っていることがある。たとえば『グレート・マザー』や『意識の起源史』を著したエーリッヒ・ノイマン（Erich Neumann）においては，英雄神話という物語が中心であったろう。英雄の怪物との戦いは，母なるものとしての無意識から分離して自我が確立されること

として心理学的に理解される。そのように無意識から分離した英雄は、しばしば結婚を迎えるように、女性性との結びつきによって無意識と再びつながるとみなされる。また、ユング派分析家であった織田尚生による心理療法を見ていると、セラピスト自身が怒りと傷つきという物語を生きていることがわかる（織田，1993）。クライエントは必然的にそれに影響されることになる。その意味で心理療法とは、クライエントとセラピストの合作の物語であると言えよう。

　心理療法がクライエントとセラピストの合作の物語であるからこそ、クライエントの語りや心理療法のプロセスに物語を当てはめてしまったり、物語によって実際の動きが見えなくなったりしてしまうことが起こりえる。その際には、物語というものが存在するのではなくて、物語を通してクライエントや心理療法の動きを捉えているのだという発想が必要であろう。またセラピストは、自分はどのような物語を生きていて、どのような物語を当てはめやすいかという自覚も多少必要であろう。「アダルトチルドレン」「トラウマ理論」のような理論がはやるのに対しても、どのような物語がその理論において中心になっているのかという視点で見ていくことが必要かもしれない。

5. 象徴と拡充法

(1)蛇の象徴的意味

　イメージを捉える場合に、ユング派において物語とともに鍵となってくるのが象徴という見方である。物語という見方は流れをつかんでいくものなので、かならずしも知識を必要としないかもしれない。もちろんユング派の訓練においてなされるように、なるべく多くの神話や物語を知っていることは助けにはなるけれども、われわれが未知の小説を読んでいってもいちおう理解できるように、物語をたどることはできよう。しかし象徴というのはイメージが通常のものとは異なる意味を持つことなので、知識が重要になってくる。

　たとえば典型的な例として蛇を取り上げてみよう。蛇は、箱庭療法ではもちろんのこと、夢にもしばしば登場する。そしてたいていのクライエントは夢に

蛇が現れると,「気持ち悪い」などと否定的な反応をする。実際の夢のシーンでも,地面に蛇がうようよしていてうまく歩けないなど,妨害的なコンテクストで蛇が出てくることも多い。

　しかし夢というものが,われわれの日常的な見方を超えたものを示してくれているように,夢に登場するものに対しても,常識的,日常的な見方が克服されないといけない。ユングが記号と区別して,象徴を定義しているように,象徴というのは何かわからないものを指し示す。つまり字義通りの,日常的な意味ではないものを含蓄しているのが象徴であり,それを解き明かすのが象徴的見方なのである。おそらく箱庭や夢で登場する蛇がもっとも頻繁に担う意味は,再生の象徴であろう。脱皮を行うためかもしれないが,蛇には死と再生という象徴的意味がある。また,エジプト神話などに見られるように,蛇と鳥は結びつきの強い存在で,竜というのは翼の生えた蛇に他ならない。たとえば,ニーチェの『ツァラトゥストラはかく語りき』にも,鷲に一匹の蛇がまつわっているシーンがある。そうすると蛇は鳥とともにコスモロジーを開くことになる。さらに蛇は,ギリシャ神話のヘルメスの杖に見られるように,薬や医術にも結びついている。

　蛇にはこのほかにもさまざまな象徴性があり,それは当該のイメージに対して,コンテクストの中でどの意味が適切なのか見ていかねばならないけれども,そのような象徴的意味は,蛇の素朴な理解からは生まれてこない。だからこそ神話や儀式などを通じて,象徴性を学ぶ訓練が必要になるのである。先の物語的な捉え方の場合にも,神話や物語をなるべく多く知り,その本質を学ぶことが必要であったように,ユング心理学におけるイメージに対する訓練は,物語にしろ,象徴にしろ,イメージの内容を知るためのものであることがわかるであろう。チューリッヒのユング研究所における講義や試験科目を見ても,儀式,神話,昔話などのイメージの内容を知るための訓練が多く含まれている。

(2)拡充法

　そのような象徴的見方を,実際の心理療法や分析で適用するのが拡充法

(amplification)という方法である。あるイメージに対して自由連想的に連想を広げていくと、いつの間にか最初のイメージからははずれてしまう危険がある。そうではなくて、当該のイメージにどのような象徴的意味があるのかを、そのイメージにかならず立ち返って繰り返し挙げていくことで、その意味を明らかにしていく。先に蛇について述べたさまざまな象徴的意味も拡充法の例と言えよう。クラシックな分析では、夢の中の個々のイメージについて、拡充法が用いられることになる。筆者が参加した箱庭療法の創始者であるドラ・カルフ(Dora Kalff)のところでの箱庭のセミナーも、1回のセミナーで一つだけの箱庭を取り上げ、その中の個々のイメージについて本当に丁寧にその象徴性を検討していくもので、拡充法に基づいていると言えよう。実際の心理療法において、どこまで丁寧に拡充法を用いることができるかは疑問であるけれども、拡充法を中心にしたセミナーなどのように、象徴的アプローチのための訓練としては重要であろう。

6. 象徴と文化

　ユングの集合的無意識というのは、人類に普遍的な無意識であると同時に、それぞれの文化による個別性を仮定している。たとえば、日本神話における八咫烏(やたがらす)が太陽と結びつきが強いように、太陽と烏は象徴的なつながりが深く、これはギリシャ神話においても太陽神アポローンと烏の関係が認められる。つまりその意味では象徴性は文化を超えた普遍性を有している。蛇のさまざまな象徴性が日常の意識からすると気づかれないものであったように、明るい太陽と黒い烏のつながりもさまざまな物語や象徴性を知っていないと、理解できないものであろう。ユングは、『赤の書』などによって知られるようになった、自分が描いていた中心を持つ幾何学的な模様が、東洋における曼荼羅に似ていることを知って驚き、また自分の行っていたことへの理解を深めることができた。これも象徴性の持つ普遍性と関連している。

　しかし象徴性には、多くの文化で共通しているものだけではなくて、文化に

よって異なるものも多い。たとえば西洋における太陽が男性性と結びついていて，錬金術においても月の女性性とペアをなすのに対して，日本神話では太陽神はアマテラスであって，女性である。区切られた境界を超えたり，ユーモアなどによって硬直した秩序を揺り動かしたりするトリックスターは，日本の昔話では狐や狸であるのに対して，アフリカの物語ではウサギである。このようにその文化，そのクライエントによってイメージの象徴性は異なる可能性があるので，心理療法の中で登場するイメージの象徴性を考える際には注意を必要とするのである。

さらには象徴性が異なるだけではなくて，象徴体系の明確さも文化によって異なる。たとえばユングの『ヴィジョン・セミナー』を読むと，非常に象徴体系がクリアなのに驚かされるであろう。右は意識であるのに対して左を無意識とし，また蛇，ライオン，鳩など，さまざまな動物の象徴性も明確である。これほど象徴的な意味をはっきりと割り当ててもよいのか，これは記号的ではないかという感想を持ちたくなるくらいである。それに対して，日本における象徴体系は，西洋ほど明確ではないように思われる。あるイメージの象徴性が何であるかは一概に言い切れない。

これにはこころのあり方の違いが反映していると思われる。意識が明瞭で，こころにおける中心がはっきりとしていると，象徴体系も明確なものになる。それに対して日本のように西洋に比して意識が不明瞭で，河合隼雄が中空構造ということを指摘したように（河合，1982），中心がはっきりしないと，象徴体系も曖昧なものになる。それどころか，字義通りの意味と象徴的な意味との区別も曖昧なように思われる。

したがって，日本でイメージの象徴性を扱う場合には，ユングの著作や，海外のユング派の分析家が用いているのとは異なることに注意が必要であろう。象徴性の当てはめのような解釈も，西洋での心理療法においてはある程度通用するかもしれないけれども，日本においてはむずかしいようである。

7. 継時性と同時性，水平性と垂直性

　物語が，継時的なものであり，言語学的に見るとシンタグマティック（連結関係，隣り合う要素の間の関係）なものであるのに対して，象徴というのは同時的なものであり，パラディグマティック（範例関係，置き換えられる要素の間の関係）なものであると言えよう。だから象徴によって，普通に継時的に流れているものとは異なる次元が顕わになる。また継時的なものと同時的なもの，言わば水平的なものと垂直的なものとして，物語と象徴という見方が相補っていることも理解できよう。たとえば先の例のように，箱庭に池が掘られると，それの象徴性が問題になる。グリム童話の「蛙の王様」の物語が示すように，それは無意識への通路かもしれない。あるいは水によって世界にうるおいをもたらすものかもしれない。それとも閉じられた世界を示すかもしれない。それが次に川に展開することによって，物語的な見方が可能になり，また池のどのような象徴性が大切だったのかについての見方が修正されていくのである。

　したがって物語性を重視してイメージにアプローチすると，全体の流れはうまく捉えられるかもしれないけれども，上滑りになってしまう危険性もある。個々のイメージや，個々の回の箱庭や夢には，非常に深い次元が示されていたかもしれないけれども，それは素通りされてしまう。たとえば非常に警告的な悪夢があったけれども，そのテーマが後に出てこないと，無視されてしまうことになる。

　逆に象徴性を重視して，個々のイメージを深めようとすると，そこでの見方を深めることはできても，流れを見失ってしまう可能性がある。むしろあまり関わらずに通り過ぎた方が治療的にはよいようなイメージを，入念に考察したために，クライエントが混乱してしまうようなことさえある。このように物語的な見方と象徴的な見方は，ユング心理学的な心理療法においてたんに二つの中心的なアプローチの仕方であるにとどまらず，お互いに補い合ったり，また妨害し合ったりもするのである。

第 I 部　解 説 編

文献
岩宮恵子　1997　生きにくい子どもたち　岩波書店
ユング, C. G.／氏原寛ほか（訳）　1992　子どもの夢　1・2　人文書院
河合隼雄　1967　ユング心理学入門　培風館
河合隼雄　1982　中空構造日本の深層　中公叢書
織田尚生　1993　昔話と夢分析　創元社

5 物語と象徴以前・以後

河合　俊雄

1. 物語・象徴の通じない世界

(1)発達障害の心理療法

　ユング派の心理療法において，イメージを理解していくうえで象徴や物語が大切であると述べたが，クライエントによっては，象徴や物語ではうまくアプローチできないようなイメージを生み出す人もいる。元型的なイメージの登場する例として，不登校の男の子が見た，肉の渦に呑み込まれる夢を前章で挙げたが，これも厳密な意味での物語性からすると，結末部分が欠けている。西洋のユング派分析家ならば物語として不完全であると問題視するであろう。

　しかしこのようなレベルでの物語性の欠陥ではなくて，もっと物語性や象徴性から捉えることのむずかしい心理療法が存在する。たとえば自閉的な子どもの場合，同じ遊びが延々と繰り返される。ただ黙々と砂をこねたり，器に入れては出したりするような砂遊びや，部屋を水浸しにするような水遊びが毎回のセッションで繰り返される。小学校高学年や中学生の発達障害的な子どもの場合だと，セラピストと何の会話もやりとりもなく，ひたすら一人でゲームをしたりする。また具体的な物や動作に非常にこだわったりする。このような一見すると単調に繰り返されるプレイセラピーに対して，物語性や象徴性という角度からアプローチしても何も見えてこず，たんに不毛なものとみなされてしまう。あるいは砂や水の象徴性や，ゲームにおける主人公やストーリーの意味な

どをセラピストが無理に読み込んでいっても，心理療法を深めたり展開させたりすることにはつながらず，空回りするだけに終わってしまう。

　自閉的な子どもだけに限らず，軽度の発達障害の子どもの心理療法や，さらには大人の発達障害の心理療法においても，ストーリー性や意味を見出すことはむずかしい。たとえばバウム・テストを行っても，自分の家の庭に生えている木が描かれたり，極端な場合は窓から見える木を模写しようとしたりさえする。箱庭を作ってもらっても，毎回同じような町の風景や行列が作られたりする。実際に訪れたり，見られたりした光景が作られることも多い。あるいはいつも同じゲームのキャラクターを並べるだけのような箱庭が作られる。登場するキャラクターは多少変化し，並べ方も多少異なるけれども，果たしてそのキャラクターの象徴的意味や，並べ方の変化の意味を物語的に読み取っていっていいのかどうかは疑問なのである。夢を尋ねても，まったく記憶されていなかったり，逆に大量の，つかみ所のない長い夢が報告されたりする。箱庭や描画と同じように，現実での出来事や現在の感情の再生や反映のような夢が見られることも多い。このような場合に，ユング派のパラダイムである物語や象徴性でアプローチしても実りのある心理療法は展開されない。

(2)主体が成立しない

　物語や象徴による見方が通用しないのは，発達障害の子どもや大人に，主体というものが成立していないために本質的な意味での象徴機能がはたらいていないからだと考えられる（河合，2010）。ラカンが鏡像段階によって説明したように，言語と主体の発生は緊密に関連している。鏡の中の像を自分として認める自己関係と，それを他人に伝えようとする主体のはたらきによってはじめて言語は成立する。また構造主義言語学が明らかにしたように，言語は実体的なものではなくて，差異であり，それは自他の区別をしていく主体のはたらきによっている。発達障害の子どもや大人に，母親と融合していたり，またオウム返しをしたりして自他の区別がはっきりとしていなかったりする特徴が見られるのも，主体が成立していないことから派生してくると考えられる。

視線が合わない，言語がほとんど話せないなどのような極端な主体性の欠如だけではなくて，主体の欠如はマイルドな形で軽症の発達障害において現れてくる。象徴的なことを表現したり，理解したり，さらには場や空気を読んだりできないのは，発達障害の人が字義通りの意味しかわからないためである。字義通りの意味の次元しか存在しないために，象徴的なことがはたらかないと考えられる。そしてメタファーが字義通りの意味と象徴的な意味との差異によって成り立っていることからすると，この場合にも差異の成立が大切になると言えよう。

　一般に心理療法にとって，自分自身のことを考えるというように，内面性を持った主体性というものが前提条件になることを指摘したけれども，ある意味で前近代の癒しのワザを受けているユング心理学的なアプローチにおいても，物語や象徴という視点でイメージを捉えていくためには，主体の成立が必要なことがわかるのである。

2. 物語・象徴性と病態水準

(1)神経症水準と境界例水準

　このように象徴や物語が機能しないクライエントのことは，病態水準という考え方で理解できると考えられるかもしれない。病態水準とは，境界例の精神分析的心理療法において，自我心理学と対象関係論を融合させた新たな理論を打ち立てたO・カーンバーグ（Kernberg, 1984／西園（監訳），1996）によっておもにもたらされた考え方で，神経症と精神病（統合失調症）の間に，境界例のレベルを仮定するものである。第3章において，精神分析での言語による自由連想のためには，直接性を避けるエディプス構造と言われる三者構造が必要であるし，またユング派でのイメージは，二者の間に生まれてくる第三のものと考えられ，この場合にも三者構造が認められるとした。このように分析的心理療法は二者の区別をする三者構造を前提にしているし，それは自他を区別する主体の存在を必要としていることに他ならない。

第Ⅰ部　解説編

　その意味で象徴や物語は，主体を持った神経症水準に該当している。たとえば不安神経症の人は，追いかけられる不安夢を見ることが多い。夢の中で犬が登場すると，自分はその犬に追いかけられるのではないか，その犬は凶暴そうだとか思っていると，案の定その犬に追いかけられることになる。そして命からがら逃げて，追いつかれそうになってパニックで目が覚めたりする。このような夢が生じてくるのは，主体が感情やイマジネーションによって犬という存在を自分に関係づけ，意味づけているためで，それによって物語が作り出されてくる。本当は何もしないかもしれない犬を凶暴であるかのように想像し，それによって追いかけられるという物語を作り出したように，神経症症状は主体による物語や象徴によって作り出される。たとえば先端恐怖，高所恐怖，閉所恐怖などの恐怖症は，客観的には怖くない対象を怖いと思って物語を作り出していることになる。そして心理療法はそれをまた物語と象徴によって治療しようということになる。

　それに対して，境界例水準では，象徴や物語が通用しにくい。それは境界例の人が，直接性を求め，また徹底的に二者による関係性にこだわるからである。言葉，物語，象徴性というのは，直接的で即時的な充足が禁止されるから生じてくると考えられる。たとえば神話や昔話において，お姫様というのがすぐに得られず，どこかに閉じ込められていたり，竜や鬼に捕らえられていたりするなどのように困難が生じてくるから，それを乗り越えるための物語が生じてくる。しかし境界例の人は，要求がすぐに満たされることを望む。たとえば親に対して，すぐに要求したものを買ってくるように求め，苦しいときにはセラピストに対して今すぐ会ってくれるように求める。また夢などに対しても，そのイメージ自体がどのような意味を持つかではなくて，それがセラピストにどのように受け取られるかにこだわり，結局は二者関係に還元されてしまい，三者構造が成立しない。このように物語や象徴性は神経症水準で生きてくるもので，それよりも重いとはたらかないように思われる。このことからすると，病態水準の重い症状については，物語や象徴性が通用しないように思われる。

(2) 物語・象徴の通用する病理・通用しない病理

　ところが，境界例よりも病態水準としては重いはずの統合失調症や，境界例水準である人格障害の中でも統合失調症性人格障害においては，再び物語性や象徴性が通用する。たしかにそれらの症状におけるイメージや物語は破壊的であることも多いけれども，たとえばユングが統合失調症の人の妄想を通じて，人類に普遍的な無意識の存在を確信していったように，象徴的な見方が意味を持つ。ユングがフロイトから袂を分かつことになっていったときに書かれた『リビドーの変容と象徴』は，統合失調症の人の妄想を象徴的に理解していったものである。日本においても，武野俊弥（1994）や角野善宏（1998）が，イメージを用いたユング心理学的アプローチによって，統合失調症の心理療法において成果をあげている。統合失調症の心理療法におけるイメージの流れは，イニシエーションとしても捉えられるものである（武野，1998）。たとえば犬に追いかけられる夢のバリエーションとして，統合失調症では犬に追いかけられてバラバラに食いちぎられるようなものが生じてくる。それは自我や主体を失ってしまうような破壊的な事態を表現しているのかもしれないけれども，シャーマンのイニシエーションにおいて動物霊によって身体がバラバラにされるようなイメージとしても捉えられ，したがって治療のプロセスの中でのイメージとしても考えられるのである。

　統合失調症に対してイメージによる心理療法が通用する場合があるとすると，病態水準によって分けて，重い病理にはイメージによるアプローチがむずかしく，神経症圏までのレベルにふさわしいと考えたり，神経症，境界例，統合失調症，発達障害などという区別をしたりするかわりに，物語と象徴というパラダイムの通用するものとそれ以外に分けた方がよいように思われる。それでは物語と象徴というユング派の中心的なアプローチが通用しないクライエントにはどのような見方やアプローチが適切なのであろうか。それにはそもそもイメージによるアプローチが可能なのであろうか。

3. 物語・象徴以前

(1)心理療法を通じて主体性が成立する

　物語，象徴の通用しない世界に対しては，心理療法の適用がむずかしいという考え方もできるかもしれない。たとえばすでに指摘したように発達障害は，物語や象徴の通じない典型的な症状であると思われるけれども，近年においては発達障害については，脳中枢神経系の障害であるので，訓練や薬物によるアプローチがふさわしく，心理療法の効果は乏しいと一般には考えられている（ウィング，1997）。心理療法はせいぜいのところ二次的に生じてくる問題に対処するものとみなされていることが多い。しかし物語や象徴の存在しない世界に対しては，それを前提としないアプローチというものが考えられねばならないのではなかろうか。物語や象徴の存在しない世界とは主体性の欠如した世界である。ところが，心理療法を通じて主体性が成立し，物語や象徴以前の世界から物語や象徴が生まれてくることがある。それを取り上げてみたい。

　前章で述べたように，メタファーというものが意味や象徴がある世界であるとすると，物語や象徴以前の世界というのは，バラバラであって，主体のない世界である。たとえば言葉を話せないような重い自閉症スペクトラムに入るような発達障害などが典型的である。また世界がバラバラであるために，それをコントロールしようとして，非常に規則正しいことが反復されたり，それに固着されたりする。特定のものにこだわったり，同一態の保持ということが言われるように，くるくる回ったり，指を複雑に動かし続けたりして，同じ行動を繰り返す。遊びとしても，ミニカーを並べるとか，石やフィギュアを収集するとかいうことがなされる。それは物語ではなくて反復される世界であり，なされる行動や集められる物に象徴性はあまり認められない。

　バラバラであった物の何かが意味を帯びたりして，そこから一気に物語や象徴が成立してくるわけではない。だから，集めていく石がどのように変わっていくのだろう，行列が何かに変化するのだろうかと，物語や象徴の生まれてくる契機を心理療法でじっと待っていてもあまり意味がない。とくに子どもの発

達障害においては，バラバラである世界に一度融合がもたらされることが必要になる。つまり整った行列などが破壊され，一度カオスが生じないといけないのである。カオスや融合とは，一見すると物語や象徴の正反対のようであるけれども，物語や象徴が生まれるためにはそのような状態が一度必要になるのである。しかし融合やカオスのままにとどまっていては発展せず，そこから分離が生じてこないといけない。ユングの心理学のキーワードであった「結合」は，前期においては自我と異性像のイメージとの関係などのように，自我と無意識との関係として捉えられていたけれども，晩年の錬金術研究において，「結合と分離の結合」として捉えられているように，結合と分離の両方の局面があってこそ，関係が可能になると考えられていく。多くの自閉的な子どもとのプレイセラピーにおいて，この融合は可能になることが比較的多い。最初は目も合わさず，近づいただけでも叫びだした子どもが，セラピストにぴったりとくっついたり，おんぶをいつも要求したりする。しかしそこからの分離が生じてこないと，発展は生まれず，物語も象徴も生じてこないのである。

(2)結合と分離を経て言葉が生じた事例

その点で，『発達障害への心理療法的アプローチ』（河合，2010）でも取り上げた片山知子の事例は，融合と分離とを見事に経過して，言葉が生じてくる（片山，2000）。これは5歳の，言葉によるコミュニケーションのほとんどできない女児で，最初は，ほとんど関係もつかないくらいであった。しかし2回目のセッションで，絵の具を炊飯器の中に全て絞り出して，水道で全て洗い流す遊びが行われる。これはセラピストも適切に指摘しているように，全ての混じり合う混沌の成立であって，一度融合を作る必要があったのである。それが，8回目に，一つ一つの器全てに水を入れていくことがなされ，それと同時に，はじめてのはっきりとした言葉が聞かれるようになる。多くの器に水を分けていくことは，まさに分離の作業であって，カオスが分かれていくことによって，はじめて言葉やイメージが生じてくるのである。これは物語や象徴に焦点を当てるのとまったく異なるアプローチである。物語や象徴ではイメージの内容が

第Ⅰ部　解説編

問題になるのに対して，イメージの融合や分離という形式に焦点が当たるとも言えよう。

　片山の事例においても，同じコップの泥水でクライエントとセラピストが歯を磨くように，子どもの遊びの表現だけではなくて，治療関係においても融合が生じていた。次に紹介する橋本尚子による発達障害の子どもの事例（橋本，2005）では，融合から分離への展開が，セラピストとの関係でおもに繰り広げられる。自閉性障害という診断のついていた3歳の女児は，野生児のようであったのに，セラピストのやや強引な接近を経て，セラピストに抱っこされた姿を鏡に映したりして，融合を深めていく。ところが38回目のセッションで，クライエントはセラピストを部屋から閉め出す。これはせっかくの良好な治療関係が急に悪化したように思われるかもしれないけれども，融合の後に訪れたこの劇的な分離を通して，クライエントの主体が生まれてくるのである。その後，クライエントは意味のある言葉を発するようになり，シルバニアファミリーで遊んだり，赤ちゃんをベッドに寝かせたりする。つまり"赤ちゃん"で示されているように何ものかが誕生したのであり，象徴性や物語性が生まれてきているのである。第1章において，心理療法における場と主体の大切さを力説したように，ベッドの中の赤ちゃんは，まさに場を持った主体の誕生と考えられよう。

　このような融合から分離への動きによる物語や象徴の発生は，神話的なアナロジーでも考えられるであろう。神話は，たとえば日本神話でもスサノオの高天原への侵入，アマテラスの天の岩戸への篭もりなど，多くの物語から成り立っている。しかし多くの神話は世界が生まれてきたことに関する記述を持っていて，天と地が分けられるなどのように，カオスが分けられることが多い。たとえば『聖書』の「創世記」は，そのような分離のプロセスを示している。つまりそのような宇宙創成の話から，さまざまな物語が発生してくるのである。また神話において天と地の分離などがよく描かれているように，軽症の発達障害においては，融合は達成されているので，分離が課題になることが多いように思われる。

4. 物語・象徴以後

(1)症状の流行の変化

　ラカンが鏡像段階ということを強調したように，発達的な見方をすると，発達障害は，主体や言語以前の世界であり，物語・象徴以前と考えられるかもしれない。しかし大人にも発達障害と診断される人が増えている現状では，そのように単純には考えられない。

　ここで症状の流行の変化を検討してみたい。心理療法は，フロイトがヒステリーをおもな対象として精神分析をはじめたように，いわゆる神経症をターゲットにしている。日本における代表的な神経症は対人恐怖であった。これは日本に独特な症状で，家族や友人などの親しい人や，まったく知らない人に対してではなくて，近所の人やクラスメイトなどの中間の存在の人を怖がるというものである。たとえば家から学校に向かうのを，近所のおばさんが見ているとか，教室でクラスメイトが自分の方を見てうわさをしているなどという訴えが出てくる。この場合の近所のおばさんやクラスメイトの視線は，まさに自意識の他者の視線への投影であると言え，したがって対人恐怖とは自意識の病であり，主体の確立をめぐっての葛藤である。ところがこのような対人恐怖は最近激減してしまって，まず1970年代，80年代に境界例と言われる症状が流行した。神経症が自己意識と罪悪感を特徴とするのに比べると，直接性の希求と自己責任の放棄を特徴とする境界例は，その強烈な自己主張にもかかわらず，主体性を放棄し，破壊しているとも考えられる。多くの心理療法家を震撼させた境界例が減少するとともに，1990年代からは人格の分裂や健忘を特徴とする解離性障害が広まる。近代意識が自分の中の別の側面との葛藤を特徴とするのに対して，人格のある側面と別の側面がつながっていない解離も，近代主体の否定と考えられよう。

(2)発達障害の流行

　この解離性障害も減少に向かい，21世紀に入ってからは発達障害という診断

を受ける人が日本では子どもだけではなくて大人でも増えてきている。生物学的な基盤を指摘されている症状が本当に増えているのか，診断をつける側の要因はないのかについての議論は必要かもしれないけれども，このようないわば流行の症状の変化が何を意味するかを考えてみると興味深い。発達障害の人の語りは，軽症の場合でも事実の列挙などが多く，自分自身のことに焦点づける内省が欠けている。また話にまとまりがなく，ある話題から別の話題へと話が流れやすく，物語性を欠いているのも特徴的である。描画や夢なども，現実そのままで象徴性が乏しい。このように境界例から発達障害に至るまで，物語性や象徴性でアプローチしにくい症状が流行してきているということは，物語や象徴以前の症状が増えているというよりは，むしろ物語や象徴性というものが有効ではなくなってきて，物語や象徴性が解体してきていると考えられないだろうか。

　リオタール（Lyotard, J.-F.）は，「大きな物語の終焉」をポストモダン的な状況の特徴として唱えたけれども，発達障害の流行により，物語や象徴性からアプローチする心理療法が通用しなくなっているのは，かならずしも物語や象徴が成立する以前の問題が増えているのではなくて，物語や象徴というのが意識の構造であり，またそれを捉えるパラダイムであった時代が終わってしまったからとも考えられないだろうか。発達障害への心理療法的アプローチとして筆者は，結合と分離を通じて主体を作り出すこと，大人に関してはセラピストの主体をぶつけることの重要性を強調してきた（河合, 2010）。発達障害だけに限らず，主体性の弱さや物語や象徴性の解体以後と考えられる症状や人に，イメージで関わるとするとどのようなアプローチが可能であり，またどのようなことに留意する必要があるのかを次に検討してみたい。

5. メトニミー

　発達障害と同じように，物語にならない様相を示すのは，いわゆる心身症と言われるカテゴリーに入ってくるクライエントの心理療法であると思われる。

精神分析の立場からフランツ・アレキサンダー（Alexander, F.）は，潰瘍，高血圧，バセドウ病など，いわゆる7つの聖なる病を心身症として定義したけれども，医学の進歩によって，現在では原因がはっきりしていたり，治療法が確立されたりしているものを心身症と名づけるのは問題かもしれない。しかしアレキシサイミア（失感情）ということが言われているように，これらの心身症とされる病気にかかるパーソナリティーには共通項があり，その中で象徴機能の弱さが指摘されてきた（河合，2008）。その意味で身体疾患を持つクライエントとの心理療法においては，象徴や物語によるアプローチがむずかしい。

　たとえば甲状腺疾患，とくにバセドウ病は，発症時におけるライフイベントが関係することが指摘されていて，心理的なストレスや要因が強い身体疾患と考えられているけれども，それの心理療法においては，話がバラバラで物語になりにくい（山森，2002）。話題もある話題から別のものに移りやすく，なかなか話を深めていくことがむずかしい。夢の報告においても，ある場面から違う場面に流れたり，たとえば兄の話だったのがいつのまにか別れた恋人のことになってしまったりして，人物が置き換わっていったりする（河合，2008）。夢の内容も，連想を聞いているうちにどんどんと違う話になっていったりする。

　フロイトは夢作業における圧縮と移動を区別し，これは構造主義言語学におけるメタファーとメトニミー（換喩）にあたる。象徴によってアプローチしようというのは，メタファーをパラダイムにしている。それに対して心身症においては，兄の話が以前の恋人に置き換わっていったりするような，メトニミーになっていることがわかる。物語や象徴以後の世界においてはメトニミーが支配的になるのかもしれない。

　このような特徴は，発達障害的なクライエントにおいても認められる。発達障害の人の心理療法においても，話題はしばしば流れていく傾向がある。また夢の報告においても，話はどんどんと違うものに変わっていく傾向があり，しかもその変化が音の類似によることも多い。

6. 物語・象徴以後の心理療法

　発達障害や心身症の場合の流れていくイメージの特徴を，メトニミーとして捉えたが，このようなイメージにはどのようなアプローチができるのであろうか。一つには，バラバラのものを無理に物語にまとめようとせず，バラバラのままで個々の話を聞いていこうという姿勢である。バセドウ病患者の心理療法において，山森は，このような姿勢を強調している（山森，2002）。つまり一つの話から別の話に移っていって，そのつながりがないように思えるのに無理に外から物語や全体像を形成するのではなくて，一つ一つの話を聞いていくことに専念することで治療として展開していった。

　これと類似する姿勢かもしれないが，もう一つの方法は，イメージが次々に変化してすべっていく中で，たまたま何かに帰着したことが定点になる可能性である。とくに心身症の人の心理療法においては，話が流れていく中で，結婚するとか，就職するなど，ある話題に焦点が当たって心理療法が収束することがある。つまりすべっていくことで，たまたまつかまる定点が大切なのである。

　同じようにして，大人の発達障害の心理療法において，夢の報告を聞いても，非常に長く，意味が感じられないものが語られることが多い。その場合に，細部のイメージの象徴性を丁寧に検討することで，全体像を浮かび上がらせようとしても無駄であろう。むしろ長い夢の中で，リアリティーが感じられるある部分にだけ焦点を当てることが大切なのである。

　さらには象徴や物語性が重要でないというのは，内容よりも，語っているということ，聴いているということが大切だということである。そのこと自体が定点となるからである。象徴性があまり働いていないイメージを扱うことに意味があるのかという疑問があるかもしれない。しかし夢や箱庭を用いることで，散漫に拡散しがちな心理療法に，狭い枠を与えることができる。自由連想的に話してもらうと，収斂しなかったり，まったく話せなかったりする人も，夢を話すとか，箱庭を作るなどのように限ると，そこで何かをすることが可能になる。同じような意味で，夢からどんどんと連想が広がるタイプの人に対しては，

どこまでが夢なのかをはっきりとさせていく方が，治療的であるように思われるのである。

7. 物語・象徴を超えた見方

(1)結合と分離の結合

　このように物語や象徴でアプローチしにくいクライエントやイメージについて，物語的な展開や個々の象徴性に焦点を当てるのではなくて，内容よりも構造に焦点を当てたり，ある部分にだけ注目したりすることが有効であることを指摘した。

　しかし物語や象徴の見方が通用しないのは，特殊なクライエントやイメージの場合だけではなくて，そもそもイメージには象徴や物語だけによる見方が十分ではないのかもしれない。ユングが，結合を「結合と分離の結合」として捉えたように，そもそもイメージは象徴や物語で捉えられるものではなくて，高度に弁証法的で逆説的なものかもしれないのである。

　たとえば発達障害の心理療法も，融合があって，その後に分離があるという物語的なものではない。先にふれた片山知子の事例においても，第6回において，クライエントは歯ブラシでセラピストに歯を磨かせて，その歯ブラシを奪って自分で磨いてみせる。その後自分が口をゆすいだ水を，一つの容器に吐き出し，歯ブラシでかき回した後で，二つの器に分けてから，両手に棒を持ち，同時にかき回してからそのセッションを終了させる。ここでは同じ歯ブラシでセラピストとクライエントが歯磨きをしたり，唾液の混じり合った水を一つの容器に吐き出したりすることから，融合の局面が目立っている。実際のところ，多くの容器に水が分けられるという分離の契機と言語の発生が達成されるのは，第8回のセッションを待たないといけない。しかしこの第6回のプレイにおいても，すでに同時に分離の契機が，たとえば二つの容器に分けたことに認められる。つまり「結合と分離の結合」と言われるように，これは同時的なことであり，弁証法的な動きなのである。

(2)弁証法的な見方

　その意味で物語的でない，弁証法的な見方は，心理療法においてつねに大切であろう（河合，1998）。神経症圏においては，象徴と物語というパラダイムがもっとも通用する。しかし神経症圏においても，弁証法的な見方は大切である。たとえば不安やパニック障害を持つクライエントは，追いかけられる不安夢を見ることが多い。それは犬だったり，怖い人だったり，ときには怪物だったりする。それに対して物語的な解釈からすると，追ってくる犬や怖い人は無意識の内容であり，それを統合するのが大切になる。つまり今後の夢で追ってくる犬や怖い人と関係を持てるようになるという展開を望むことになる。

　しかしそのように物語的に変化していくのではなくて，弁証法的な見方をすると，犬から逃げることは，犬が追っかけてくるように誘っていることであり，逃げることですでに逆説的に犬に近づいていることになる（河合，2001）。つまり逃げることで結果として近づき，関係を持つことは，物語的な変化なのではなくて，すでに同時に存在している。ユング心理学におけるキーワードである結合は，将来において実現されるのではなくて，すでに実現されているのである。

　同じような意味で，ユング心理学でよく言われるアニマやアニムスとの結合も，将来において物語的に実現されることでも，実体として獲得されることでもないのかもしれない。ギリシャ神話でのオルペウスとエウリュディケの話は，あの世から妻のエウリュディケを連れ帰っているときに，後ろを確かめて振り返ったために妻を失ってしまった結合の失敗の物語ではない。そのように物語の結末から考えるのではなくて，弁証法的に考えると，オルペウスは振り返るという妻へのコミットを示したのであり，冥界の女王を意味する妻のエウリュディケを，自身にふさわしい場所へと送り返した，愛と結合の成就とみなすことができるのである（河合，2000）。

文献

　橋本尚子　2005　自閉性障害の三歳男児とのプレイセラピー　東山紘久・伊藤良

子（編）　遊戯療法と子どもの今　創元社　pp. 262-276.
角野善宏　1998　分裂病の心理療法——治療者の内なる体験の軌跡　日本評論社
片山知弥　2000　プレイセラピーにおける混沌と言葉　箱庭療法学研究, **13**, 3-14.
河合俊雄　1998　概念の心理療法——物語から弁証法へ　日本評論社
河合俊雄　2000　心理臨床の理論　岩波書店
河合俊雄　2001　心理療法における真理と現実性　河合隼雄（編）　講座心理療法 7　心理療法と因果的思考　岩波書店　pp. 167-208.
河合俊雄（編）　2008　こころにおける身体／身体におけるこころ　日本評論社
河合俊雄（編）　2010　発達障害への心理療法的アプローチ　創元社
Kernberg, O. F.　1984　*Severe Personality Disorders.* Yale University Press. （カーンバーグ, O. F.／西園昌久（監訳）　1996　重症パーソナリティー障害　岩崎学術出版社）
武野俊弥　1994　分裂病の神話　新曜社
武野俊弥　1998　分裂病的危機に対する精神療法　山中康裕・河合俊雄（編）　境界例・重症例の心理臨床　金子書房　pp. 91-104.
ウィング, L.／久保紘章・佐々木正美・清水康夫（監訳）　1997　自閉症スペクトル　東京書籍
山森路子　2002　バセドウ病患者の空間構成の特徴とその意味——室内画を通して見た主体　心理臨床学研究, **20**, 35-43.

6 イメージとの関係

河合　俊雄

1. 第三のものとしてのイメージ

　ユング派の心理療法において，イメージというのは間違いなくキーワードになる。それは夢や箱庭などで具体的にイメージを扱う場合から，クライエントの語りを背後に存在する神話的な物語を想定してイメージ的に聴くという場合にまで広がっている。そうすると，セラピストやクライエントがイメージとそれぞれどのような関係を持っているのかが治療の展開において非常に重要になる。

　心理療法においては，転移・逆転移をはじめとして，クライエントとセラピストの二者による関係性に焦点が当てられることが多い。しかしユングが第三のものとしてのイメージを強調したように，二者関係よりも，イメージとの関係が重要であり，またその関係が適切でないと心理療法としての展開がむずかしくなることが考えられる。そこでこの章では，ユング派の心理療法がイメージとのどのような関係を理想としているのかを内在的アプローチとして捉えた後で，イメージとのさまざまな実際的な関係を検討してみたい。

2. 内　面　性

(1) もう一段中に入る

　本書の最初にも述べたように，心理療法は，主体性を持った個人の内面を扱うものである。だからたとえば親子関係の問題も，親子の間の調整を図るのではなくて，あくまで本人の課題として，本人に会うだけで取り組もうとする。

　そうすると心理療法，とくにユング派の心理療法のパラダイムは，一人の個人，ひいてはその内面に全てのことが含まれているとみなしていることになる。まるで仏教の唯識のような世界観である。

　これを内面性の原理として捉えると，心理療法という構造自体も，内面性に基づいていることがわかる。つまり，面接も，週168時間の中の１時間ではない。その１時間の中に１週間の全ての時間がつまっていないと，心理療法の効果は見られないであろう。それどころか生活や人生全体，全てがその１時間に含まれているのである。そうでなければ，心理療法を通じての変容は起こらないであろう。

　イメージを重視するユング派の心理療法は，その内面性という原理を極限にまで強めたものであると言えよう。つまり面接時間，あるいは面接空間という内面性の中に，イメージという枠をもうけて，もう一段中に入るのである。これはたとえば，スクールカウンセリングなどで，イメージを用いてみた場合によくわかることである。スクールカウンセリングは，普通の心理療法の設定に比べて，枠が弱いことが否めない。学校という場の中にカウンセリングする場があるので，ときにはカウンセリングする空間が確保しにくいこと，さらには場を設定していても，他の生徒がやってきたり，ときには，何人かの生徒がスクールカウンセラーのもとを何となく訪れてきたりすることもある。クライエントである生徒の担任の先生とも連携を図らざるをえないし，また生徒の実際の様子をカウンセラーが聞くことがあるので，まったく個人の内面的な話として生徒であるクライエントの話を聴くことがむずかしくなる。学校の先生と連携していくためには，オフィスやクリニックで心理療法をしている場合のよう

に，面接中は電話を受けないなどということも不可能であろう。このようにさまざまな形で枠の弱さが現れている。しかしながら，そこで生徒に箱庭を作ってもらったり，描画をしてもらったりすると，まだ不十分であった面接室や，面接時間という内面性から，さらにもう一段中に入ることが可能になり，また同時に枠の機能が強まることがある。

(2)個人を超えている内面性

　内面性というと，全てを個人の内面に還元するような印象を持たれるかもしれない。しかしながらイメージを強調することによって，これは個人を超えている内面性なのである。つまり前近代の世界観において，人々が儀式や物語を共有することで共同体や神話的世界に包まれていたように，方法論的にイメージの世界の中に包まれるようにすることなのである。近代人にとって，イメージの世界は，個人の中の世界にしか過ぎないと考えられる。しかしそうではなくて，クライエントもセラピストもたとえば第三のものとしての夢の世界の中に入り，箱庭の世界の中に入り，その中から変容されるように試みる。ユングは「避けることのできない心的な電気誘導によって，二人は第三のものの変容に襲われ，それによって変容されることになる」(Jung, 1946/1984, §399)と述べているが，それはクライエントもセラピストもその第三のものである夢の世界に入るから変容が生じてくるのである。夢などのイメージがたんなる個人のこころの中としての内面ではなくて，それ自体が世界を持っているものであって，その世界に積極的に，そして方法論的に包まれようとするからこそ，イメージのインパクトによる変容や治療が可能になると考えられる。これをギーゲリッヒはイメージへの内在的アプローチと呼んでいる（ギーゲリッヒ・河合, 2013）。

3. イメージへの内在的アプローチ

(1)イメージの世界に入っていくと同時に，イメージを理解する

　後でも述べるように，イメージとの一つの理想的関係は，前近代の人が神話

や儀式に対して持っていたようなものであろう。つまり前近代の人が神話や儀式を自明のものとしていて，いわばそれに包まれて生活していたように，イメージの大切さや意味はまったく言語化できないけれども自明であり，クライエントはイメージを生み出し，イメージが展開するのに没頭しているうちによくなっていく。これはある意味で理想的な内在的アプローチであろう。日本で最初に箱庭療法が導入されたころに，子どもが箱庭を作っていくうちに見事な箱庭のシリーズが展開され，いつの間にか症状が取れていたなどという事例はこれに該当すると言えよう。

　イメージの意味や解釈が大切になるのは，もはやイメージや神話に包まれていなくなってからのことで，それはフロイトが『夢解釈』を1900年に出版したように，近代の心理療法の特徴であるかもしれない。しかし前近代的なイメージとの関わりにおいても，イメージの意味やイメージを意識する要素は含まれていたと思われる。その場合にモデルになるのは，シャーマンのイニシエーションであると考えられる。シャーマンのイニシエーションにおいて，イニシエーションを受ける者は自分の身体が動物霊や祖霊によって解体されるところを，身体から切り離されて少し高い所に置かれた頭から見守るとされている。つまり身体が解体されるようにどこまでも自分を捨て，イメージの世界に没入していくところと，それを外から意識していくところの両面が存在するのである。これはイニシエーションにおける基本的構造とも考えられる（河合，2000）。

　したがってイメージへの内在的アプローチにも，どこまでもイメージの世界に入っていくと同時に，イメージを理解していく側面が存在する。そのような構造は箱庭療法の設定にも認められて，箱庭の砂箱はちょうど全体が俯瞰できる大きさになっているので，クライエントからしてもセラピストからしても，自分がイメージに入っていきつつも，全体を眺めることで暗黙のうちにでもイメージへの理解が伴うようになっていると言えよう。

　イメージの理解というのは必要な要素であるけれども，それはシャーマンの身体と頭のように，分業されることがある。つまりクライエントは夢や箱庭の意味があまりわかっていなくても，セラピストがイメージの流れをつかんでい

たり，イメージの意味を捉えていたりすることがある。それはセラピストからクライエントに解釈として伝えられることもあるけれども，かならずしも言語的に伝えられることがなくても，なんとなく伝わっている場合も多い。さらにはクライエントだけではなくて，セラピストもイメージの意味がわかっていなくても，そのスーパーヴァイザーや，指導者がわかっていることがある。また夢を見たとき，報告したときにはわからなくても，もっと後になってその意味が腑に落ちたり，理解されたりすることがあって，理解が時間的にずれることもある。このようにイメージに没入していくことと，それをいわば外から見て理解することの両方の契機が大切であるけれども，イメージの理解はかならずしもイメージが報告されたセッションで，クライエントとセラピストとの間で即座に共有されねばならないものではないという視点は大切であろう。

(2) イメージを徹底的に内側から理解しようとする

　内在的アプローチという名前のとおり，それはイメージを徹底的に内側から理解しようとする。ここでは内在的アプローチの簡単な説明にとどめておいて，詳細は他書に譲るが（ギーゲリッヒ・河合，2013），イメージの解釈というと過去の出来事，クライエントのパーソナリティー，治療関係などに注目して，外からイメージを捉えがちなのに対して，イメージそのものの内包するものを内から捉えようとする。それは，過去にトラウマがあったから，クライエントが攻撃性の強い人だから，などとイメージを解釈していくと，イメージを既知の出来事や要素に還元することになって，イメージから新しいインパクトがもたらされず，治療や変化につながっていかないからである。

　内在的アプローチは否定的にも肯定的にも実行できる。否定的には，イメージを過去の出来事やパーソナリティーなど，外のことに還元しないこととして表現できる。しかし否定ばかりしていると，イメージとつながりを持つことがむずかしくなって，逆にイメージの中に入れなくなってしまう。したがってイメージを喚起し，イメージの中に入っていくために何かを連想し，言語化することが必要になる。そのためにこれまでも取り上げたイメージの象徴性や物語

性も参考になるが，それらがイメージに外から押しつけられたものではなくて，あくまでイメージの内から生み出されたものと考えられる場合に有効になる。これが肯定的な内在的アプローチである。

　これは原則論として述べられてもわかりにくいかもしれず，筆者やギーゲリッヒが内在的なアプローチをしている例（ギーゲリッヒ・河合，2013）を参考にしていただきたいし，また実際の例から訓練していく必要があると考えられる。夢セミナーなどで，グループで訓練するのが非常に有効なように思われる。つまりイメージについて内在的に見ているつもりでも，それがまったくイメージに沿っておらず，むしろ自分の歪みやコンプレックスを示している場合は，グループの他のメンバーからするとよくわかるし，また逆にイメージを適切に摑んでいる場合は，グループの中でも賛同が得られる。

　イメージへの内在的アプローチは，イメージが自分に近いものであればあるほどむずかしいと思われる。たとえば夢に両親やセラピストが出てくると，具体的な両親やセラピストとの関係から夢を理解したくなる。ましてや夢の中の自分は，自分自身として外側の現実から理解したくなる。そのような自分に近いイメージ，それどころか自分自身でさえも，そのイメージが何を意味しているのかを内側から捉えていくのが内在的アプローチなのである。

4. イメージとのさまざまな関わり（1）暗黙の理解

　ユング派の心理療法において，いわばイメージの中に入ってしまうようなイメージへの内在的アプローチが理想的な関係であるとしても，クライエント，セラピストによってさまざまなイメージとの関係が考えられる。それを順番に取り上げてみたい。

　箱庭を勧めると，乗り気になって作り，あるいはあまり乗り気ではなかったけれども，作ってみるとおもしろくて，箱庭のイメージが展開していく。夢を尋ねてみると，ほぼ毎回報告があって，長い流れで見ると，ある種の展開が認められる。とくにイメージを取り上げる意義やイメージの内容を言葉にして明

らかにするわけではないけれども、クライエントはなんとなく意味を感じていて、治療として進行していく。

このようなイメージへの暗黙の理解を持っているクライエントは、日本に箱庭療法が導入されたころには多く認められたけれども、以前よりは減少してきているかもしれない。基本的には神話的な世界とのつながりを暗黙に残している前近代的な心性であると考えられるので、都市部よりも地方で、大人よりも子どものクライエントに多いと思われる。このような人たちはユング派の心理療法が非常に合っていると言えよう。もっとも、たとえイメージがうまく展開していても、それをイメージに沿って話し合える人やその意味を理解できるクライエントは少ないように思われる。それどころかセラピストでさえ、治療としては展開していてもあまりよく理解できていないことは多い。イメージを暗黙に理解していて、イメージは展開していくけれども、それを説明することはできないのである。

このようなイメージとの関係を持っているクライエントに対しては、その展開の邪魔をしないことが大切であろう。そして理解というのは大切であるけれども、かならずしもクライエントとセラピストとの間で明示的に共有される必要はなく、セラピストがなんとなくわかっているのをクライエントが感じると、それがイメージの展開の支えになっていく。それどころかセラピストもわからない場合であっても、理解というのがかならずしも今ここで言葉にされる必要はなく、いつかどこかでなされればよいという発想が大切であろう。またセラピストがクライエントに対してイメージの意味について話す場合にも、たとえクライエントに理解されなくても、セラピストは自分の感じたことを伝えることが大切なときがある。

5. イメージとのさまざまな関わり（2）イメージとの意識的関係

イメージの暗黙の理解を頼りにする人に対して、イメージについて、ある種の意識的理解や合意ができる人、あるいはそれを必要とする人も存在する。西

洋での臨床経験によると，多くの西洋人にはこのような意識的理解が必要になり，またそのような作業が可能であると思われる。日本での臨床では，ある事例検討会においてジェームズ・ヒルマン（James Hillman）が「興味深い事例であるが，サイコロジカル・トークがない」とコメントしたように，かならずしも意識的理解がなくても，治療プロセスが展開することも多い。

　この意識的理解の理想の形が，イメージへの内在的アプローチである。つまりイメージを現実の出来事やクライエントのパーソナリティー，さらには治療関係などに還元せずに，個々のイメージがどのような意味を持っているのかをクライエントとセラピストが話し合うことによって多少とも明らかにしていくことができる。たとえば「夫と海岸沿いの道を歩いていると，波が打ち寄せてきていて，波しぶきがかかる」という大意の夢を見たクライエントとは，夫と歩む海岸沿いの道というのが普通の人生行路であり，意識の方向であるのに対して，それとは違う方向から強い力や影響が及んでくるというような話し合いができる。

　このようなクライエントの特徴は，イメージをあえて現実には関係づけようとしないところであると思われる。よく夢に関してやり取りをした後で，「意味はわかりましたが，それと現実とはどのように関係するのですか？」という質問を受けることがある。イメージをイメージとして受け取れる人は，そこから現実への対応が必要なときは，自分で現実に切り込む。たとえば，「ラブレターを受け取っているけれども読まない」という夢を見た若い女性がいた。それに対して，セラピストである筆者が「無意識からのメッセージを，可能性としてだけ置いておいて，読んでいないのでは」とコメントしたのに対して，クライエントは自分の傾向として重く受けとめた。そしてこれまで自分に才能があると思っていたけれども，放置していたことに取り組もうとする。そしてそれが無理とわかったことによって，現実を歩んでいくようになり，治療は終結に近づいたのである。

　イメージに意識的に関わり，理解していくのは，ユング派の心理学の王道であろうけれども，その理解が本当にイメージをとらえているかどうか，自分に

都合のよい物語を作るだけになっていないかどうかは，ときには批判的にチェックする必要がある．イメージの理解はどうしても自我や意識に引きつけられてしまって，イメージのインパクトを本当に受けるのではなくなる危険性が大きいのである．またそれだけではなくて，ときには理論による型どおりの解釈や納得になってしまう危険もある．

6．イメージとのさまざまな関わり（3）イメージとずれ

　イメージをかならずしも内在的に理解しているわけではないけれども，イメージをうまく現実に関係づけて理解したり，そのインパクトを治療に利用できたりするクライエントがいる．たとえば夢の内容から，お母さんと対決しないといけないとか，家を出て行かないといけないと結論づけたりする．ときにはそこから実際の行動に移ることもある．クライエントだけではなくて，セラピストが夢などから，かならずしもイメージの内容に沿ったものではない解釈や示唆をすることもある．そのような解釈はかならずしもイメージに沿っておらず，セラピストの立場，あるいはスーパーヴァイザーの立場からすると解釈がイメージの内包するものからずれている，ときにはまったくの勘違いであると言わざるをえない．しかしそれが意外とおもしろい治療的効果をもたらすことがある．

　そのように理解や解釈がたとえずれていても，治療的効果がもたらされるのはなぜなのであろうか．それは内容的にはずれていても，イメージを真剣に受けとめ，コミットをしているためであると思われる．面接で話し合われる内容よりも，そもそも面接に来るということの方が大切であることが心理療法において見られるように，イメージについても，解釈の内容がイメージに沿っているかどうかというよりも，イメージのインパクトを真剣に受けとめているということ自体が非常に治療的なのである．その意味で，イメージを内在的に理解しようとして，現実の人間関係や出来事に関係づけてイメージを理解することを拒否しているうちに，イメージとのつながりを失ってしまうよりは，たとえ

勘違いであってもイメージにコミットする方がイメージのインパクトを受け取れるのである。

　さらには，イメージの内容に完全に内在的に沿っていくことは不可能であり，そもそも全ての解釈は多少ともずれているのではなかろうか。象徴というのが厳密な概念ではないように，解釈において多少のゆらぎが生じることが，そのクライエントらしい，あるいはセラピストらしい心理療法のプロセスを生んでいくと思われる。

　テクニックとして，イメージとはずれていることがわかりつつ，あるいはずれていることを断りつつ，セラピストの方から現実のことにつなげることがある。たとえば夢の中の出来事を，間近に迫っている試験や，人間関係のトラブルと関連づけることがある。それはかならずしも現実での出来事に夢を関連づけるのではなくて，ずれてはいても夢をリアルに感じてもらうためなのである。

7. イメージとのさまざまな関わり（4）イメージから現実へ

　イメージの解釈や理解においてずれが生じる人は，クライエント本人からするとイメージに沿っているつもりであると考えられる。ところがイメージ自体はたんなるきっかけになって，まったくイメージから離れて，そこから現実を語るクライエントが存在する。

　たとえば初回の面接において，症状が生じてきたきっかけ，生育史，親との関係などを尋ねても，ほとんどクライエントから反応がないことがある。ところが風景構成法を描いてもらうと，その風景の説明をしながら，どのような場所で育ったのか，どのような家に住んでいるのか，親はどのような人なのかなどについて，多くのことが語られる場合がある。夢についても同じことで，ほとんど何の会話も生まれてこないので，いわば仕方なく夢を報告してもらうようにすると，報告された夢の内容への解釈やアプローチというのはほとんど見られなくても，夢に登場したことをきっかけにして親のことや，以前の事件のことが詳細に語られる場合がある。

普通のイメージの位置づけというのが，現実や意識レベルから深めたところにイメージがあるとみなしていて，イメージを扱うことによって現実を離れて無意識の世界を深めていくということにあるとすると，イメージをきっかけに現実にアプローチするというのは，通常のイメージの位置づけと真逆にイメージを使っていることになる。ある意味では邪道なイメージの扱い方ということになるかもしれない。しかし心理療法として考えると，このようなイメージの使い方も非常に有効であるクライエントがいると言えよう。これは漠然とクライエントが主体的に興味を持つことを語ってもらうことによって心理療法が展開しない場合に，範囲を狭くするからこそ語りが生じてくると考えられる。その意味では，発達障害のクライエントにおいても，同じようなことが認められる。

　すでに川畑直人（1992）が少年院におけるロールシャッハ・テストの使い方として同様のことを指摘しているように，これは病理の重いクライエントやむずかしいクライエントに対して有効であると考えられる。同じようにして夢分析で進んでいた治療において，ある時期から急に過去のことが生々しく語られるようになり，激しい感情が表出されるようになることもある。これも現実のことや過去を踏まえてからイメージに入っていくというのと逆であるけれども，むしろイメージを扱うことがクライエントにとって安全であって，ある程度の作業を経てから現実的な生々しいことにふれていくことが可能になると考えられる。

8. イメージとのさまざまな関わり（5）現実との解離

　夢を中心に心理療法を行っていると，夢のイメージは展開して興味深いけれども，症状が取れなかったり，クライエントの現実はあまり変化しなかったりする場合がある。そのためにイメージと現実のギャップにクライエントが苦しんだり，夢に対して「これは私の現実とどのように関係しているのでしょうか？」という問いがクライエントから生じてきたりする。

河合隼雄が『明恵 夢を生きる』（河合，1987）で，明恵上人に共時的な出来事が多かったことから華厳経の考え方にふれているように，こころと現実，イメージと現実との対応関係は華厳経における大きなテーマであるし（中沢，2012），またこころと現実の関連というのは，ユング心理学にとって非常に大切なポイントである。その意味でイメージでの展開と現実がつながらない場合があるというのはどう考えればよいのであろうか。

　たしかに現実とのギャップが大きい場合には，まずイメージのインパクトを十分に受けているかどうか検討する必要があろう。だからイメージにおいてよい展開が見られるのに，現実に問題があると考えるよりも，もっとイメージに目を向け，インパクトを受けようとすることが大切なのである。

　しかしイメージと現実はかならずしもつながるものではないのかもしれない。たとえばすばらしい作品を残している芸術家が幸せな人生を送っているわけではなくて，むしろ非常に苦しみに満ちた出来事の連続である場合も多い。すばらしいイメージはかならずしも現実に直結しないことがある。またギャップがあるからこそ，不幸や苦悩においても救いを示す宗教というのが存在するのであろう。その場合のイメージはまさに超越を指し示していて，現実とはかならずしも結びつかない。死にゆく人が深いイメージ体験をしたりするのも，そのイメージ体験によって死を回避できるわけではないけれども，現実を超えた次元にふれることができるのが大切なのである。

　さらには歴史的に考えると，心理療法において体験される象徴表現や儀式などは，これまでの世界観がまだ生きていたり，それが復活したりすることなどではなくて，むしろこれまでの象徴の埋葬の仕事であると考えられる。だからいくらすばらしいイメージが展開されても，それは現実につながらないこともあるのである。

9. イメージとのさまざまな関わり（6）イメージとの関わりが困難な場合

　これまでのイメージとの関わりは，イメージ自体に意味や内容が存在する場

合を想定している。それに対して、イメージが展開しなかったり、セラピストにイメージに沿うような連想が浮かぶことを妨害するようなクライエントが存在する。それはイメージとの関わりがむずかしいクライエントと言えよう。量的にもイメージは非常に多かったり、また逆に少なかったりする。イメージがまったくなかったり、あるいは出来事についてのイメージ的関わりがむずかしかったりする場合が困難であるのは当然であるけれども、イメージがあまりにも多すぎるのも、イメージとの関わりをむずかしくする。それは意味がないから多くなっている可能性がある。

この場合にも、イメージとの関わりの困難さはクライエントの問題である可能性も、セラピストの問題である可能性もある。つまりセラピストの視点や関わり方がまずいからイメージが展開せず、イメージを理解できないのか、クライエントのイメージ自体に意味がないのかのどちらかなのである。スーパーヴァイザーが存在する場合はよいが、存在しない場合は、セラピストとしてはクライエントの問題なのか自分の問題なのかを判断する必要がある。そしてスーパーヴァイザーがいる場合にも、セラピストは実際にクライエントに会い、そのイメージに接しているのは自分なので、自分の判断で行動するしかないのである。

またクライエントがイメージを徹底的にセラピストとの関係で理解しようとしたり、セラピストとどちらが正しい理解をしているのかを争ったりしようとすることがある。ユング派の心理療法はクライエント、セラピスト、イメージの三者関係をベースにしているけれども、このような場合にはクライエントとセラピストの二者関係に焦点を当てざるを得ないのである。さらには二者関係に心血を注いでいる人に、間にイメージを置くことが不適切な場合もある。しかしだからこそ逆に第三のものをうまく導入しようという試みが重要となることもある。これらはいわゆる境界例と言われるクライエントやそれに近いクライエントに当てはまることである。

それに対して、すでに第5章で扱ったように、発達障害のクライエントの場合も、直接性が大切で、象徴性に乏しいので、イメージとの関係はむずかしい。

しかし領域を限るという意味では，夢を扱ったり，絵を描いてもらったりというイメージとの関わりは有効なことも多いので，また通常とは異なる見方でイメージを扱う意味があると考えられる。

このようにユング派の心理療法においては，従来の症状や病態水準による見立てではなくて，イメージとの関わり方によって見立てを行うことも大切なのである。この後に載っている事例についても，クライエントがイメージとどのような関係を持っているかという視点で見ていくのも興味深いと考えられる。

文献

ギーゲリッヒ，W.（著）河合俊雄（編著）田中康裕（編）2013 ギーゲリッヒ夢セミナー 創元社

Jung, C. G. 1946/1984 *Die Psychologie der Übertragung*. In: GW Bd. 16. Walter Verlag, 4. Auflage.（ユング，C. G.／林道義・磯上恵子（訳）2000 転移の心理学 みすず書房）

川畑直人 1992 非行臨床におけるロールシャッハ・テストの活用——自己表現喚起的付加手続きの試み ロールシャッハ研究，**34**，43-60.

河合隼雄 1987 明恵 夢を生きる 京都松柏社

河合俊雄 2000 イニシエーションにおける没入と否定 河合隼雄（編）講座心理療法1 心理療法とイニシエーション 岩波書店 pp. 19-59.

中沢新一 2012年9月13日 華厳と量子力学 「こころの古層と現代の意識」第1回研究会

第Ⅱ部

事 例 編

1 言葉の遅れを主訴とする軽度自閉傾向の幼児期男児とのプレイセラピー

大久保　もえ子

1. はじめに

　言葉の遅れを主訴として来談した3歳6カ月男児とのプレイセラピーを報告する。クライエントとセラピストが混然一体となったかのような遊びと分離を通して，クライエントが言葉を発する主体を確立していく過程を考察した。また，主体の確立が課題となる幼児期のプレイセラピーにおけるセラピストの独特の意識のあり方についてもふれた。

2. 事例の概要

　クライエント　K。3歳6カ月（来談時）男児
　主訴　言葉の遅れ，自閉傾向
　家族　父母ともに30代前半会社員
　生育歴および面接までの経過　周産期に問題はない。ほとんど泣かない子であった。保育園で他児との関わりを持たないこと，言葉が遅いことが指摘され，2歳7カ月から3歳4カ月まで療育センターに通所している。3歳3カ月に小児科を受診し，発達検査では知能の遅れは無いがこだわりなど自閉傾向があると言われ，筆者の勤務する相談機関に3歳6カ月時来談。このとき，発語は「パパ，ママ，オハオー」と朝起きたときに言う程度であり，オムツはまだ外

れていない。日常生活の中で強い混乱は無いが，他児と遊ぼうとしない，一斉指示に従わない，好き嫌いが多く食べられるものの方が少ない，悔しいときに自分の頭を叩くなどの特徴があるという。

3. 面接の経過

週1回50分有料，母子並行面接で開始した。17回より子どものみの面接となる。約3年計132回を3期に分け報告する。

「　」はクライエントの言葉。〈　〉はセラピスト（以下，Th）の言葉。《　》はセッション中のThの思い。

(1)第1期：生の声が出るまで，および立つこと（#1～#16：3歳7カ月～3歳11カ月）

#1　すんなりと母子分離は可能である。プレイルームに入ると，洗面台で水を貯めてから栓を抜き，ゴボゴボと音を立てることに熱中している。その後，取っ手のついた巨大なボール（以下，大ボール）を掴んでくるくる回る。Kは笑顔になりその大ボールをThにぶつける。Thが〈うわー〉と倒れると，喜んで何度もThを叩きつぶし仰向けに倒れたThの足の上に座る。Thも負けじとKを乗せたまま足を上げて飛行機のように持ち上げてみたりする。調子が乗ってきたKは，大ボールで壁を叩き，虹色の鉄琴をバチでガンガンと叩く。同じ色の鍵盤同士を指して「ん，ん」と訴えるのでThは《同じ色だね》という思いをこめ〈ん，ん〉と応える。次にKは両手にバチを持ち両側から手を交差するように鍵盤を滑らかに鳴らす。ドレミファソラシドとドシラソファミレドの音が同時に鳴り響きとても美しい。鳴らし終え，手をクロスしたまま得意そうな顔でこちらを見るK。Thがニヤッとそのポーズの真似をして指をクロスすると，Kとバチとがすーっと近づいて来て笑顔のままThの頭をコンコン叩く。〈ワー，イタイヨー〉Kはバチで壁，床，滑り台，巨大なトトロのぬいぐるみの頭を次々と叩く，叩く！

図1　ピンを寝かせて並べる　　　　　図2　ピンを立てて並べる

　その後KはThの前にスリッパを差し出す。Kの視線の高さに合わせて床に座っていたThは目の前に置かれたスリッパをそのまま両手にはいて四足で鉄琴を中心にぐるぐると歩きはじめる。Kは表情を輝かせThを追いかけ，Thもスピードを上げて四足のまま必死に逃げまわる。Kは勢いよく走りThを後ろから大ボールで押しつぶし，ボールに体を寄りかからせてボールの表面に口をつけブブッと破裂音を立てる（二人の体の間に大ボールがサンドイッチされている状態）。息切れてダウンしたThはその音を耳でも，ボールを通した振動として体でも聞いている。しばらくするとKもゴロンと床に仰向けに寝転び，ちゃぶ台の下に頭を入れしばらく動かない。これまでと雰囲気が変わり静寂。Kはドリルのように回転しながらちゃぶ台をゆっくりとくぐり抜けていく。《入った！くぐった！出た！》

　次に，ボーリングのピンを一つ一つスローモーションで飛行するように籠の中にいれる。そして，その籠からピンを出し，床の上に横に寝かせている（図1）。Thは並んだピンを見て電車が連結しているように感じた。Kがそれを寝転び眺めているので，Thも同様に横になり眺めるとピンはロケットが縦に並んで上に飛んでいくように見え，《面白いなぁ》と思う。次にKはピンを床に立てて並べる（図2）。《立ち上がった》とThは思う。その後Kは「ガーゴー」と怪獣のような声を出しピンをかき回しなぎ倒す。

　時間になりThが終了を告げるとKは「ハイ」と返事し，あっさりと遊びを

第Ⅱ部　事 例 編

終える。待合室に戻り母を待つ間，図鑑に指を挟みThに抱きついて大泣きをする。〈痛かったなー，よしよし〉ひと泣きした後KはThの膝の上に座って母が出てくるのを〈まだかな？〉と二人でドキドキしながら待っている。初回を通じて《関われる！閉じていない！》とThは感じていた。

#2，#3　フラフープの輪の中に小さなボールや積み木を集めてかき回した後，輪の外へ投げる。Kは馬乗りになりThをつぶしてThの頭からフラフープをかぶせてはずす。積み木を籠に入れ楽しそうにジャラジャラと音を立てている。その後，フラフープに入っていた沢山の小さなボールをちゃぶ台のトンネルを通してThに向かって転がしてくる。Thはそれを床に腹ばいになったまま両手を輪にして受け止める。するとKはThの背中から積み木もかけ，Thの体の下にも詰め込んでいる。さらに，K自身もThの身体に十字に重なるようにうつぶせに覆いかぶさる。静寂。次に，ハートのネックレスをかけたピンがロケットのように進みさまざまな家具のトンネルをくぐっていく。

#4　Kは「わーあー」と声を出して待っている。なんともにぎやか。プレイでは電車が，床に腹ばいのThの身体の上を山を越えるように走り，車庫に止まるかのように両腕に停車する。やがて2台の先頭車両を「ん，ん」と言いながら顔と顔を突き合わせるかの様にくっつける。興奮したKは，唾で「グシュグシュ」と音をたて寝転がりながら自分の足をThの足に絡ませもぞもぞとしている。また，Thに抱きついてはThの服の袖や襟をおしゃぶりしている。次に，天窓から差し込む光の中で新幹線の顔と顔をくっつける。天からの光が差す場での厳かな儀式のように感じたThはその様子をじっと見つめていた。この後に，はじめてレールが登場する。Kは三角形にレールをつなげようとするがうまくできず，レールは渦巻き状になっていく。

この数回，プレイ中にもじもじするKと何度かトイレに行くがうまく狙いが定まらずおしっこはできずに帰ってきていた。#6では，Thが腹をすえ手を添え狙いを定めて〈しーっだよ〉と声をかけるとはじめておしっこに成功する。

第1期を通じてThはプレイ中独特の感覚を味わっていた。あえて言葉にするなら，《私はフラフープ，私は積み木，私は山，私はレール，私は電車，私

は私，私はK，私は床，私は部屋，私は音，私はバラバラのものの集まりの核であり，バラバラのもの一つ一つであり，私でもなく，自他の境界だけでなく自分と物や取り巻く環境との境界がない渾然一体のようで，全ての中にフワフワと私という意識が浮遊もしくは点在している》という不思議な感覚であった。セッション終了後，Kは渾然一体の世界から帰っていき，Th は重い体を抱え強烈な充実感と燃え尽きたような疲労感を感じプレイルームの床でしばらく眠っていた。その後でないとその空間から自分の意識を引き剝がし，記録をする日常の世界に戻ってこられなかったのである。

#8 レゴブロックに描かれた顔の片方が笑顔，反対側はへの字顔だと二人は気づき，Kがくるくるとすばやく表裏を変えるのに合わせて Th は必死に表情を変えているうちに，ついには自然に笑い声が出る。Kもレゴを動かすスピードをぐんぐん上げて興奮し，くるっ「ん」くるっ「んん」くるくるっ「んまーんんまー」と沢山の喃語を発し，「んまーんまーまぁーまぁーあああー」と声を上げながら帰っていった。

#9〜#15 Kは自分の顔のそばでハサミを動かし，シャキシャキと音を立てている。夢中になって遊んでいるとKと Th の額がごちんとぶつかり〈あいたたー〉(#9)。その後，Kは床の上に大きな積み木を背よりも高く積み上げていく。積み上げに一つ成功するたびにトランポリンで飛び跳ねる。床ではナメクジ怪獣を先頭に沢山の怪獣たちがトランポリンの下の闇に向かって進んでいく。車止めを中心に電車が放射線様に止まり，Kは声を出しつつレールをつなげはじめる。それから，枝分かれや二重などのさまざまなレールが登場してくる。この後，沢山の単語がプレイの中で話されるようになる。

(2) 第2期：お化け，僕と僕'（ダッシュ）の分化（#17〜#66：3歳11カ月〜5歳0カ月）

#17 飛行機，電車，ワニが離陸する瞬間を何度も表現する。Kは恐竜や怪獣を「コワイ，オバケ」といい「コワイ，オバケ，パクッ」と恐竜たちにレゴブロックを食べさせ，中心に向かって渦巻状に並べ集める。虹色をしたバネを

オバケにかぶせて「オバケ，バイバイ」と言う。さらに，そのバネを伸び縮みさせながらK自身がトランポリンで跳んでいる。

#22 飛行機が玄関に「ツイタ」，電車が「シュウテン」に止まる。Thを「**オーボク**センセイ」と呼ぶ。Kが名前を呼ぶのはThだけであること，運動会ではかけっこもお遊戯も皆と参加したことが母より報告される。

#24〜#33 お城を食べにきたオバケが大ボールに倒され穴の中へ落ちていく。Kはその中を覗き，オバケを穴から拾い上げる。プレイルームの床にはお城の瓦礫と倒れたオバケが散乱し，その間を縫って新幹線が走っている。その後駅と踏み切りを中心に線路や町が広がっていく。象が「パオーン」と雄たけびをあげ鼻から「ミズ」を噴出する。Kも鼻水が出てかもうとするが，上手くいかない。〈ふーんって出すの〉とThが伝えるとKは真似ようとするが，Kはふーと息を鼻から吸ってしまい鼻がかめない。

このころ「オワッタ，オワッチャッタ」「ツナイデ，ツナイデ」「ソレカラ，ソレカラ」などKの発語がよりわかりやすくなってきている。プレイ中や帰り道には，童謡をさかんに歌ったり，ひっきりなしに話したりする姿も見られる。また，よくおもらしをすると報告がある。

#34〜#36 「寝る」「おはよ」「朝」「起きる」と一日の時間の流れを遊びの中で表現する。

#37 おままごとの（切れる）魚が「包丁」で「切れた！」と興奮。柵と動物を置いて動物園を作りはじめる。虹のバネに「やっつけられた」怪獣は下に落ちて「助けて」「涙」と言う。#40にはKは「ハッピーバースデー**オークボ先生**」とThに言う（実際のThの誕生日ではない）。#47，家にはライオンの「パパ」，トラの「ママ」，「Kちゃん」がいるがケンカになり「shaking！」と地震が起き，みんな家から飛び出すが，パパとママとKの「しっぽがくっついてはなれない」。

#52 高いところのものを取る際，これまでのようにThが抱っこして，ではなくK自ら踏み台に登っている。それまで，一緒に走り回ったり寝転んだりしていたThが一箇所に座ってKの遊びや動きを見ていることも多くなる。

このころThはKの言葉がカタカナ一本調子でなく柔らかく人間くさくなった印象を受けている。また，プレイ中に「今何時？」と何度も確認し，時間終了を告げると帰りたがらなくなっている。

#65　Thが1時間遅刻をしてしまう。同様にKも20分遅刻と連絡が入っている。大慌てのThが謝ると40分待っていたKが突然床に身を投げ出すように突っ伏して「ごめんなさーい」と大声をあげて泣く。〈居なくてびっくりしたね。悪いのは私だよ〉。Kは立ち上がり「涙拭いてください」「ここはどこですか？」とThを叩く。〈ごめんなさい〉《怒るのと謝るのがKの中で混在している》。

プレイの中では怪獣が虹のバネに絡まり動けなくなり「逃げられないで生きていくのだ」〈ここで生きていくのだ〉そしてKは桃を食べ「食べたの誰って聞いて」〈誰？〉「わたしです！」というやり取りがなされ，#66にはKは箱庭に入り，砂に自らの足を入れる。

(3) 第3期：怪獣になり暴れだす，うんざりの時期，異なる二人（#67〜#132：5歳0カ月〜6歳7カ月）

#73　ぼーっとして不機嫌なKは何をしてもぴんとこない様子で，物をばら撒き，いろいろなものをやっつけ，叩く。〈やっつけたい気分〉「そんなんじゃない」と思春期の男の子のようなそっけない冷たさでKは応える。

#80〜#85　象が三匹の子豚のレンガの家を飛ばしに来るが反対に飛ばされ死んでしまいお墓へ。その後病院へ。「Kちゃん信じられない。死んじゃう。死なない」とつぶやきながら。色んなものが何度も何度も谷底へ落ちる。

ゴキブリの死骸をみつけ「虫！」と言って触ろうとする。〈死んじゃってるね〉「死んじゃった，かわいそう」この時期，母が体調を崩し数日の入院をしている。

#87　怪獣に名をつけて呼ぶK，Thが復唱すると「ママは黙ってて」と怒る。カーテンの陰の暗闇の空間に電車が入って出てこなくなる。母からは，2歳までは泣かなかったが，最近忘れ物などいつもと違うことがあるとすぐ泣くとの

近況を聞く。

#90〜#96 ThがKの遊びに注意を向けるとKは怒り出し大きな熊のぬいぐるみを殴り，その勢いのままトイレに行き放尿している。翌回ではロフトの上からThの目の前に包丁の玩具を落としている。そして，「Kちゃんは釣り，オークボセンセイはもぐら叩き」とそれぞれの場で別々の遊びをするよう指示する。

#103 家に次々やってきた多種の動物たちはお腹がすいたと家を飛び出すと，「バングラディッシュオバケ」が登場し動物と戦う。みんな「死んじゃった」というが，「ガラスオバケ」が来て倒れている動物たちを戦わせ，動物たちは飛ばされる。Thは《死んだのに何故さらに戦い飛ばされないといけないのか？》と違和感を抱いた。また，次々と登場するオバケに「青色オバケと水色オバケ」とKは名づけることもあった。

#108 Kが物まねをして歩くときにThがその遊びに寄り添う動きをすると怒り「熱が出たー」と大きな熊のぬいぐるみに倒れこむ。〈お医者さんに行こうか〉と熊を医師に見立てると，「ガーッ」と怒って耳にかじりつき熊が二度と起き上がれなくなるまで倒す。折り紙を飛び石状に並べ「怪獣の足跡」と言い怪獣になったKが自ら折り紙を切り蛇を作る。終了後には，怪獣のような大きな足音を立てて歩いて帰る。#122では「ああーー！！」「僕暴れてるの！」と怪獣をけり倒す。

このころ母は，Kの「僕！僕！」にうんざりしていると語る。一方で，プレイセラピー開始後2年目くらいから言葉の問題を感じなくなり，保育園での適応も問題なくグループ行動も可能となり他児とも遊べるなど，保育士からはまだ治療に通っているのかと言われるほどだったので卒園と同時にプレイセラピーも終了したいとの話が母から出る。その横で，Kは床の上に仰向けに寝転がり背中で這って青虫になっている。Thからは小学校に入ってからのKも困難を感じる可能性を伝え，継続やフォローアップを提案すると，母はいったん終了し，3カ月後に一度面接をというところで同意する。

#129〜#132 これまで自ら絵を描こうとはしなかったKが沢山の恐竜をホワ

イトボードに描いては消し消しては描き，Thに恐竜の名前を言わせる。最終回では，オールスター登場というように動物がThの前に横一列に並ぶ。「今日でお別れ？」〈うん〉。トマトが「分かれるの海」を流れてきて途中で「一つと一つに分かれた！」などとKは言い，さまざまなものが海を流れて別れていく。終了後これまで毎回行っていたトイレに「今日は行かない，必要ないの」と帰っていく。

　3カ月後のフォローアップでは，Kは「僕ね。小学生になったの」と報告し，「捨て子サウルス」の家を作る。母からは，小学校では一人遊びをしているのを先生に心配されているが受け入れてもらっている。大きな問題はなく何かあったら来所するとの話が出て終結となった。

　Kは「困ってることないの」とそっぽを向いている。Thが〈Thはここにいる。困ったらいつでも来てね〉と伝えるとKはThに抱きつき押し倒す。〈大きくなったなぁ。なかなか起き上がれないぞー〉。Kは何度もThを倒し抱きついた後で「バイバーイ」と帰って行った。

　小学高学年になったKは勉強の面ではなんの問題もなく生活しているという。人間関係で相手の気持ちを察するのは苦手なようです，と父は話している。

4．考　　察

(1)面接の流れを振り返る
①第1期

　Kの一番はじめの行動は，洗面台に栓をして水という中身を貯めることである。貯まって圧の十分かかった水を，外へ出すことで音がする。声や言葉をほとんど発しないKが真っ先にこの遊びに夢中になっていることは非常に興味深い。声や言葉の発生とはまさに，このように内側に満ちた何かが外へ表出されることであろう。次に見られたぐるぐるまわる遊びは自閉傾向児に見られることの多い行動であるが，Kはその中でボールをぶつけて叩くと倒れるというセラピストの反応に魅かれ繰り返している。そして，ぶつけて倒すだけでは飽き

足らず，自らの力でセラピストを押し倒している。こうして，内閉的な感覚遊びから，当たるものが倒れる，倒すという，外のものの動きを取り入れた遊びへ変化していく。そして鉄琴でのやり取り後，セラピストをバチで叩いている。ここでのKとセラピストの出会いは，人と人の出会いというより，物と物の出会いに近い。顔叩きの前は，セラピストは壁や床とほぼ同じもののような環境のような立場だった。スーッと近づいてコンコン叩くたたき方からは，鉄琴に限りなく近い存在のセラピストを感じた。しかし，鉄琴や壁とは違う，痛がる人間でもある，ということがセラピーの上で非常に重要なのであろう。

　回転しながらちゃぶ台をくぐるK。後のピンのトンネルくぐりとも重なり，これらは生まれ出る胎児の動きを彷彿させる。トンネルとは，異なる世界への通路であるとともに，Kがくぐることでトンネルができていくイメージも感じていた。また，トンネルは，別の世界が生まれる可能性と同時に別のものをつなげて地続きにしてしまう危険性とを孕む両義的なイメージでもあろう。

　その後のボーリングのピン遊びでは，水平と垂直の動きが興味深く表現されている。横に倒したピンをKは自ら横になり眺める。そこから見える光景は水平の地面を進む電車でなく，上に（縦に）発進するロケットである。ここで横に寝転んでピンが垂直に進むという縦の動きをKとセラピストが見たからこそ，その次の立つピンという展開が生じているように感じる。ピンが倒れることは，ただ横になっているのではなく，立つことにつながっているのだ。#2，#3でKがセラピストの上に倒れこむことも立つ準備であるとも読み取れよう。こうした遊びを経て#9～#15での積み木が高くそびえることやトランポリンでのジャンプという主体が立ち上がる動きへつながる。しかし，一本一本が自由に動ける，飛び立てる位置にピンは置かれるが，同時にかき混ぜてピンを倒し，初めの混沌へ戻ろうとする動きも表れている。

　#1終了時唯一の言葉「ハイ」は，朝「オハオー」と挨拶することと同様に条件付けられた言葉であろう。洗面台での水音のようにKの中に十分にたまった思いを口にしているのではない。この挨拶の対極にあるものは，終了後の大泣きであり，セッション中には聞かれなかったKの生の声である。#1のプレ

イを通してKの内に満ちたエネルギーが泣き叫ぶ声として外へ噴出されたように思う。

　#2ではセラピストは床に腹ばいになり両手にボールを集め，上から積み木もかけられた状態であったが，そのような自分を床というプレイの場でもあり，また場の中身であるパーツのバラバラの集まりでもあると感じていた。このときのセラピストは人間ではないが，オモチャと同列にKにとって大切なものでもあるし，そのオモチャたちを集める核にもなっている。セラピストを横たえること，Kがそこに折り重なることは，ピンの遊びでもわかるようにたんに倒れることでなく，立つということに近い。ここでKもセラピストも立つことへの準備が始まったのだろう。

　人との関係性のない一人遊びや一斉指示への従えなさに表れているように，主体としての「僕」の生まれていないKは，かつては人に絡まるのも難しい世界にいたことが伺える。このとき，絡まったり重なったりする対象としてセラピストが存在し，このことが#22，#40での名を呼ばれるに値する存在ということにつながっているのかもしれない。

　#8のレゴブロック遊びでは，笑顔やへの字顔が実感された情緒，意味として理解し体験されているのではないが，違いや変化を楽しんでいる。この遊び自体は，裏表の繰り返しでありぐるぐるとした循環の世界であるがエネルギーが満ちたぐるぐるであり，このエネルギーでこころがうずうずと動きはじめ喃語が勢いよくあふれ出してきた。

　#9には，初回のKが壁や鉄琴のようにセラピストを叩くのとは違い，対等におでこをぶつける出会いが生じている。また，うずまきやかき混ぜという循環の世界のエネルギーが満ちると，積木が高く積まれ自らが主体として「立つ」動きが顕著になってくる。一方床ではレールが枝分かれし広がる。このレールの広がりと単語が出てくることは同列と考えられよう。

　「僕」という主体が立ち上がるテーマを見せつつも，レールにみられる水平の世界での差異も同時にKは表現している。上下のラインの作業をしつつもそこで一本化されず，水平の作業も同時にするKの特徴である。

②**第 2 期**

　第 1 期での循環のエネルギーを満たすこと，満ちたエネルギーで循環から切れた上へ延びる動きが見られ，内側からあふれる声を出す。そして，「僕」のないKの世界に「僕'（ダッシュ）」（オーボク：大きな僕）のようなセラピストが存在しはじめている。このことは，すなわち自分が生まれはじめていることと同義である。「僕」のなかったKに「僕」が生まれ，自分も指示される中に含まれているのだということがわかってきての園での変化と考えられよう。

　また，幼児はこころと体が非常に密接につながっているが，鼻かみに見られる，「出す」と「入れる」の混乱は循環の世界への引き戻しでもあるかもしれない。内から外へ何かを勢いよく通そうとするのだけれど，一方向にならず出すべきものを吸い込んで戻してしまうことと，穴に落ちて本来いるべき地下の世界に行ったお化けを拾い上げて戻してしまう遊びも同じことを表しているだろう。その点お漏らしは，取り戻しのつかない行為であり，一方向の動きであろう。「シュウテン」ができてきたことも一方向ができてきたことと重なる。

　#40では，セラピスト，Kとどちらの誕生日でもないけれど，セラピストが生まれたと認識する「僕」が生まれていると捉えられる。さらに言えば，大きな僕からさらにセラピストの正しい名前となり，「僕'（ダッシュ）」がまた一段と自分から離れた別の名になってきている。

　#47にみられるケンカとはそれぞれが別々で異なる意見があるからこそできることである。そして，ケンカのできる別々の存在であることはKにとって，地震が起きるほどの衝撃である。しかし，最後の尻尾がまだつながろうとしてもいる。

　#65ではKも遅刻をしたので，それを謝るのと，もっと遅れたThに対して怒ってもいいといった，両方が可能な事態が起きている。遅刻がどちらかであれば怒るか謝るかのどちらかになれるが，「遅れた人／待っていた人」という絶対的な区別にならず，「ちょっと遅れた人と沢山遅れた人」という量的な差異になってしまった。これは，Kの繰り返されるテーマである。立つが倒れる，出そうとするが戻る，垂直を貫こうとするも水平の差異になるなど，主体がし

っかりと立ち上がることが難しい。筆者は20年近い臨床経験の中でこのような大遅刻をしたことはこれきりであり，Kも3年132セッションの中で遅刻をしたのはこの回だけである。同じ時に両者の遅刻が生じ，量的差異になってしまうKの世界の難しさを感じる。その中でも何か大変なことが起きたとは感じKは精一杯，謝って，ギャーと泣き，叩いて怒って"自ら"を感じたその衝撃で「わたしです」という名乗りが現れた。そして「わたし」は限りある世界の象徴である箱庭の中に入った。このことは世界にKという主体が誕生し，この世界で生きていくという行為であろう。

　日本神話の天地開闢においては，イザナギとイザナミが矛で混沌の海をかき回し，引き上げ，その矛から落ちた滴りから島を作る。その島の上で2柱の神は国生みの作業をした。そこからさまざまな神々が登場する物語が始まっている。言葉の生まれる以前の世界の土台作りの過程では，この日本神話に見られるように「ぐるぐる」とした循環の世界が「切れる」ということが生じ「在／不在」や「私」が誕生していく（大久保，2006）。第1期，第2期を通じて，この「ぐるぐる」が「切れる」過程が現れていったように思う。

③第3期

　ここでは，Kとセラピストがシンクロして一緒に居続けるのでなく，別々の場で別のことをする状態が出てきている。遊び場が上下に分かれ，包丁を落として自分とセラピストを切ろうとするなど自他を区別しようという遊びである。セラピストが寄り添うことへの拒絶も同様の意味合いであろう。初回にみられたこちらの感覚を感じずに突然叩くのとは異なり，お前は邪魔だ，黙っていろ，放っておけと，セラピストは他者として存在しはじめている。そして怪獣K「僕暴れてるの！」のうんざりするほどの「僕，僕」へつながる。「僕」と言う主体が確立しエネルギーに満ちているようでもある。

　この時期見られた反抗やセラピストが感じた違和感は二人が別々の存在である証と考えられる。第1期の環境や物にも近いセラピストでも，第2期の僕と僕'（ダッシュ）でもない，他者であるKとセラピストの関係性がプレイの中に現れていく。

プレイセラピーを通してKの渾然一体ですべてがありかつ何も無い世界に，「僕」が生まれた。そして世界には「僕」以外の他者がおり，そしてその他者の中にもそれぞれの「僕」という主体がある。この時期，セラピーのテーマは「僕」という主体と他者の主体がどう関わるのかというところに差し掛かっていた。この自らの主体と他者の主体がどう関わるのかというテーマは小学校高学年になったKが相手の気持ちを察する難しさとして今向かい合っている課題かもしれない。ある一面では，この事例の終結を早いと捉える視点もあるだろう。Kの自閉傾向が軽度であり能力が高く，発語しすぐに保育園で適応ができてしまったため，主体同士の関わりという課題に十分取り込む以前に終結となったと考えることもできる。決定的な死が生じにくく異界が作りきれず，そのために横の世界の中で一生懸命分節し続けるしかなくなることが，第3期の中でも，幾種ものオバケの登場や，死んだ後で病院に行くこととして表されているようにも思える。もちろん，分節し続ける力があるということが，Kの能力の高さとも言える。

　もう一つの見方としては，最終回では「分かれるの海」でそれぞれの主体が分かれて，別れていくという形をKはこのセラピーでのゴールとしたとも考えられる。そして，実際にもKとセラピストは終結という形で別れていった。

(2) プレイセラピーに没入し記録するセラピストの意識，「地べた意識」

　成人の心理療法での語りや夢とは異なり，プレイセラピーはテキストになりにくい。児童のプレイは物語として記載がしやすいが，幼児期の言語以前の世界は，とくに物語となりにくく感覚的な遊びの繰り返しが非常に多い。河合（2007）は「発達障害においてはイメージや象徴ができる以前，いわばテキスト以前が問題になる」と述べている。また，治癒過程は「心理学的な説明が困難」「生じていることがテキスト外のことであり，象徴化できないことである」（同）ということがこの面接経過にも当てはまるように思う。このような時期のプレイセラピーの記録は，クライエントとセラピストの行動を記すことになるが，そこで書かれるものは行動そのものでもなくセラピストの読み取り方，

体験である。

　そして，第1期でのセラピストの独特な感覚にあるように，何もかもが渾然一体の世界での私の浮遊もしくは点在，全ての物に魂があるような世界でもあり，全てが即物的に物でもあるような，意識体験となる。そこではセラピストの意識と身体性が非常に密接となる。また，セラピストの意識と身体とセラピーの場との区別もなくなっていくように感じられる。

　このときの渾然一体の中に没入して浮遊点在しているのは通常とは違うセラピストの意識であるが，しかし，意識であり体験し記憶し記録するものである。神話でイザナミとイザナギが撹拌する道具として使ったものは矛であった。撹拌することは，循環の世界に没入することであろう。その撹拌する矛は，切るという働きをするものであり，没入していてもセラピストの意識という視点でつねに現象を切りとっているのである。何もかもが限りなく私であるように体験しつつも，しかしセラピストからの一つの視点という切り口であることを自覚していることは重要である。

　第1期を通して感じていたセラピストの独特の「私」の感覚は，幼児期のプレイセラピーにおいて，セラピストが「成人としての歩行し言葉を話す日常の意識状態から離れ，言葉や物語以前の世界へ参入するためのある種の退行状態」（大久保，2006）すなわち「地べた意識」（藤巻，2009；大久保，2006）であろう。

　たとえば，初回にみられたKのぐるぐる回る動きや，横に寝転んでピンを見るあり方は，外から眺めているならば，自閉的な行動であると見えるだろう。

　Kはセラピストを倒そうと意図を持ってボールをぶつけたのではなくただぐるぐると回っていたら，そのスペースにちょうどセラピストがいて，偶然ボールが当たったのかもしれない。そのときのセラピストは壁やその他の障害物と同じレベルの物体であったのかもしれない。そこで，セラピストは邪魔にならないように離れるわけでもなく，Kが意図を持って倒してきたと無意識に解釈し声を出し倒れていた。その声に反応してKもさらにぐるぐる回り，倒そうとボールをぶつけてくる。ぶつけることに逆らうでなくそのエネルギーを自分の

体を通して受け取ってセラピストは自閉の回転の中に入っていったように思える。初回の記録には「関われる！閉じていない！」とある。これはKに人と関わる力があったからでもあるが，自閉と感じる外からの視点でなく，ぐるぐるの動きの中にセラピストが飛び込んで閉じられた世界の中に（自閉の内側に）入ってしまったために関われないとは感じなかったのかもしれない。

　この面接でのセラピストの在り方の変遷を振り返ってみると，まず初めに環境や世界のようなセラピスト，そして，環境かつその中にある対象。次に僕と僕'（ダッシュ），最後に自分とは異なる他者と変わっていった。それに伴い，プレイの記述の仕方も変わっていったように思う。当初は，人としてでなく物に近い自分の感覚を言葉にしていたり，体験の主語がKであるかセラピストであるかの区別がつきにくいものであったが，後半は両者の行動や感情の違いがはっきりとして，主語の混乱も少なくなった。Kの語りを記録することも多くなり，テキストに近づいていったのではないだろうか。

文献

藤巻るり　2009　幼児のプレイセラピーにおける原初的な自他癒合性への参入——地べた（基盤）であり意識（主体）であるという動的な在り方を通して　箱庭療法学研究, **22**(2), 3-18.

河合俊雄　2007　箱庭療法の光と影　臨床心理学, **7**(6), 744-748.

大久保もえ子　2006　言葉のない幼児とのプレイセラピー——言葉が発せられる以前の世界の土台作り　臨床心理学, **6**(6), 773-778.

「言葉の遅れを主訴とする軽度自閉傾向の幼児期男児との
プレイセラピー」に対するコメント
――融合と分離

河合　俊雄

　軽度の発達障害の子どもであるが，言葉の遅れも取り戻し，見事によくなっている。プレイセラピーで生じたことは感動的ですらあり，またその流れもかなりわかりやすい。

　クライエントとセラピストがまず展開するのは，融合した世界である。初回でセラピストは大ボールでたちまち倒され，クライエントと同じ高さ，ときにはそれより低いところを彷徨っている。同じ色の鍵盤同士を指して「ん，ん」に〈ん，ん〉と答え，差し出されたスリッパを両手にはいて四足で鉄琴を中心にぐるぐると歩きはじめるセラピストには驚愕するしかない。まったくの融合した，高さのない，ぐるぐると回る世界である。ところがクライエントがちゃぶ台をくぐり抜けることでその世界から抜け出て，連結して並んでいたピンが立てられたことで突然に高さができ，分離が生じる。まさに『発達障害への心理療法的アプローチ』（河合，2010）で強調し，本書理論編第5章で述べてきた融合からの分離である。これによってクライエントの主体が生まれ，言語ができてくる。後の展開もすばらしいが，この初回のセラピーでほぼ全てが先取りされている。分離はもちろん大切であるが，セラピストがどこまでも融合の世界に入り込めたところがポイントであろう。初回の母子分離が簡単だったように，それはかならずしもあたりまえのものではなく，一度作り出される必要があったと考えられる。融合した世界は第1期のふり返りで「自分と物や取り巻く環境との境界がない渾然一体のよう」と表現されている。これは大げさな表現ではなくて，実際のプレイの報告を読むと，そのことが実感できる。

　その後の展開では，分離と主体の確立がクリアになっていき，それとともに言語能力が伸びていく。#17では，飛行機，電車，ワニが離陸する瞬間が何度も表現される。名前を呼ばないクライエントがセラピストを「オーボクセンセ

イ」と呼び，発語がわかりやすくなっていく。また時間の流れを表現するのも，それぞれの時間として分離ができてきている証拠であろう。#65では〈誰？〉「わたしです！」というやり取りがなされ，#90〜#96ではクライエントはセラピストに別々の遊びをするように指示し，#108では寄り添う動きをするセラピストに怒る。セラピストとの分離を求めるのも，主体が分離して形成されてきているためであろう。家では母親がクライエントの「僕！僕！」にうんざりするくらいになり，言葉の問題も適応の問題もなくなる。

分離とともに興味深いのは，クライエントが変わりはじめて，よくおもらしをすることが報告されたり，#90〜#96で怒ってぬいぐるみを殴り，その勢いのままトイレに行き放尿したりするなど，出すという動きである。最初のころトイレに行ってもおしっこができずに帰ってきていたのに比べると大きな変化である。主体の確立のためには，分離だけではなくて，何かが自分から噴出する動きも大切であると思われる。

3カ月後のフォローアップで，クライエントは何度もセラピストを倒して抱きついた後で「バイバーイ」と帰って行く。ここには離れたいというのとくっつきたいというのとの両方の気持ちが感じられる。#37で，家を出たパパ，ママ，クライエントの「しっぽがくっついてはなれない」など，やや分離しがたさ，融合に戻る傾向がある。それはセラピストの傾向かもしれないが，逆に融合への近さがあったから，このようなすばらしいセラピーが融合からはじまったとも言えるのである。

文献
河合俊雄（編） 2010 発達障害への心理療法的アプローチ 創元社

2 発達障害ボーダーと診断された小学生男児の イメージの世界
——影,そして主体の誕生

渡辺　あさよ

1. はじめに

　軽度発達障害と見立てられた小学生男子との面接室での遊戯療法を報告する。面接室で向き合い,二人で200枚近くの絵を描き,紙飛行機を飛ばしてキャッチし合い,身体を使って表現したプロセスからはさまざまなテーマが読み取れるが,ここではスクイグルゲームによりイメージと遊んだ最初の18回を中心に,発達障害におけるこころの主体(主観)の誕生について考察し,小学生と面接室で向き合ったことの意味についても言及したい。

2. 事例の概要

　クライエント　A（来談時小学5年生男子）
　主訴　不登校
　家族　父親,母親,A,妹(2歳下)の4人家族で,父方祖父母と二世帯住宅に居住
　面接までの経過
　1年生6月〜:不登校(担任の勧めで訪問してくれた級友の中に「親友」ができる)
　2年生5月〜:「親友と遊びたい」「運動会のパン食い競走に出たい」と再登

校（「午前中だけ」「理科，体育のない日だけ」など選択的登校が続く）

　3年生4月～：担任が替わり，「親友」が転校して訪問してくれる友がいなくなったのを機に毎日普通に登校

　9月～：「級友のいじめ」を理由に登校渋り

　冬～：不登校（家具をひっくり返すような大暴れ，極度の偏食，親への攻撃的で幼稚な言動などがエスカレートする）

　治療歴

　1年生6月～2年生4月：B相談室で遊戯療法を継続して終結

　5年生夏～数回：B相談室で遊戯療法を再開するが「行きたくない」と言って中断

　以後，病院，フリースクールなどを経て，12月，母親担当者よりセラピスト（以下，Th）に依頼された。

　なお，1年生6月から現在に至るまで母親面接は同一担当者により継続中である。

　見立て　母親担当者は軽度発達障害と見立てたが，B相談室では発達障害を否定されたため，来談時には専門病院を予約中で，第5回の後に「発達障害とのボーダー」と診断された。

3．面接の経過

　小学校卒業までの1年4カ月間，42回の経過を3期に分けて報告する。部屋は1階の待合室から階段を上がった2階の大きな窓のある面接室で，小さなテーブルを挟んで椅子が向き合い，壁際には箱庭療法用具の棚，砂箱，デスクとその上に電気スタンド，観葉植物がある。

　以下，筆者（セラピスト）をThと記し，Aの言葉を「　」，Thの言葉を〈　〉，スクイグルのタイトルとAが創ったストーリーを【　】内に記し，★印にThのコメントを記す。

図 1　かたつむりと影

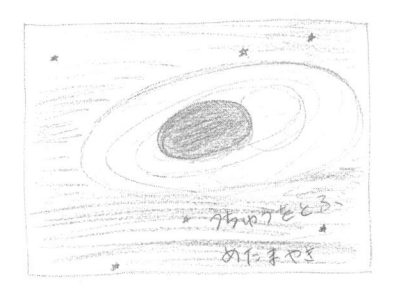

図 2　赤ちゃんの頭

(1)第 1 期：「お絵描き」──『署名Ａ』誕生（#１〜#18）

#１（X年12月16日）　待合室のドアを開けると不安そうな両親が立っていて，Ａは母の陰から出てくる。Ａも不安そうな様子だったが，どこか人懐こさが感じられてほっとする。Thが先に立って階段を上がり，面接室に入って椅子に向き合う。〈こんにちは〉「こんにちは」〈君のことを心配してお母さんがここに相談に来ていて，今度私が会うことになったんだけれど，どう？〉「わからない」〈たしかに〉〈どんなこと好きなの？〉「ゲームとかポケモン」〈ゲームボーイアドバンス……ここにはないねえ。こういうの（箱庭療法）で遊んでみる？〉「いい」「Ｂでやったことある」〈どうだった？〉「面白いときも面白くないときも」〈たしかに〉「今はやる気がしない」〈絵はどう？〉「あんまり好きじゃない」〈ゲームみたいにして絵描くのやってみない？〉「いいよ」。スクイグルゲーム（Thが枠を描いた２枚の紙それぞれに，二人が自由に線を描いて交換し，相手の線を使って絵にしてタイトルを付ける）をはじめる。

《スクイグル1-1》Ａは即座に【かたつむり】，Thが迷っていると「めだまやきにすればいいじゃん」，Th【宇宙を飛ぶめだまやき】とすると，「そうだ！影つけちゃおう」とかたつむりに影を付け（図１），Thのめだまやきの黄身に注目して「立てると卵」「頭描くと，ほら！赤ちゃんが寝てる」と黄身に接する丸を描き「赤ちゃんの頭」と言う（図２）。

第Ⅱ部　事例編

図3　たこと墨をかけられた魚

図4　たこお君とおばけの出会い

　《スクイグル1-2》Aは即座に「つららだ」〈どれ？〉「つららは色がない」〈見えるってことは色ある〉「今度は簡単でしょ？」〈ん〜〉「ヨット描けばいいよ」〈言われた通りに描きたくない〉「あー反対向けて山だ」。A【山】Th【ふねにのったもも】。「桃太郎のあれ？」〈違う〉〈船に乗ってる〉「いつも題が半端だ」〈？〉「『なんとかの』とか付いてる」〈たしかに〉。

　《スクイグル1-3》A【たこ】Th【家】。「墨吐いてるとこにしよ！」と墨を描きその中に魚を加える（図3）。〈私は煙〉「家か」「傘も描けたでしょ」〈描けたけど家〉「この家ドアがないよ」〈それ〉「窓みたい」〈直して〉「こうすればドアに見える」と『×』を加える。「人がいた方がいいな」と人を描き,「こっちは怖い世界だ」とお墓, 幽霊, 雷, 雲, 雨を描き足す。「家もあった方がいいな」「靴屋だよ」「池も」「あ, そうか！さっきの魚だ」と描き足して, 人に帽子と蝶ネクタイを付ける。「この池から出てきたんだ」と下一面に草を描く（図4）。〈お話作ろうか〉「作文とか苦手」〈言ってくれれば私が書くよ〉【池の中に何かすべては不明のたこがいました。その名はたこお君。ある日たこお君が墨をドヒャーと吐いたら魚に命中, 魚は真っ黒けになりました。やーったー！と外に出たら靴屋がありました。人間に変身して靴屋に入りました。靴を1足買いました。靴をはいてどこかに探検に行きました。雨が降ってきてゴロ！ピカ！「こわー！」と走って行ったらお墓にぶつかりました。「ぎゃー！うすきみわりぃー！」と思ったら, おばけが出てきて友達になりました。】最後に鳥と気球を飛ばし, 太陽を描く。

2 発達障害ボーダーと診断された小学生男児のイメージの世界

「また来る」と言って待合室に向かい，緊張して待っていた両親を含めて「毎週（50分）」の契約を交わした。

★Aは渦巻き線を描いてThに渡し，受け取った線に『かたつむり』を見て貝に渦巻きを描く。Thは渦巻き線を星雲にするかUFOにするかで迷っていたときに「めだまやき」と声をかけられたその瞬間，無限に広がる宇宙の闇にあまりに小さく日常的な料理が飛ぶという妙なイメージが出現するが，ここからAのイメージが動きはじめた。かたつむりに「影」が付き，めだまやきに「卵」と「寝ている赤ちゃん」を見る。《スクイグル1-3》では，まるで墨を浴びせるかのようにThの絵に批判を浴びせて侵入し，人間に変身したたこお君の軽い明るさと池の中の墨まみれのままの魚の深い暗さを表現する。まがいもの人間『たこお君』が地上を闊歩する傍らで，墨にまみれたままの魚は池の中に重く沈んだまま忘れ去られている。

#2（X＋1年1月14日）　ゲームボーイを首に掛けて「たしか」「こっちに行って」「ここを上がって」とThの先に立って階段を上り部屋に入る。ポケットからゲームソフトを4個出して「これに夢中で忙しい」〈ふ～ん〉〈また絵やる？〉「また？」〈嫌？〉「いいよ」。《スクイグル2-4》では，すでに剣に見える線を前にして困っているThに「剣にすればいいじゃん」〈そのままは嫌〉「手を描けば」〈描いて〉Aが手を足し，Thが袖を足す。「頭がゲームのことでいっぱい」〈どんな風に？〉〈描いて〉斜め後ろから見た髷を結った頭を描いて丁寧に黒く塗り湯気を立てる。床に並べた8枚の絵でお話を作ることにする。【みかんを食ったら腹こわし，桃を食べたら便秘した。いもを食ったらガスが出て，サーフィンやったら落っこちた。こんぶを食おうとしたらニョロモに先に食べられた。○×ゲームに出たら勝って刀をもらったよ。手には入ってみたもののどう使えばいいのかわからない。ふんだりけったりの僕はふこう君174世。】髷を結った頭を「ふこうぶきみ」と名づけ，「ふこうぶきみ」の正面図と少年「ふこうきょうしろう」と舌を出して手に何か持った人物を付け加える（図5）。

★「ふこう君174世ふこうきょうしろう」は，「ふこうぶきみ」の黒い頭に湯気

第Ⅱ部 事例編

図5 ふこうぶきみとふこうきょうしろう

図6 さかないっぱい

が立ち上りほぐれて紡ぎ出されたひと繋がりの糸のようなものの先端で，いわば万世一系の繋がりの中の僕としての実感と言えようか。

　以後，持ってきた漫画やゲームボーイに没頭しながら，紙を出されると「お絵かき」に集中し，最後に「お話作り」するのが定番となる。

　#4（1月28日）　脚をテーブル下の棚に乗せ，体を伸ばして漫画本を読む。〈コナン好き？〉「まあ」〈どんな話？〉「高校生なのに体を小さくされて小学1年生」「声が変えられる」。《スクイグル4-1》で【さかないっぱい】（図6）を素早く描くや否やThが魚を描いていた紙を取り上げて魚を描き足し，続くスクイグルでもAは魚を描きThの絵にも魚を描き足す。唯一《スクイグル4-3》【たれさがったえだ】だけは描き足すことができなかった。「テーマは海なのに変なの描くから話はできない」と不満を言いながら『たれさがったえだ』以外を縦に並べる。【海の深さを表現】

　★墨を浴びた黒い魚から分裂し，躍り出したような色とりどりの魚は，いきいきと泳ぎはじめたのだろう，ぶくぶくと泡が出ている。魚のグループが層をなして積み重なり，海の深さを表現する。Thに一方的な不満を言い切る。

　#5（2月3日）　漫画を読みながら階段を上がる。〈二宮金次郎さんですか〉「私は誰？ここはどこ？」〈記憶喪失ですか〉「記憶喪失戻し代」と母から預かった料金を手渡す。《スクイグル5-3》【ふこうぶきみ】（図7）は，「白髪を染めた」と真っ黒な髪，「ふこうきょうしろう」は鼻と耳の穴が強調，図5で言及されなかった人物は「ヒック」と言って両手を挙げている。【人がたこおじ

2 発達障害ボーダーと診断された小学生男児のイメージの世界

図7　白髪を染めたふこうぶきみ

図8　あっちっち君とカメ大好き少年

さんになって，たこおじさんがつぼになって，つぼがパイになって，パイが津波になって，津波がごっくんになって，ごっくんがふこうぶきみになって，ふこうぶきみがふこう君になって，ふこう君がふこう君1世になって，ふこう君1世が人になって……。】と言い終わるや否や，「ヒック」と言っていた人物が犬を連れた絵を描き，犬には「ふくしゃ」，人物には「？コピー」と記入する。
★人「？コピー」と犬「ふくしゃ」は，「ふこうぶきみ」が白髪を染めたことによる時間の停止から生じた，常同的に無限に写し出されるコピーの一葉としての僕の実感だろうか。『僕』も『犬』も『コピー』であり『ふくしゃ』であるが，『僕』と『犬』との関係は確かに存在する。

#7（3月3日）　目をつぶって待合室から出てくる。【血君が風を出して台風ができて，ゴミ箱飛んで糸が絡まって綿菓子食べた。ヘリコプターが救助に来たのに飛んじゃった。臭い息が出てる。】最後に「炎と煙が合体して生まれたあっちっち君」と「変装したカメ大好き少年」を描き「しっぽだけは戻らない」（図8）と言う。
★炎と煙が合体して生まれたあっちっち君は，燃焼により生じる『炎』と『煙』が合体する，つまり分化と合体を反復するイメージの中から生まれた確かな子どもであり，カメが変装したものであるらしい『カメ大好き少年』には，変装では変えられない確かな『しっぽ』が出現する。どちらもゆるぎない実体としての実感であろうか。

#9（3月17日）　ゲームボーイをやりながら階段を上り，躓いたふりでスリ

第Ⅱ部　事例編

図9　ふこう君のへやとふこうぶきみ　　　　　図10　闇の正体に対抗する正体不明

ッパを落とすなど，Thを惑わせては喜ぶ。【のこぎりざめがはさみに変身して，のび太が頼んで風船もらい，風船が割れたらイモムシ飛んで，油が引かれて火事になっちゃった。くじらが「がー！」と鳴き声出したら火事が半分消えて，ドラえもんがドライアイス投げ込んだら，火事が消えたよ。作曲ブタ。】全ての絵に小さなブタと小さな丸（お金）を描き入れる。「♪なぜいるのブタブタブタ，白黒ブタはおじゃまキャラ。謎のブタ♪」と歌う。
★全体を統括する作者としての『ブタ』が登場する。『お金』はゲームのコイン感覚で，集めることで力を得られるアイテムだろうか。

　#10（3月24日）　階段を一段一段刻んで上る。《スクイグル10-3》Thの【ドア】に『ふこうくんのへや』と書いたプレートを描き足し，ドアの外に「くらーい雰囲気で，幽霊さえも，怪獣さえも，ゴキブリさえも怖がる存在」と「ふこうぶきみ」を描き（図9），別の紙に「じつはそれも偽者で正体は闇の中にぼんやり」「これに対抗できるのはこいつで正体不明」と言いながら，『闇の正体』と『闇の正体に対抗する正体不明』を描く（図10）。【海の砂浜でたきびをしていたら溺れそうな動物がいた。ここからが問題。富士山の上にドアがあり，ドアの中にパンがあった。中にふこう君がいた。ふこう君は蛇の人形で遊んでいた。昼ごはんは卵を使った。】残り3分を床の絵を踏んづけたり足をテーブルの上に乗せたりした後，さっさと一人で部屋を出る。
★『ふこう君のへや』ができ，『闇』から『ふこう君』が分かたれ，実体としては表現できない『闇の正体』と『闇の正体に対抗する正体不明』が分かたれ

2 発達障害ボーダーと診断された小学生男児のイメージの世界

図11 宇宙船とスター

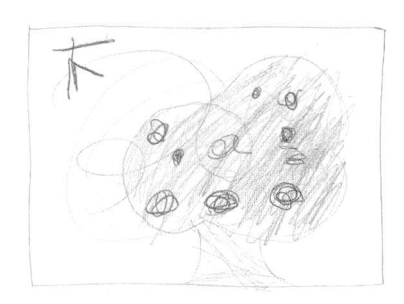

図12 赤い実のなる木

る。

#16（5月12日） ドン！ドン！と階段を踏み鳴らして上がる。独り言，口鳴らし，音出しなどつねに音が出ている。《スクイグル16-1》でAは【スター？】．「ぶぉーと噴射してる宇宙船」と言って重なるように黒く輝く星型を描く。これは人型にも見えて，心臓あたりに赤い小さな丸がある（図11）。【♪テレビ　犬　スター　ふしぎーなたまでたら　どーらえもん　どーらえもん　ばばばばば　どどどどど　ぷぷぷぷ　ぽけぽけぽけ　こーで　あーで　そーで♪】内からほとばしるように歌う。

★『スター？』は宇宙の『闇の正体』であり，『ぶぉーと噴射してる宇宙船』は『対抗する正体不明』だろうか。噴射するように，ほとばしるように歌うA。

#18（5月26日） 一瞬ついたてに隠れた後に目をつぶって出てくる。〈目が見えないなら案内しましょう〉階段をドンドンと上がり途中でスリッパが落ちる。「ふにゃにゃにゃ」〈何ですか？〉耳に手を当て「？」〈三重苦ですか〉にやにやしながら，言葉にならない音と鼻歌の世界で遊ぶ。《スクイグル18-1》では「幼稚園風に」と言って鉛筆を握ってぐるぐると『あまぐも』『A』と平仮名で乱暴に絵のように描き，【「あまぐも」「A」】と丁寧にタイトルを書く。

★【「あまぐも」「A」】からは，地上を影で覆う雨雲と，きちんとした字が書けるAの影としての『らくがき』行為を連想する。目も耳も口もきけない原初の存在から，影を持つ主体Aが生きはじめたようだ。

(2) 第2期:「お絵描き＆紙飛行機バトル」——『実体A』誕生（#19〜#24）

#19（6月2日）《スクイグル19-1》で「最初から色で描こう」と色鉛筆で線を描き，赤い実のなる木を描く（図12）。この絵を紙飛行機にしてThめがけて飛ばしたのをキャッチしたことから，紙飛行機を相手に飛ばしてキャッチする数を競う遊びとなる。力を入れないと飛ばず，飛ぶと指や体に刺さって痛く，思いのほかスリリングだ。【太陽があって，家があって，根っこあって，花があって，木があって，ちょうがあって，おしまいだ。入れ歯とたこは用なしだ。】

★「最初から色で描く」「紙飛行機を折って飛ばす」「不必要な物を捨てる」など，主体的に生きはじめたAが客体としてのThとバトルする。

以後，『お絵描き＆紙飛行機バトル』が定番となりおしゃべりが増える。飛行機の名が『うつくしい号』から『A号』へ，さらに『☆作A』と製作者名が記入される。Thの知らない間に修学旅行に行っていた。

#24（7月28日） 主題歌を歌いながら『ドラゴンボール（○の中に☆）』と『DRAGONBALL Z』と描いた紙飛行機を四方八方に飛ばしては拾いに行って，オセロを発見する。コマを落としては別のコマの磁石で釣り上げながら，構造を解明する。「幼稚園の砂場でいじめられた」「お泊り保育で泣いた」「しかし日光（修学旅行）は大変だったよ」「みんな夜寝なくて朝が早くて」〈楽しいことあった？〉「全部」〈行くには勇気がいったでしょう〉「みんな遊びに来てくれるから友達だもん」〈ふーん〉。

★漫画『ドラゴンボール』がアニメ『ドラゴンボールZ』になったように，Aも椅子から立ち上がり動きはじめる。

(3) 第3期:からだあそび——『いきものA』誕生（#25〜#42）

#25（8月18日） スリッパのままテーブル上に足を上げて漫画『ドラゴンボール』を読む。「月に1回発売だよ」「いくらだと思う？」「はやく！」と飛行機バトルに入ろうとした瞬間，Thの右手首に激痛が走る。Thが手首を振って直そうとするとAは下唇に歯を当てて振るわせて音を出しはじめる。〈楽器

2　発達障害ボーダーと診断された小学生男児のイメージの世界

人間〉「涼しい風がくるよ」と口の前に手をかざす。「ミーンミンミンミーンミンミン……」「蟬はBで聞き飽きた」〈B？〉「前に行ってた所（B相談室）」〈なんでやめた？〉「学校に行ったから」〈行かなくなって，なんで戻らなかった？〉「面白くないから」。『チ～～～ズ』と書きながら『～』の高低に合わせて歌い，Thは〈あわわわわ〉と伴奏する。指で目を開いて目玉をぐるぐる回し，びっくりしてそれを見るThと結果的に見つめ合う。

　以後，階段でのパフォーマンス，漫画を読みながらの音遊びと，目玉動かし遊びが定番となる。「髪型の変わったニューA」，誕生日話，心臓停止遊び，時計が落ちて電池がはずれたことから何時に何をしているかを当てる「時間クイズ」がはじまった。

#30（10月14日）「ぐーぐーごっごっごっ」〈いびきうるさい〉「すーすー」「妹はゆうこ」〈君は？〉「ユ・ジュン」「僕だって動物」〈ヒトという動物〉「A王国の王様の子どもの子どもの…孫の孫の…いとこのユ・ジュン」「王様もまだ生きてる」〈ふこうきょうしろうっていたね〉「あれは不幸国の話」「うんちが降って来て，白いのも巻きぐそもあるからソフトクリームと間違えて食べてげー！」「心臓にも胃にも頭にも血管にもうんちが入りこんで化石になって割ってこなごな」〈ふこうぶきみってのもいたね〉「あ！あそこにふこうぶきみが！」と窓の外を見て怯える。「無視したらどっか行った」「またいつどこに現れるか」「A王国が幸福か不幸かはまだわからない」「あ！ゆうこだ！」と観葉植物の葉を指差す。「これはアトム」「これはドラえもん」「これはしんちゃん」，「幹は一つで根っこは＊＊（聞きとれない）だ」。母の言葉により，Thには嘘をついて，じつは登校していたことがばれる。

★「僕だって動物」と言い，「不幸国」「A王国」「いとこ」などと世界が分化し，観葉植物の土に繋がった根から幹へ，葉へと分化するあり様が語られたのは，集合的無意識に繋がりながらも個としての意識を持つ「いきもの」としてのAの実感だろうか。

#34（12月8日）　黙々と漫画を読んだ後に無言でオセロを戦う。名前話を始め，Thが宙に書いた『A』について「（本当は左右対称であるAという名前の文

第Ⅱ部 事例編

図13 渦巻きメガネの猫　　　　　図14 拡大した図

字が）左右対称でないのがおかしい」と主張する。オセロ32：32。コマをわざとテーブルの下に落とし，テーブルの真中で区切って自分の側だけ拾う。

★AとThの分離を思う。

#35（12月15日）　声出し，目玉回し，唇震わし，泡出し。箱庭箱の砂を布の上から握った後，顔を布に押し付ける。〈顔型ですか〉「久しぶりに絵描こう」。乱暴にぐにゃぐにゃ描いて「氏名」だと言う。「巻きぐそとおしっこの水たまり」をまたいで立つ渦巻きメガネの猫の首に『輝く黒』を立てて『？？・・・・』と描く（図13）。別の紙に拡大して（図14）その黒さを示す。「この正体を見たものは……これがこれになって……」と変化したものを描いていくが，Thにはついていけず朦朧としてしまう。

★『何かすべては不明のたこ』が住んでいた池のイメージ（#1）に通じる水たまりをまたいで立つ猫は，渦をメガネとし，『スター？』（#16）の輝く黒を首に立てる。『何かすべては不明のたこ』から『渦巻きメガネの猫』への変容を，Aも砂に印したかったのかと思う。メガネの渦巻きは他人を煙に巻く力があるのだろうか，Thは朦朧とさせられてしまう。

#37（X＋2年1月19日）〈おひさしぶり〉「100万年ぶり」「前は5才だったから今は100万5才」。携帯電話でThの写真を撮る。「受験する」「これで説明」と砂箱に置いた物で学校名二つを表現した後，【この中に入って観音を取

2　発達障害ボーダーと診断された小学生男児のイメージの世界

図15　ベッカムファン

図16　箱庭

ってくるのは誰でしょう？おばあさんの孫の女の子が中に入り，恐竜に食べられて，うんちから出てきました】と箱庭についてのお話をつくる。

#38（1月26日）　テーブルの下に足を入れ，手前に引きずって距離を開けては近づけることをくり返す。「3月でおしまい」「もう来ないよ」〈え〜〉「学校に行くから」〈週に1回〉「だめ」「学校は休まないの」〈月に1回〉「中学生は休まないの」〈ホップ，ステップ，ジャンプで行っちゃうのか〉「ホップ，ステップ，ジャンプ，着地だよ」。ゲーム話から，でたらめストーリーとなりThはうとうとしてしまう。

#39（2月2日）　2拍子，7拍子で階段を上がる。黙々と漫画を読んだ後，棚から大蛇を出して本物の蛇のつかまえ方を実演する。「窓の外に投げたらびっくりするかな？」「投げていい？」〈だめ〉「なんで？」〈私の物じゃない〉「お祭りでこの蛇みたいなたこが当たった」。蛇を首に巻いて「その後のたこお君」を描き『食べました』と書く。裏返して赤で丸二つを描いて塗る。〈ふこうぶきみ？〉「髪型変わってベッカムファンだ」（図15）。
★ドアの外に『ふこうぶきみ』が立つ自室で蛇の人形と遊んでいた『ふこうくん』(#10）を思い出す。今ドアは開けられ，蛇もAも『いきもの』となり，『ふこうぶきみ』の目が開いた。

#42（最終回）（3月15日）　《箱庭》（図16）を作る。緑の葉に覆われた地と海，紅葉に覆われた地と鳥の飛ぶ空が二つに分かれている。最後に緑の葉の上に赤い花を一輪差す。

母に促されて「お世話になりました」と言いながら差し出されたAの手を握ると，白く柔らかく温かくて心地よく，思わず〈お世話になりました〉と同じ言葉が出た。

4. 考　察

(1) 遊戯療法のプロセスから

　初回，影のない作り物の『かたつむり』に影を付けたとき，『かたつむり』と同じく，『目玉焼き』に生きた赤ちゃんが生まれ，それは，『何かすべては不明のたこ』の墨吐きへと繋がっていった。魚に墨を浴びせて勢いづき池から飛び出したたこ君は人間に変身し，まがいもの人間として適応するが，本来の居場所である池と墨を浴びせられた魚は捨て置かれる。まがいものの面だけを生きるのである。その後のプロセスは，このまがいものが本来のいきものの姿に立ち戻るためのもので，第1期では，署名で表わされる象徴的なAが実感され，第2期では，Aとセラピストが紙飛行機を飛ばしキャッチし合うことで，実体としてのAとセラピストが実感され，第3期では，自分の身体をフル活用することと，言葉のキャッチボールをすることで，いきものとしてのAとセラピストが実感された，と考えられる。

　また，#16の『スター？』を『闇の正体』，『ぶぉーと噴射してる宇宙船』を『対抗する正体不明』だと仮定すると，たこの墨吐きはこの両者が分かたれずに混沌としたものだったと考えられ，第1期はこの混沌の分化のプロセスだと見てもいいかもしれない。

　絵に描かれた豊かなイメージを言葉にすることはむずかしく，経過についての細部は★コメントを参照願いたい。

(2) 『くろ』の自己実現

　同じクーピーペンシルを使いながらも，『かたつむりの影』(#1)と『ふこうぶきみの髪』(#2)はうす暗く，『たこの墨』(#1)と『ふこうぶきみの染め

た黒髪』(#5)は墨の黒,『闇』(#10)は光の射さないまっ暗,『スター？』(#16)以後は輝く明るい黒は洗練された黒（玄）である。漢和辞典によれば,『墨』は黒と土から成り,黒い土を言い,『黒』は炎と煙出し口とから成り,煙出し口がまっくろになっていることを示し,『玄』は非常に細かい糸の形をかたどり,それが見えるか見えないかの意だとのことだ。土的な『墨』から始まり,『炎と煙が合体したあっちっち君』(#7)である燃焼による『黒』,そして真っ暗な『闇』の本質である『闇の正体』(#10),さらに宇宙の『闇』の正体とも思われる『スター？』(#16)へと向かうプロセスは,『くろ』の自己実現のプロセスと言えるのではないだろうか。そしてこの洗練された『くろ』である『玄』は,最後の自画像と思われる『巻きぐそとおしっこの水たまりを跨いで立つ渦巻きメガネをかけた猫』(#35)の首に立つ。

(3)渦と目玉について

　#1, Aは『渦』を描いてセラピストに手渡し,『目玉を出したかたつむり（巻貝）』を描き, セラピストに『めだまやき』を描くように促す。太母を象徴する『渦』と意識を象徴する『目玉』にこだわるAは,『太母＝渦』を実体化した『ふこうぶきみ』の目玉に覆いをかけて内へと閉じさせ, その内側から『ふこう君174世』がずるずると引き出され(#2),『？コピー』と『ふくしゃ』がばらばらと飛び出した(#5)。吸い込む渦ではなく, 放出する渦である。また最後に描かれた自画像だと思われる猫(#35)は渦巻きメガネをかけている。そして#39, 白黒半々の新しい髪型になった『ふこうぶきみ』にはつぶらな瞳が開き,「ベッカム命」と剃りを入れる女性となる。新作の仏像・仏画を供養し, 眼を点じて魂を迎え入れることを『開眼』と言うそうだ。『ふこうぶきみ』が魂を持った個人として生きはじめると同時に, Aも蛇を首に巻いてペットとし, 駄々をこねる, 魂を持った少年としてこの世に生きはじめたのではないだろうか。

(4)軽度発達障害におけるこころの主体(主観)誕生のむずかしさ

　河合(1967)は,学校恐怖症の中学2年生の夢「大きい大きい肉の渦があり,それに巻き込まれそうになり,おそろしくなって目が覚める」を報告し,「太母の象徴としての渦の中に足をとられて抜けがたくなっているのではないか」と解釈しているが,Aのように,「足をとられる存在として独立して在る以前の,渦の混沌として在るままの状態が発達障害の本質的な問題」だと考えられる。足をとられただけでも抜けがたいと言われる渦から分離し,噴出し,誕生するということは相当に困難な作業である。この事例は,闇である太母から主体と一対である影が生まれ出るプロセスを示しているように思われ,(2)で述べたような『くろ』の自己実現が進行して『玄』として紡がれたとき,個としての影が成立し,同時に主体が成立するのではないかとの仮説を持つに至った。そしてさらに,この影からの誕生のむずかしさこそが,発達障害の個としての誕生を歓迎されなくし,困難にしているのではないだろうかとの仮説にも至る。

(5)小学生と面接室で向き合うこと

　発達障害の臨床において,「『離れて立った』クライエントとセラピストが『言葉ボールの投げあい』を繰り返すことで,こころの主体(主観)と客体(対象)が分かたれ,より鮮明となる」(渡辺,2011)との考えにより,箱庭療法遊具のある面接室を使用した。箱庭療法は拒否され,最初から椅子に腰掛けて向き合うことになったが,初期のスクイグルゲームでは自他が分かたれにくいAの特徴が見え,テーブルを挟んでの距離をもった関係が,彼のこころの主体(主観)成立を促進したと考えられる。さらに,本やゲームの持込を許したことも,本やゲームの世界を借りることにより,未だ成立していない内的世界を擬似的に『結んだ』上で,セラピストとの関係の中に『開いて』いくというあり様,『結んで開いて』(加藤,1996;丸山,2007)を体験するのに有効だったと考えられる。ことに#10,『ふこうくんのへや』ができたときの『ドア』になった描線は,持参した漫画本の型取りであったことは印象深い。

5. おわりに

　セラピストとの遊戯療法期間は1年4カ月だったが，彼や家族が暗中模索に苦しんだ年月は5年にもなる。イメージ喚起力が強いAとの遊戯療法から得た知見を軽度発達障害の臨床に役立てたいと強く思う。今回の原稿執筆に対して快く了解してくださったAとご両親，母親担当者に感謝する。

文献
加藤典洋　1996　言語表現法講義　岩波書店
河合隼雄　1967　ユング心理学入門　培風館
河合隼雄　1976　影の現象学　思索社
河合俊雄　2010　発達障害と心理療法　河合俊雄（編）　発達障害への心理療法的アプローチ　創元社　pp. 5-26.
丸山圭三郎　2007　言葉・狂気・エロス　講談社学術文庫
谷崎潤一郎　1975　陰翳礼賛　中央公論新社
渡辺あさよ　2011　イメージと言葉の乖離　ユング心理学研究, **3**, 123-142.

第II部　事例編

「発達障害ボーダーと診断された小学生男児のイメージの世界」
に対するコメント
——繰り返す主体の誕生

河合　俊雄

　発達障害ボーダーという題がついているように，これは発達障害としては非常に軽度であろう。疎通性が最初からあるし，それぞれのイメージに意味や物語性を見いだすことが可能である。

　ただし，「ふこう君174世」「100万5才」などという数字の使い方，イメージが定まらずに流れていくことなどは発達障害的な世界を示している。セラピストが河合隼雄の主体の存在を前提とした肉の渦の夢と比較して「足をとられる存在として独立して在る以前の，渦の混沌として在るままの状態が発達障害の本質的な問題」という指摘をしているのは，的を射ていると考えられる。だからこのセラピーでは，繰り返し主体の誕生が見られる。

　極端な発達障害の世界は，進んでいるようでも元に戻ってしまう。たとえば果てまで飛んでいったのに足下に戻ったり，向こう側に行ったのにこちら側に戻っていたり。死の世界への境界もない。その意味で分離がないし，主体が成立していない。ところがこのクライエントは，最初のスクイグルでの池の中のたこお君はすでに主体であるとも言えるけれども，#2のふこう君174世も主体の誕生であるし，繰り返し主体が誕生する。1に進んだものが，そこから先に進むのではなくて，まるでもう一度ゼロに戻ってから繰り返し誕生せねばならないかのようなのである。

　その意味でこのクライエントには主体の誕生のイメージがあるとも考えられるけれども，これだけ繰り返さねばならないのは，それが不確かである証拠であるとも言える。主体あるものは，主体を確かめなくても，つねに当然のように主体として行動していて，それは暗黙の前提になっているはずなのである。しかもこのクライエントにおける主体の誕生のバリエーションは豊かである。たこお君などは，混沌の中に成立してくる主体である。それに対して#9の全

ての絵にいる作者としての「ブタ」は，メタレベルでの主体と考えられる。#10のドアに「ふこうくんのへや」と書かれたのは，内面としての主体であろう。それに対して#16の独り言，音出し，それに「ぶぉーと噴射してる宇宙船」は，噴出してくる主体と考えられる。そして最後の方で出てくるのが，主体が着地するイメージである。#39で，窓の外に大蛇を投げようとしたのも，着地したかったのだと思われる。

　これだけの豊かなバリエーションは，課題が達成されたようで達成されていないのではという疑問を喚起する。事実クライエントは前相談室でよくなって学校に行くけれども，また不登校になり，今回の心理療法を受ける。そしてまたよくなってすぐに終結しようとする。このレベルでも繰り返しのリスクがある。

　このクライエントの特徴として興味深いのはネガ（否定性）である。第1回にクライエントはかたつむりに影をつける。イメージの中にも，黒がよく登場する。そしてセラピストに対してもなかなか批判的である。このように否定の力を持っていることも，普通の発達障害よりもレベルがよいと考えられる。またクライエントは，このネガを自ら演じさえする。#5で，クライエントは記憶喪失したふりをする。#18では目も耳も口もきかないふりをする。クライエントにおいて否定が強いとも言えるけれども，とくにふりをしているところからは，じつは肯定があるからこそ否定ができると考えられる。その意味でこのクライエントは否定を通じて主体の存在を示唆しているのである。

3 性犯罪被害を受けた小学生女児の描画・箱庭表現
―― 火の表現による再生

高見　友理

1. はじめに

　本事例は，筆者が警察における犯罪被害者支援カウンセラー（高見，2006）という立場で被害後早期に支援を開始した性犯罪被害女児（A子）とのプレイセラピーの過程である。A子との面接回数は計6回（約2ヵ月間）と短期間のうちに終結を迎えた。A子は，自身を取り巻く外的な枠だけでなく，イメージという内的な守りの中で，自ら治癒に至るプロセスを歩んだと思われる。最終回の終了間際，A子は箱庭内に盂蘭盆会に行われる送り火を作成した。送り火とは盆の間に迎えた先祖霊をあの世に送り帰す魂祭りの儀礼である。送り火という表現はA子個人や家族における再生，あるいは通過儀礼といった自己存在の変容と深い関わりをもっているのかもしれない。本章ではそのような視点をもとに，イメージを扱うことで展開した心的外傷事例について紹介したい。

2. 事例の概要

　クライエント　A子　8歳
　家族　父（以下，Fa），母親（以下，Mo），A子，弟（6歳）
　面接までの経緯　A子はX年Y月Z日，弟と2人で習い事に向かう途中，被疑者から声を掛けられた。被疑者は弟に家に帰るように言って帰宅させ，一人

になったA子に対して脅迫の上，A子の陰部を弄び，自己の男性器を口淫させた。A子は被害直後から精神的な動揺が見られ，男性器を想起するフラッシュバックが生じていた。A子は，事件翌朝の登校前に泣き出し，学校を休んでいる状態であったため，捜査員よりカウンセリングの依頼を受け，事件翌日から支援を開始した。

面接構造 週1回50分。A子の面接の前あるいは後に筆者とMoとで話し合う時間をもった。また，Moからの電話相談（計4回）に随時対応した。#1～4まではA子の通う小学校の相談室にて，#5～6は警察相談施設にて行った。

3. 面接の経過

「　」はA子およびMo，〈　〉は筆者（セラピスト：以下，Th）の発言とし，（　）には補足を記載した。

(1) #1（X年Y月Z+1日）：治療的な場を作り出すために

捜査員の調整により，A子の通う小学校の相談室にてA子一家と出会うことになった。Thが到着すると4人家族が揃っている。Thから被害後の心理について説明し，今後の対応について話し合った。Faと弟の2人は先に帰宅する旨の意向を受けて，ThからFaに今の思いを尋ねたところ，Faは「犯人が許せない。被害にあったのは今まで放っておいた親の責任。これからは，自分が家族を守っていきたい」と宣言めいた口調で語った。

Faと弟が帰宅した後，Moは，自分が目を離している間に娘が被害にあったとして自責の念を語った。「少し前ですが，私が自分のことに意識が集中しているときにA子がケガをしたんです。今回もそういうところがあるのかも知れない。」Moは，自身のキャリアを積むことに意識が向いていることとA子の被害とをつなげて捉え，自分を責める様子がうかがわれた。その語りの後，Moは家族の歴史（FaからMoへのDomestic Violence）について語った。Fa

第II部　事例編

図1（描画1）　ドラえもんと舌を出す女の子

の実父も配偶者や子どもに対するDVを行っており，周期的にA子宅にも怒鳴り込んでくる。Faは専門機関で心理的援助を受け，現在暴力はなくなった。Moは「DVを家族で乗り越えてきた。A子も暴力を目の当たりにして育っただけに，被害の影響が心配」と語った。

　それからMoに別室で待ってもらうことにして，A子とのプレイセラピーを行った。少し緊張と戸惑いの表情を見せるA子に対して，Thは〈私はA子ちゃんが犯人から嫌なことをされたって聞いて，それでここに来たよ。A子ちゃんの元気が出てくるように，ここで一緒に遊ぼうと思ってるよ。〉と語りかけた。絵を描くのが好きだというA子とともに絵を描くことにするが，A子は何を描こうかと躊躇していたので，Thが先にドラえもんを描く。Thから先に描画をするのは一般的ではないが，Thと過ごす時間は事情聴取とは異なる場であると伝える必要性を感じたことがこの行動につながったように思われる。一見しただけではThと私服女性警察官とを区別することは困難である。実際A子はこれまでに警察官の事情聴取に応じてきており，プレイセラピーにおいても同様に事件について話すよう求められる場であるとA子が誤解している可能性があった。Thとしては，なんとかして治療的な場を作らねばと感じていたように思われる。Thの絵を見たA子は緊張が解けた様子で，ドラえもんと舌を出す女の子を描いた（図1：描画1）。（口淫の被害を暗示しているように感じられた。）

　その後のプレイでは，A子は相談室にあった国旗のカードを広げながら，

「テレビ見たいけど，家では見れない。お祖父ちゃんの家では見れる。」「おやつ食べたいけど，1日1回ってお母さんが言う。」と語り，リラックスした様子も見られたが，総じて感情の表出が抑制気味である印象を持った。

（#2までの間，Moより2回電話）フラッシュバックは続いている。登校渋りがあるが，遅れながらも登校できている。A子に対してMoが受容的に関わっている様子が語られ，ThがMoの対応を支持すると安堵の様子であった。また「DVを乗り越えて」というテーマでメディアの取材を受けていることが語られた。

この時期に，A子に被疑者の顔写真を確認してもらうという被疑者の特定を目的とした捜査に協力してもらう必要があった。A子の心理状態が心配されたが，ThとMoと捜査員との間で連携を図りながら進め，無事A子も捜査協力ができた。Moによると，A子は確信を持って一人の被疑者の写真を指したという。家でのA子は一人になるのを怖がって，ときには泣き出すこともある。トイレに行くときは，母がトイレの戸の前に立ち，A子に話しかけているとのことであった。

(2) #2：A子によるトラウマ表現

A子は家で描いてきた自由画2枚をThにくれる（図2：描画2）（図3：描画3）。Thは，男根様のものが描かれたドラえもんという外傷体験の表現に対して衝撃を受けるとともに，その体験を分け持つ重みを感じた。成長しつつある植物のイメージやペアの表現からTh-Cl関係の萌芽を感じる。A子は，プレイ中にも絵（図4：描画4）を描いた。切り刻まれた変態の左半身は肉や骨が見えており，右手には壊れた車，左手には溶けて滴るアイスクリームを持っている。A子はためらいながら男根と，男根から精液が放出する描写を描き加えた。「こいつ男」と書き加えると，変態を線で囲む。グロテスクでカオスを表す変態は，犯人であると同時に，A子の被害体験そのものであろう。〈怖いねー。気持ち悪ーい〉と言うと，A子は得心がいった様子で次の頁に移ろうとした。〈悪い奴から守ってくれる人はいないの？〉の問いかけにA子は「いる

第Ⅱ部　事例編

図2（描画2）　耕す人

図3（描画3）　女の子のペア・男根様のものが描かれたドラえもん・ダイヤ

図4（描画4）　「変態」・リボン（蝶）

図5（描画5）　スーパーマン，女の子（Th による描画）

よ」と即答しスーパーマン（図5：描画5）を描く。頭部にちょんまげ様のものを有するスーパーマンは毅然とした目をしている。A子は「おらっ何やってんだ，そんなことさせんぞ」と台詞を書き，Th に対して「何か描いて」と求めた。Th は起承転結の結びを任され，一瞬にして緊張が走った。迷いつつも"A子は泣いても甘えてもいいよ"との思いから，スーパーマンに守られる女の子を描いた。A子はすっきりした顔でこの一連の描画を終えた。

　それからA子は立ち上がって黒板に笑顔の女の人を描き，「これだーれだ？」

と聞いてくる。〈えー，誰だろう？〉と言うと，「この部屋にいる人。」とヒントを言うので，〈私？〉と答えるとA子はうなずいた。その後，A子が選んだ絵本「アルプスの少女ハイジ」をThが読み聞かせすることになる。A子は身体をThに密着させ寄りかかりながら聞いていた。少し退行している雰囲気を感じた。

(3)# 3 ：依存と攻撃性の表出

　このころ，小学校の相談室を継続してお借りすることが可能となり，しばらくは同じ場所で継続する見通しができた。Moにもその旨報告したところ，「だいぶ落ち着いてきていると思うが，断続的に登校渋りがあるので，できれば継続してやってほしい。」「A子はカウンセリングの時間がいつも短いと言っていて，楽しいみたいです。」とのことであった。

　この日のA子は，犬のぬいぐるみ「ビグ」を家から持参した。ビグは，くたっとした柔らかい感触のするビーグル犬のぬいぐるみで，A子は小さなカゴの中にビグを入れていた。そして，ビグの首につけた紐をA子が引っぱり，カゴごと廊下をずりずりと引きずりながら，犬の散歩のようにして相談室に入室する。また，定期的に家庭訪問をしてくれる地域の女性警察官からもらったというチャイルドシートの啓発用ぬいぐるみも持参した。

　相談室の床に座ってから，A子はビグを抱っこする。見ると，ビグの前足の先の縫い目がほつれていて，中のビーズが出てくるので，A子はビーズが出てこないように前足のほつれた穴を気にしていじっている。Thは，同じく傷ついているであろうA子とビグとの重なりを連想した。

　この日は描画はせず，A子がThにねだる形で絵本「赤毛のアン」の読み聞かせを行った。A子はThのひざの上に座る形で身体を密着させながら，絵本に集中していた。その後，木のままごとセットでケーキを作る。途中，「学校のトイレ行くの，怖いねん。」〈どうして？〉「テレビでトイレの花子さん，見てな。」〈お化けが出そう？〉「うん。」といったやりとりがあった。

　(#4までの間，Moより2回電話)「最近，A子は感情の波が激しくて…。」A

子は弟とケンカして，テーブルを蹴ったりしたという。また，大声を出して泣いてやんちゃを言ったりすることもあるとのことであった。Mo に対してA子は涙ながらに「私のこと全部受け止めるっていったのに，嘘つき！」「私のおならもうんこも食べれる？」と詰め寄る場面もみられたというが，Mo は受容的に関わっていた。Th から Mo に〈とてもいい関わりをされていますよ〉と伝えると，Mo はホッとした様子であった。またこのとき，Mo から男性全般に対して怒りの感情が湧いたりすること，その一方で夫が精神的に支えてくれていることについて語る中で，性行為に対する Mo 自身のアンビバレントな心境も語られた。

　また，別の日の電話では Mo から「昨日，A子と弟が1時間も風呂の中で遊んでいるので，一緒に叱ってしまった。事件以降，A子に対してはじめて大きな声で叱ってしまったのですが，その後A子は萎縮してしまったようで…。叱ったのは，よくなかったでしょうか？」と尋ねられた。以前は自信を持って子どもを叱ることができたのに，事件後は，そうはいかなくなり，迷いの中で悩んでいる Mo の様子が語られた。Th からは〈悪いことをしたときは叱るのは自然なことですよね。今ならA子を叱っても大丈夫と Mo が直観的に判断されたのかも知れない。それだけ，日常生活に戻ってきている証拠かも知れませんね。〉と伝えると，母も「そういうことなんですね。」と安心した様子であった。

⑷ # 4：治療者イメージの取り入れ

　A子はクリスマスプレゼントにもらったという小型パソコンのような端末を持参する。Th の名前を聞き，A子自身が入力する。ままごと遊びで料理作りをしたり，ミニ卓球をしたりして，遊ぶ。A子は勝ったとき，大きな声を出して喜ぶ姿も見られ，少しずつ回復してきている様子がうかがわれた。現実場面でも，このころからA子は一人で学校に通えるようになっていく。

　この時期に，警察相談施設における相談室を利用することが可能になった。（当時，Th は警察相談施設を有する部署とは違う部署に配属されていたので，警察

図6（箱庭1-1） 動物園と遊ぶところ　　図7（箱庭1-2） 変更後（埋葬からエネルギー源へ）

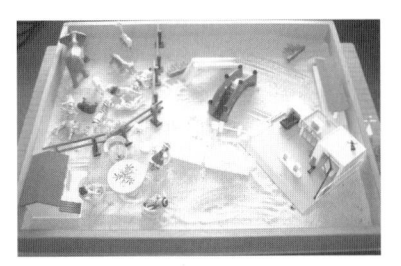

内部での連携・調整も模索の段階にあった。本ケースはThが配属されてまもなく出会ったケースであったため，本ケースの経過と併行して外的な枠も整っていった。）MoとA子に説明し，次回（#5）から警察相談施設にて実施することにした。

(5)#5：埋葬からエネルギー源へ

A子が持参したドラえもんのなぞなぞ本を一緒に読む。クイズを出し合ったりして楽しんだ。A子はドラえもんのことをよく知っている。また，A子の求めにより，A子が持ってきたアドレス帳にThの名前と職場の住所を書き込む。A子がThとのつながりを求め，Thの像を取り込もうとしているのを感じる。

その後，A子は「動物園と，遊ぶとこ作る」と言って，箱庭（図6：箱庭1-1）を作った。A子は箱庭を用いてさまざまな場面（物語）を表現した。（場面1：ブランコに乗っているジャングルの少年に女の子2人が近づき「そこは私のとこよ！」と言うなり，体当たりして男の子をどかせる。）その後の2つの場面は図7：箱庭1-2を参照されたい。（場面2：兵士を墓の下に埋め，「この人死なはった」と語る。その後，墓を取り除き，兵士が埋葬されている上にガソリンスタンドを置き直す。）（場面3：四人家族が円卓を囲んでいた場所を最終的にジャングルの少年と女の子2人が座っている場面に変える。）

Moからは，A子がだいぶ落ち着いてきていることが報告された。登校渋りもなくなり，学校も楽しく通えている。また，習い事にも子ども達だけで通うようになった。外で男の人を見た後に男性器のフラッシュバックが起こるのは

まだあるらしいが，A子も以前のように動揺することがないので，その件については特段，意識しなくて済んでいる，とのことであった。

(6) #6：「送り火」の衝撃

　A子同席の場でMoと話し合い，A子が元気になってきたことを確認し，今回で終結することとした。Moは「A子は一段と落ち着いてきている。初回にThから"これを乗り越えることで家族のつながりを結びつけるきっかけに"と言われ，自分もそう思えた。とてもしんどかったけど，今は私も強くなれた。先日もFaの実父が暴れたり，Faがヘルペスで入院したが，不思議なほど落ちついている」と語った。そのとき，A子が「おじさんなー，あのときなー，いいこと教えてあげるって言わはってん。そんとき変だなーって思ってん。」と被害体験を出来事として自然に話す様子が見られた。Moも「A子は思い出すこともあるようだけど，"いま思い出した"って言ってくれるようになったので，私も"そうか"と聞けるようになった。」と語った。

　それから，A子との最後のプレイを行った。この回では，終始トランプに興じた。A子が「戦争（スピードともいうトランプゲーム）」を提案し，対戦した。A子は数字の並びを無視してカードを場に出したりして，いきいきとズルをしてくる。「私，ズルしてん。（Thに対して）ズルしていいよ。」と言う。それを受けて，Thは少し控えめだがズルをしてみたりして〈ズルしたけど，楽しいね。〉と応える。そうして，A子の連勝のうちに時間が来た。

　終了時間を告げたとき，不意にA子は箱庭の前に立ち，砂を触り，指で大の字を描いた。そして赤い珊瑚のパーツを大の字の上に置いていき，箱庭（図8：箱庭2）を作った。「これ送り火や。この辺に階段があんねん。」と言って，実際の大文字山には，大の字の画の交わる中心辺りに階段があることを教えてくれる。送り火によってA子は被害体験を終わらせようとしているのか？胸が震えるような感動を覚えた。玄関で見送る際，「あ。」とA子のさす先には三日月と宵の明星があった。A子は「星って本当は丸いんだよ。」と教えてくれた。終結から約1カ月後（事件発生から約3カ月後），被疑者が逮捕された。

図 8（箱庭 2） 送り火

（被疑者逮捕後，Th から Mo に電話する。）

　Mo の声は少し沈んでいた。「先日，透視鏡越しに被疑者を見た。どこにでもいるような普通の人だったので，かえってショックで落ち込んだ。A 子は刑事さんに"あの人か？"と聞かれたとき，"ようわからん"と忘れてしまっているようだった。その後も A 子は何事もなかった様に元気にしている。」と語り，A 子の事件にまつわる忘却が報告された。

　Th からメディアを見た旨伝えると，Mo は「DV の描かれ方って女性だけの立場に立ったものが多いけど，男性も苦しんでいるというところは表現されにくい。私はマスコミの方に"被害女性として私を見ないでください。男とか女とかそういう枠を外して見て欲しい。そうでないと解決しないから"と言ったんです。私は闘ってきたんです。だから無力な姿で描かれたくない。」と力強く語った。

　また A 子の様子については「ドラえもんが心の支えのようで，本が大好き。最近も"22 世紀になったらドラえもんに会える"と言って楽しそうにしていた。」と語った。A 子の中でドラえもんが守りの容器として機能し続けているように感じた。

　終結から数年後，Mo より A 子は良好な適応を続けている旨の報告を受けている。

4. 考　察

(1) A子における被暴力体験とそのコンテクスト

　初回面接の母親の語りからわかるように，A子にとって，この事件がはじめて暴力にさらされた体験ではなかった。A子の家庭が暴力を内在させているという文脈を踏まえた上で本事例を理解する必要があるだろう。被暴力体験からの再構成という目標を初回面接で扱えたのは，暴力の問題に向き合い続けてきた母親の存在によるところが大きい。河合俊雄（2000）は，外傷体験から心理学的に解放されることについて「むしろ逆説的に，傷を受け，犠牲となった人が自ら主体的に自分をもう一度傷つけ，犠牲に捧げることで治療の道は開けるのである。」と述べている。暴力という事象に対するこのようなA子一家の向き合い方が，A子の心理的回復に大きく寄与したものと思われる。

(2) 守られた容器の中で

　セラピストの描画をA子が取り入れる形で出現したドラえもん（描画1）は，セラピストとA子との中間領域・変容の器として機能したと思われる。ドラえもんは，日常性の中に息づく素朴な救済者のイメージと言えるかも知れない。被疑者逮捕後もドラえもんはA子の心理的容器として機能し続けた。描画3においてA子はセラピストとの中間領域であるドラえもんに男根を付与する。それを機に，反復・侵入されるだけの外傷記憶が内的イメージとして展開していった。変態と対峙しているときのA子は猛々しい生のエネルギーにあふれていたように感じる。たとえ傷を与える形であったとしても，A子は変態にコミットすることで自己治癒力を賦活させたのではないだろうか。

　また，描画3や箱庭1にも見られる二人の女の子のペアからは，セラピストとの関係性という守りも象徴化を促したのではないかと考えられる。さらに，警察での事例であることからも，被害後早期に危機介入が開始できたこと，A子宅を巡回する警察官や捜査員との連携が可能であったこと等，外的な枠組みが事例のプロセスに大きく関わっている。

(3)変態（魂の注入者・魂の導き手）の変容

　描画3においてヘルメース神を象徴する男根が表現されてから急速にイメージが展開し，スーパーマン（描画5）が生じる。スーパーマンの頭部の突起は奇しくも男根のような形状をしており，下半身から頭部へと上下軸における秩序の組み替えをも連想させる。河合（1998）が「ギリシャの身体観では頭とファルスが魂として冥界に属するものとみなされていた」と述べていることからも，A子の変態とスーパーマンは魂の次元にかかわる対立物の表現であると同時に同一物の表現でもあるかもしれない。さらに河合は「心理療法の世界では，加害者と被害者，犠牲を捧げる人と犠牲に捧げられるもの，傷つけるものと癒すもの，あるいは傷ついたものと癒すものなどは同一である。それらは分裂した2つの実体ではなくて，つながっているものなのである。」と述べている。このことから，ドラえもん〜変態〜スーパーマン〜泣いている女の子という一連のイメージは同一であり，二項対立を飛び越えてつながっていることが示唆される。魂の注入者であり，魂の導き手とされるヘルメース神の影響が及ぶ心理療法において，A子の魂の次元が開け，「存在の飛躍」（河合，1998）といったイニシエーションがもたらされたのではないだろうか。

(4)攻撃性と埋葬

　#3のころからA子は母親に対して依存と攻撃を表現するようになる。#5の箱庭1-1において死した兵士を墓に埋葬する場面は攻撃性の表出であるとも考えられるが，一方でA子が体験した暴力をその暴力がやってきた源である異界に送り帰す作業を示しているとも考えられる。この異界に送る表現の後，A子は箱庭の場面を大きく変化させた（箱庭1-2）。橋の向きが変わり，たちまちに変化が訪れたことが表現され，墓地がガソリンスタンドに置き換わって人の死がガソリンというエネルギー源に転換された。

　また円卓の傍らに置かれた道路標識はこの世の秩序を維持するための装置であり，秩序を維持するロゴスの下に円卓を囲む表現は，A子の家庭における暴力，およびA子の受けた性的暴力を含めたカオスの終息と新たな秩序の顕現を

示しているようにも思われる。

(5)再生儀礼としての送り火

筆者は最終回（#6）の終了間際に表現された送り火に深い感動を覚えた。それは聖なるものとのつながりと，生命力がみなぎる感覚であったように思う。河合隼雄（2000）は「自分が通常に知っている自分を超えた存在のつくりだすものに，自分が主体的にかかわるとき癒しが生じてくる」と述べているが，A子の送り火も同様に捉えられるのではないかと思われる。

送り火は毎年八月一六日夜に行われ，京都に夏の終わりを告げる風物詩であるだけでなく，先祖霊をあの世に送り返す魂祭りでもある。A子によって送り火として表現された穢れと祓いの儀式はイメージの中で達成された。そこからもたらされた再生のイメージは，現実の世界にも影響を与え，A子とA子一家の再生を促したのではないだろうか。

(6)アニムスの癒し

最終回の#6においてA子は被疑者に関する話題を出来事として語ることが可能になっており，さらに，被疑者検挙後のA子には忘却がみられる。河合俊雄（2000）は「アニムスの癒し」として，心的外傷理論に含まれている内面化の否定について指摘し，「おぞましくひどかった外傷体験が自分とは関わりがない，それには何の意味もないと拒否できるような癒しも存在する」と述べている。我々の日常生活における適応の基盤は，このような内面化の否定（スプリット）によって成り立つ側面がある。ここではA子の回復を表す肯定的な側面として捉えられるのではないだろうか。

5. おわりに

A子の母親が最後に語った「被害女性として見ないでください。私は闘ってきたんだから」という力強い言葉は，支援される立場にある人々の生の声であ

り，暴力という人間のもつ生の一側面とラディカルに対峙してきたからこそ発せられる言葉であろう。支援の立場にある我々は真摯に受け止める必要があるし，このような人間の生のもつ力強さを信頼しなければ，そもそも支援などできないのではなかろうか。この言葉は，被害者に対して表面的なヒューマニズムに陥りがちな世の風潮や支援者側の救済者コンプレックスに対する警鐘であるようにも感じる。筆者はこの事例を通して「"被害者であること"からも自由になること」という視点を根底に持っておく必要性について教えられたように思う。

付記：事例の掲載を了承していただいたA子の保護者の方に深く感謝申し上げます。

文献

河合隼雄　2000　心的外傷の癒しの彼岸　河合隼雄・空井健三・山中康裕（編）心的外傷の臨床　臨床心理学大系17　金子書房　pp. 271-281.

河合俊雄　1998　概念の心理療法──物語から弁証法へ　日本評論社

河合俊雄　2000　心的外傷理論の批判的検討　河合隼雄・空井健三・山中康裕（編）心的外傷の臨床　臨床心理学大系17　金子書房　pp. 24-56.

高見友理　2006　「臨床的であること」とは？──警察における犯罪被害者支援カウンセラーの活動から　河合俊雄・岩宮恵子（編）こころの科学　新 臨床心理学入門　日本評論社　pp. 149-154.

第Ⅱ部　事例編

「性犯罪被害を受けた小学生女児の描画・箱庭表現」に対する
コメント
――トラウマとパワー

河合　俊雄

　この事例は，性犯罪被害女児への警察における危機介入である。事件の翌日に支援がはじまっていて，2カ月間の6回の面接で終了している。最近このような形態の心理療法が増えている。元々の心理療法は，問題を感じたクライエントが自主的に訪れてくるものであるけれども，このようにセラピストが派遣され，クライエントがサービスとして心理療法を受けることが行われている。勢いクライエントは受け身になりやすいし，また問題は焦点づけられやすい。けれども震災のこころのケアなどのさまざまな危機介入から，事件や災害そのものに固着するのはあまり治療的でなくて，むしろそこからどのような個別の語りや問題に移っていけるかが心理療法のポイントであることがわかっている。その意味で特化したトラウマワークのようなものに対して筆者は疑問を抱いている。

　このクライエントも，まるで取り調べのように事件について語らねばならないと思っている。それに対して，セラピストはまず絵を描いてもらうことによって自由な場を提供して事件へのこだわりから離れようとし，さらにはセラピスト自らドラえもんを描く。たんに場を提供するだけでは不十分なので，セラピストはこのような行動に出たわけであるけれども，それも舌を出す女の子をクライエントが描いたように，トラウマの方に引っ張られていく。#2の絵においても，女の子のペアが治療関係の成立を示しているものの，トラウマ体験がそのまま描かれ，クライエントが固着していることがわかる。変態に対して，セラピストは〈守ってくれる人はいないの？〉と言わば誘いかけ，クライエントはスーパーマンを描く。このあたりは，ドラえもんというどのような困った状況にも具体的な助けをもたらす存在，さらには守ってくれるスーパーマンと，セラピストが助け，守るというファンタジーで関わっているのがわかり，クラ

イエントはそれに乗っていっている。ただし、クライエントがスーパーマンを，セラピストが守られている女の子を描くように，立場が逆転している点は興味深い。

　それを受けたようにクライエントは強い側に立っていく。だから母親を攻撃し，箱庭に体当たりして男の子をどかせる女の子を置く。箱庭の続きで，兵士を墓の下に埋めた後で，埋められた兵士の上にガソリンスタンドが置かれるのは印象的である。この子は，自分に降りかかってきたおぞましい力に対して，そこから逆に力を得ようとしている。天災や事故に対して，われわれはそれをどのように防ごう，傷からどのように回復しようという癒しのファンタジーを持ちがちである。しかし中世京都の祭りにおいて，人々が悪霊を祓うだけではなくて，そこからパワーを得たように，この子はむしろ自分に降りかかってきた事件からパワーを得ようとしていて，セラピストに与えられたのとはまったく違う道を歩んでいる。

　そして最後の火は本当に印象的である。これは大文字の送り火のように，死者を向こう側に返す火で，自分に降りかかったことを分離できたのかもしれない。またこれは汚れを浄化する火かもしれない。いずれにしろクライエントは元の具体的な事件やトラウマへの固着を離れて，心理学的な次元で大きな仕事を成し遂げたのである。

　事件や災害は，ライフサイクルの課題や，家族の問題などと重なることも多い。この事例にもそのような手がかりはあるけれども，むしろもっと抽象的な次元で心理学的な仕事がなされたという印象の方が強いのである。

4 発達障害が疑われた幼児期女児をもつ母親との心理面接

三宅　理子

1. はじめに

　最近の母親面接においては，母親自身の葛藤や苦悩が語られない事例が少なくない。生活になんらかの困難を抱えていながら，それにはほとんど触れず，淡々と子どもの様子を報告する母親が増えているように感じられる。そのような母親を前にしたときセラピストは，母親の話のどこに焦点を当てていけばいいのか，どのようにサポートすればいいのか戸惑うことが多い。

　本章では，育児支援の現場で出会ったEさんとの5年半の面接過程を報告する。Eさんも家族や子どもとの関係に課題を抱えて来談しながら，それに対する自身の葛藤や想いに言及されることはほとんどなく，ただひたすら子どもの様子を報告されていた。このEさんの面接過程を振り返り，母親面接の意味を考察していきたい。その際，Eさんの語る子どもの姿をEさん自身の内面として理解し，考察を行っていく。母親たちの語る子どもを母親の内面として捉えることは，自身の感情や葛藤を語らなくなっている現代の母親たちへの育児支援のあり方を模索していくことに繋がると考えるからである。

2. 事例の概要

　クライエント　Eさん（30代女性）

家族　面接開始時，夫，3歳8カ月女児Aちゃん，1歳男児B君と夫の両親との6人暮らし（面接経過の途中で女児Cちゃんが誕生）。夫の両親は仕事をもっており，家事はEさんが担当している。夫の両親とは折り合いが悪く，同居はしているもののEさんやAちゃんB君と夫の両親との交流はほとんどない。夫は育児には協力的で，休日には4人でよく遊びに出かけるとのことだった。

　面接までの経緯　長女Aちゃんの3歳児健康診査（この保健センターでは視力検査を確実に行うために3歳半で行っていた）において，Aちゃんに毎晩夜泣きがあること，ウンチを毎晩夜中におむつの中ですることなどから，母の育児疲れを心配した保健師が個別相談があることを紹介し，継続相談に至った。Aちゃんは出生時とくにかわったことはなく，1歳6カ月児健康診査においては発達の面で心配されることはなかったが，当時のカルテには，『不安や恐れ（＋），かんが強い（＋），他への関心・喜び（？）』と記載されている。3歳児健康診査においても発達面での心配はなかった。

　面接構造　原則として月1回，保健センターにて母親面接を筆者が行い，並行してプレイセラピーの理解がある保育士がAちゃんと遊ぶという形をとった。なお，この保健センターにおいては，母子同室で母親面接と子どもの遊びを行うのが一般的であるが，このケースについては別室で行う必要性をとくに感じたため，第7回目から親子別々の部屋で行っている。

　臨床像　派手ではない服装に薄化粧。真面目そうでやや固い表情をされていた。疲れ気味の印象を受けるが，Aちゃんに対して一生懸命関わろうとする姿勢がうかがえた。

3．面接の経過

　5年半の面接過程を5期に分けて報告する。期ごとにはセラピストの印象を，回ごとにはおもにEさんの語りを紹介する。セラピストの発言は〈　〉で記す。

(1) 第1期:「何か」を求められて途方にくれるEさん (#1〜#5:Aちゃん3歳8カ月〜4歳6カ月)

　この時期のEさんは、Aちゃんから何かわからないものを求められて途方に暮れていた。しかし、Aちゃんからの要求にはなんとか応えようとされている姿が印象的であった。

　#1　夜寝ている間にウンチをおむつにするので、おむつを替えて寝かせるが、Aは夜のことは覚えていない。昼間は弟に手がかかっているときに限って、「トイレ」とか「だっこ」とか言うが、手があいたときには、「もういい」と。また、いきなり赤ちゃん言葉でしゃべりだすこともあり、多重人格じゃないかと心配。家では自分と姑の折り合いが悪く、いつもピリピリしており、自分のイライラが子どもに伝わっているように思う（涙）。

　#2　昼間は一人でトイレに行くようになり楽になった。Aが夜にウンチをする際のうなり声でBが夜泣きをする。翌日Aは「ウンチしてた？」と聞く。〈それなら、夜の様子を積極的に二人の話題にしてみてはどうでしょうか。〉Aにしっかり関わるとどんどん時間がとられてしんどい。

　#3　夜、寝ながらきばりはじめたときに「はい、立って」と立ってさせて、おむつを替えた後、「はい、寝ておいで」と歩いて寝にいかせるようにしたところ、翌朝「昨日、ウンチしたね」と言うようになった。「どうしてウンチ夜にするの？」とAに聞くと「楽だし、楽しいから」と答えた。

　この後、4カ月間Aちゃんは保健センター主催の親子のグループ遊びに参加することになり、その期間中はEさんにもその場で様子を聞くことになった。そこで思いがけず第三子を妊娠したことが語られる。この期間の他の話題としては、Aちゃんが一時期幼稚園に行きたがらないことが報告されていた。

　#4　4カ月後個別相談再開。買い物に行くと、「何か買ってー買ってー」と言う。何が欲しいのかははっきりせず、なんとか選んで買ったら一瞬はすごく喜ぶが、次の日にはいらないと弟にあげ、「私のものは全部Bにいく」と拗ねる。「Bにあげなくてもいいのよ」と伝えている。

　#5　週末から第三子出産のため、実家にAとBを連れて帰る予定だがAは

幼稚園を休むことを嫌がり,「じゃあ,こっちに残る?」と言ったところ,大泣きした。

　Aと買い物に関する約束をした。Aが「何か欲しい」と言うときには,物についてはAと約束したとおりに我慢させている。「何かして」と言うときは,手をつなぐことにしている。「(手に)何かのせて」と言うときには,手をのせることにしている。「こんなんいらんわ」と言うが。

(2)第2期:本気でぶつかりはじめたEさん(#6～#12:Aちゃん4歳10カ月～5歳6カ月)

　第三子Cちゃんを出産され,約4カ月ぶりに個別相談を再開した。この時期には,母子の本気の喧嘩が何度も報告された。EさんがAちゃんと本気で向き合いはじめた時期であったように思う。

　#6　Aの好きなもの,やりたいことがはっきりしない。最近激しい親子喧嘩の末,Aを実家に預けたところ「お母さんを見てるとイライラする。言ってることとやってることが違う」と祖母に話していたらしい。

　この報告を受け,次回からは母子別室で,さらに弟と妹を預けてEさんとAちゃん二人で来談してもらうことに相談の形態を変更した。

　#7　前回の相談後,Aがおなかをこわし,ウンチをトイレでするようになったことをきっかけに,夜中のウンチは減った。

　相談形態の変更について,〈相談に来る時間を二人の時間として過ごしてもらえれば〉と伝えると「いざ二人になるとAは何も言わない」とEさん。

　#8　ウンチに自分でいける日が続き,Aも嬉しがっている。最近,Aとの喧嘩の末「ママ,出ていって」と言われ,一旦弟と妹を連れて出て行くと言ったが,「本当にいいのね」と聞くと「どっちでもいい」と答えたので,出ていくのをやめた。また別のときには,Aは「ママのごはんは美味しくない」と生米を3日間食べ続けおなかを下したので,おかゆにし,普通のご飯に戻したこともあった。

　#9　Aは気に入らないことがあるとずっとぐずっていて,半日つぶれる。

自分や大好きな祖母の悪態をつくことも多く、自分で自分を縛ってしまっているように感じる。

　この日、相談後Eさんから電話があり、今日伝えるのを忘れていたがAが自分の名前を略さずに呼んでほしいと言っていると聞く。略した呼び方では誰のことを呼んでいるのかわからない（妹Cと区別できない）と。

　#10　気に入らないことがあると泣き叫び、おさまるまで時間がかかる。昨日は、友だちとのシール交換遊びの約束が学校ごっこに変更になり大泣きした。「Aが楽しくないことが友だちが楽しいこともある」と伝えた。セラピストが事情をよく聞くと、この交換のために一昨日の夜、Eさんと二人で可愛いシールを作ったということだったので、〈せっかく友だちのために準備をしたのにという残念な気持ちも汲み取ってやる必要があるかな〉とEさんに伝えると、「そうか……」とはじめて気付かれた様子。自分が姑を避けるように、Aが友だちとつきあわなくなってはという心配もあり、友だちのことを悪くいうのは避けてきた。

(3) **第3期：内的な戸惑いを語りはじめたEさん（#13〜#19：Aちゃん5歳7カ月〜6歳2カ月）**

　少しEさん自身について語られるようになった。自分の苦手なことや、Aちゃんとつきあうことの大変さを語りながら、それと同時にAちゃんの気持ちを察した発言もみられるようになった時期だった。

　#13　今Aが欲しがっている物は魔法の杖で「それで家事をすると楽だね」と言っている。また、「Aのここでの遊びについて、保育士の先生はどう言っておられますか」と聞かれたので、〈沸きあがってくる感情を大事にするとか、二人のやりとりで遊びが展開していくといいなと保育士と話しています〉と伝えると「私もそういうの苦手です」と。

　#14　Aは褒めると暴れる。不満が爆発するみたい。褒められると、「そうでしょ、Aはこんなに頑張っている」と主張しているよう。Aの言うことやトラブルの経緯がわからないときがあるが、突きつめていくよりAをそっとしてお

く方が楽だと思うことがある。

　#15　週末の楽しい行事の後の落ち込みがひどい。すごく楽しそうに過ごすのに，帰るころには「全然楽しくなかった」などと言う。セラピストが，〈楽しかった時間が終わる寂しさに耐えられなかったり，まだ次を待つことがむずかしいのかな〉と伝えると，「そんな気持ちだったらわかるな」と話される。

　#17　実家からここへ来る途中，電車の中から大きな桜の木を見て，Ａが「きれい」と言った。自分もちょうどそれをきれいだなと思って見ていたところだったので「そうだね」と返した。「親子で同じものを見ているんだなとしみじみ思った」と語られたが，その割には，「そうだね」というＡちゃんへの反応はあっさりしていた。

　#18　前回の相談後，二人でケーキを食べて帰ろうと思ったがお店が混んでいて，買って帰ることを提案したが，Ａが「荷物になる」「Ｂたちが待っているから早く帰ろう」と反対し買わなかった。Ａは帰ってから不機嫌だった。Ａは思っているだろうことと言っていることが違うことが一日に一回ぐらいある。

⑷**第4期：Ｅさん自身の言葉が生まれはじめた時期（#20～#31：Ａちゃん6歳3カ月～7歳6カ月）**

　Ｅさん自身の言葉が生まれ，Ａちゃんに語られるようになり，本当の意味でコミュニケーションが始まったように感じられた時期だった。Ａちゃんは#27の時期から小学生になった。

　#20　Ａは本気で魔法使いになりたいと言っている。魔女の宅急便のキキの「血で飛ぶ」という台詞に，「うちには魔女の血が流れていないかも……」とＡに話した。手製の魔女グッズが作ってあり，Ａがわがままを言ったときは「Ａ，いい子になあれ」と魔法をかけるとＡの方は「お母さん，怒らない怒らない」と魔法をかけ，二人で笑った。うまくいかないときに「あれ，魔法がきかなくなったなあ」というと「本物ちゃうもん」と言い返された。

　#21　ＢがわざとＡの反対の意見を言ってもめることが多いが，ＢがＡに従った途端にＡは「もういい！」という。「本当はしたいんやろ。したいならし

ないと損やで」と優しく声をかけると，けっこうすぐに「うん」と言うようになった。素直になってきた。

#23　Aちゃんの得手不得手の差がかなり大きいように感じられることから実施したK-ABC検査の結果をセラピストから伝える。学習障害の疑いがあるが，苦手な面を得意なところでカバーすることで将来的には十分やっていけると考えられると伝える。小学校の間にできることできないことがはっきりしてくることで，本人が辛くなるかもしれないということ，それを本人が受け入れていく作業が大切であることを伝えた。

#24　午前中に夫婦で来談され，学習障害の可能性について再び話し合う。家でした学習プリントを持参し，弟に比べてミスが多い（自分の名前を書くときに余分な文字を書いたり最後の文字を書き忘れたり，問題を飛ばしたり，鏡文字になったり）と言われた。セラピストからは全体的には能力が高く，できることとできないことの差が大きいため，苦手なことに関して，怠けていると思われたり，周りからの期待に応えられないことに本人が苦しむ可能性について伝えた。午後は母と保健師と就学後の支援をお願いしに小学校へ向かった。道中，Eさんから，夫は学習障害の疑いがあることを聞いて，はじめは「そんなことはない」と怒っていたが，Aにいろいろ試してやっぱり納得することがあり，今日来談されたと聞く。納得してからは，夫はより積極的に自分ができることをするようになったとのことであった。

#25　AのCへの声かけを聞いていると，Aはこんなふうにしてもらいたいんだなと勉強になる。Cが自分（Eさん）に叱られて泣いているときには「いややったな，いややったな」とCの気持ちに寄添い，助けを求めているときには「お姉ちゃんがしたろ」と，よくつきあってくれる。CもAを頼りにしていて，Aがいないときには「Aは幼稚園，Aは幼稚園」と自分に言い聞かせるようにつぶやいている。

#26　今日は，Bが「幼稚園やめたいねん」と行きたがらず，その後のAの声かけで機嫌よく行った（このエピソードについては，遊びの途中にAちゃんからも保育士に「お母さんから，Bが幼稚園いややっていうから何か言ったってって言

われた」と報告があった)。AがBに何を言ったかについては，どう聞いていいかわからないし，二人の秘密でもいいかなとも思う。私，言葉が足らないんですよね。Aは他の二人に比べて，私（Eさん）のこころの動きに敏感に反応し，その後，どう返されるか気になるので，結局何も言えなくなる。また先日，Cが洋服が気に入らないとだだをこねたときには，BがCに何かを言っておさまった。後でBから，「Cに言っといたでお母さん」と言われたが何を言ったのか。きょうだい三人はかばいあう。

　#29　Aは夫（父親）に対してはすごく甘えて，自分に対して以上にぐずぐず言う。夫はAと何かしようと積極的に関わってくれるが，Aのぐずぐずをそのまま受け取ってしまう（嫌だと言われたらすぐやめてしまう）ことで長く続かなくて残念。

　#31　Aに話を突っ込んで聞きすぎると，うまく答えられず泣いてしまうことがあるので，うまく話を聞き出せない。あんまりだだをこねるときには，自分はその場を離れて様子を見ている。私が子どものころ，気持ちの切り替えをするときの自分を，母に見られるのが恥ずかしかったから。

⑸第5期：Aちゃんの作品の共有（#32～#43：Aちゃん7歳7カ月～8歳11カ月）

　Aちゃん担当の保育士の退職に伴い，Aちゃんの遊びは#35で終了することになった。Aちゃんは物を書くのが好きで，弟や妹相手にお話会を開催したり，家の新聞を作ったりしていることが報告された。EさんはAちゃんの作品を通じて，Aちゃんの気持ちを理解しやすくなったように感じられた時期だった。

　#32　学校の先生から作文を褒められることが多い。自分がみても面白いと思う。物を書くのが好きで『Cのために』という絵本を作ったりしている。また，気持ちの切り替えが早く上手になってきているように思う。

　#33　少し前に，机の中から友だちからAに宛てた手紙が出てきたが，どうもそれはA自身が書いたものらしい。夢と現実が区別できていないのかと心配もしているが，自分が手紙を出したのに返事が来なくて寂しかったのかもしれない。

#35　保育士とのお別れのことを学校の宿題の作文に書き，先生からコメントをもらうことによって少しずつ気持ちを整理したようで，そのことから，Aの机の中のいろんな作文は気持ちの整理のためだったのかと納得した。たとえば，班の子たちが掃除を真面目にしなくて怒っていたときは，それについての作文があって，しばらく経って何も言わなくなったなと思ったころには，その子たちにあてた賞状（今日は掃除を頑張りましたね）があった。

#37　Aが土曜参観を夫に「見られたくない」と言い，夫はしょんぼりしていた。本気で来てほしくない気持ちが半分ぐらいありそうだった。大好きなお父さんに家以外の自分を見られるのが嫌なのかもしれない。
　Cは姉や兄から嫌なことを言われても「そんなこと言わんといて」と言いながら笑い飛ばせる。生きていきやすいと思う。また，最近になってBの自己主張が始まった。自分もお母さんと手を繋ぎたいとか。主張が出てきてよかったなと思っている。

#38　Aの得手不得手について，力を抜いている訳ではなくて，できないところがあるんだと知って見守りやすくなった。〈ショックではなかったですか。〉ショックだったけど，この子が好きなことや興味のあることを大事にして生きていくことに支障がないのでいいかなと。

#39　人種差別はなぜおこるのかなど，自分がうまく答えられない質問もするようになった。どうしてやればいいか悩んでいる。詩が好きで，「ここが面白い」と説明してくれ，なるほどと感心させられている。私はあまりそういうのわからなくて。

#41　最近，Aが赤毛のアンを読んで，「友だちがほしい」と泣いた。自分と同じ考えをもった友だちで一緒に図書室に行ける友だちがほしいと言っている。また，「Cはへらへら笑っていいな」と言い，「物事のとり方が違うんじゃない？」と言うと「そっか」と納得したようだった。

#42　友だちについての作文で，他の子どもたちは「一緒に遊ぶ」「手をつなげる」とか書いていたけれど，Aは「こころの友だち，離れていても友だち，久しぶりに会っても友だち，支えあうのが友だち」と書いていた。「お母さん

のこころの友だちってだれ？」と聞かれ，高校時代からの友だちのことを話すと黙って聞いていた。今はノートに1ページずつこころの友だちの名前とタイプを書いている。

#43（最終回） 最近の作品を見せてもらう。「かぞく」の詩は全部消してあり，うっすらと残る文章をみて「まともな人がいないみたい」とＥさんは笑っていた。作品の話から「ＡもＢも家族の絵を描くときにお互いを描かず，二人の描く家族は四人家族になっていた。仲が悪いわけじゃないのに」と話された。
〈Ａちゃんの作家活動は，Ａちゃんにとってとても大事な表現だと思うのでこれからもずっと積極的にさせてあげて，それをお母さんと共有していってください〉と伝え終結とした。

4. 考　察

⑴母親のＥさんに焦点を当てて

　Ａちゃんは幼いころから疳が強く，感情の起伏が激しい子どもであった。母親のＥさんが来談されたきっかけは排泄の問題であったが，徐々に得手不得手の差が大きいことが明らかになり，就学前には心理検査によって学習障害が疑われた。全体的に能力の高い子どもであり，また学校の配慮もあったことから，学校生活に十分適応できたため，その後は他の相談機関にかかることもなく過ごしている。Ａちゃんの感情の起伏の激しさや，母親であるＥさんとのタイミングのあいにくさ，ＥさんのＡちゃんへの関わりにくさをＡちゃんの発達障害の視点から考察することも可能かもしれないが，本章では母親のＥさんに焦点を当てて考察を行いたい。筆者がＥさんに行った支援は，就学前にＥさんとともに小学校に支援をお願いに行くことはあったものの，それ以外はいわゆる心理療法的な関わりであった。

　初回面接から，同居している姑との折り合いの悪さなどが話題に挙がっているにも関わらず，そのことについてＥさんの想いや葛藤が語られることはほとんどなく，5年半に渡る面接の内容はそのほとんどが子どもの話であったのが

印象的であった。Eさんは，子どもに対する自分の想いについても語られることが少なく，セラピストははじめのころはEさん自身が何を考え，何を感じておられるのか摑みにくいという印象を持ちながらお会いしていた。

このように感情や気持ちの動きを表現しないEさんにとって，感受性が強く感情の起伏が激しいAちゃんは，理解しがたく受け入れがたい存在であったに違いない。ひたすら子どもについて語ることによって，Eさんは子どもを自分の中に収めていく作業をされたように感じている。

(2) Aちゃんという他者

Eさんは，自ら「私が姑を避けるように，Aが友だちを避けるようになってはいけないと思って」と語っているように，困難にぶつかったときに，それに挑んでいくよりも，距離をおくという方法をとって生きてきた人だったのではないだろうか。それが，Aちゃんという子どもを前にしたとき，今までの方法ではどうにもならず，途方にくれ，来談されることになったのだと推測される。

「何か」を貪欲に求めて，妥協することなくEさんに働きかけてくるAちゃんは，Eさんにとって強烈な他者であり，この他者とのぶつかりあいが，今までさらっと距離をおくことで困難を処理してきたEさんを自分自身に向き合わせたのではないだろうか。

(3) Aちゃんの表現の器としてのEさん

Aちゃんは豊かなイメージをもった女の子だった。しかし，相談開始時は，Aちゃん自身がその豊かな内面に圧倒され，表現の仕方もわからず戸惑っているようにも見えた。Eさんの来談のきっかけとなったAちゃんの症状は，ウンチを夜中におむつの中にするというものであった。激しいきばり方に，隣で寝ている弟が泣いてしまうほどであったにも関わらず，Aちゃん自身はそのことを翌朝覚えていなかったことを考えると，Aちゃんの表現とAちゃん自身との間には隔たりがあったと考えることも可能だろう。また，Aちゃんが欲しがって買ってもらった玩具を，翌日には自ら弟のB君にあげながら，「Aのものは

全部Bにいく」と言うところからも，自分のすることと自分自身の間にある種の解離があったことが見てとれる。表現と自分自身に繋がりを見つけていくこと，そしてイメージをスムーズに表現する方法を見つけることがAちゃんの課題だったのではないかと筆者は考える。

　母親であるEさんは，Aちゃんの表現や作品についてセラピストに語りながら，Aちゃんの作品の器になっていったのではないだろうか。作品はウンチに始まり，魔法の杖を経て，最後には詩や作文になっていった。ウンチの時点では，母はひたすら世話をしていたのであるが，その世話を通じて，徐々にAちゃんも夜のことを覚えているようになり，ウンチは母と子のあいだで共有できる話題となった。

　次の段階では，EさんとAちゃんの本気のぶつかりあいが始まる。ここまでの本気の喧嘩をしないといけないものかとも思いながら，Aちゃんには母親とぶつかる感覚が，Eさんにも他者と本気でぶつかることが必要な気がして見守っていた。この時期Aちゃんは，自分の名前を略さずに呼んでほしいと，Eさんを通じてセラピストたちに正当な主張をしはじめる。かわりのない「私」を大切に扱ってほしいという訴えであった。また，メインテーマであった夜中のウンチ問題は，Aちゃんがおなかをこわしたことをきっかけに解決した。さらに，母子の食べ物をめぐる喧嘩も，Aちゃんがおなかをこわすことによって和解されたことはとても興味深い。Aちゃんの表現方法が変わることによって，新たな道が開かれることが予感される出来事であった。

　Eさんはぶつかりあいの時期を経て，徐々にAちゃんを前にしたときの戸惑いや難しさなど，自身の内面を語るようになった。視点が母自身のことへと引き戻されはじめた時期であった。そこから，Eさん自身の言葉が生まれ，Aちゃんに語られるようになった。

　EさんとAちゃんの魔法の杖のやりとりは，魔法というファンタジーの共有がなければ成立しないものであり，二人の遊びにセラピストはいたく感激した。二人でファンタジーが共有されたことにより，会話が嚙み合いはじめた印象をもった。

小学校にあがるころにはAちゃんは「作家活動」をはじめ，その表現によって，Eさんはさらにaちゃんのイメージの世界を理解するようになっていく。相談の終わりのころには，Aちゃんの表現は，Eさんや弟や妹に見せる作品と誰かに見せることを目的としない（誰にも見せない）作品とに分かれていく。とくにこの，誰にも見せない作品は，まさにAちゃんの内的作業の結果であり，この作業を通じて，Aちゃんは自分の内面を整理し，自分で収めていったのではないだろうか。ウンチから始まるこの長い過程は，Aちゃんにとっては，自分の内側から溢れるイメージを表現する方法を見つけ自分へと収めていく過程であり，またEさんにとっては，Aちゃんのイメージを共有し理解していく過程であったと考えられる。さらにいえば，Eさんはそれと並行してEさん自身の言葉を生みだす作業もされたように感じている。

⑷表現としての排泄・イメージを抱える器としてのからだ
　篠原（1998）は遺糞症の少年の事例について，彼の内界は「当初より豊富なファンタジーに満ちていた」が，「"自己のファンタジーと豊かにコンタクトしている"というよりも，そのファンタジーに溺れている状態」で，「彼の遺糞症状にもこの逆転現象をみることができる。彼の身体が安心できる容器として機能していないために，内側のものが知らず知らず漏れ出していたのである」と考察している。Aちゃんの症状は漏れるというものとは違い，また面接開始時3歳であったAちゃんの症状を遺糞症状と考えてよいのかどうかは難しいところであるが，Aちゃんの排泄のあり方とイメージの表現の仕方とは密接に関係しているように筆者には感じられた。排泄のあり方としては，はじめは便を自分のコントロールのもとで出すことができず，また，自分の知らないうちに出してしまっていた（出してしまっていた）のが，おなかをこわしたことをきっかけに自ら出せるようになった。それによって，Aちゃんの表現と，表現するAちゃん自身が繋がりはじめ，Aちゃんのからだは適切な表現を行うものとして，さらにイメージをしっかり抱える器としても機能しはじめたように感じている。

(5) 対照的なEさんとAちゃん

　Aちゃんのイメージの豊かさは，Cちゃんへの関わり方についてEさんが語ったエピソードからも理解できる。「AがCにしてやることを見ていると，Aはこんなふうにしてもらいたかったんだなと勉強になる」。これは，Aちゃんが自分がされた体験をCちゃんにしてやっているのではなく，まず先に，気持ちに寄添いつきあうイメージがあって，それを表現していることがわかる。それに比べてEさんは，自分の内面からイメージが湧いてくるというよりも，外で起こる出来事に取り組むことから，イメージを取り入れていくように見え，そういう意味ではAちゃんとEさんは対照的だといえる。また，詩などの面白さをAちゃんが解説してくれることに対して「私はそういうのよくわからなくて」と話されたことからも，Eさんはイメージの理解が苦手であることが予想され，内からイメージが湧いてくるAちゃんを理解することは難しかっただろう。そんなことも，AちゃんがEさんにとって強烈な他者として働いた理由ではなかっただろうか。逆にAちゃんにとってEさんという母親は，けっして悪い母親ではなく，一生懸命自分に関わろうとする良い母親であっただろうが，激しく揺れるこころの内側を響かせあったり，イメージを共有したりすることは難しかったのかもしれない。

(6) Eさんの内面としての子どもたち

　長期に渡る面接過程において，Eさん自身についてはほとんど語られることがなかったことは先に述べた。その理由として，この相談が「育児支援」としてなされているものであるという枠による可能性も否定できないが，これはEさんの特徴によるものと考えることも可能ではないだろうか。

　母親面接において語られる子どもの姿は，あくまでも母親の子どもイメージであると一般的には言われる。しかし，Eさんの場合，Eさんの内面が子どもに投影されているような印象はなく，また，その子どもの話からEさんの内面や気持ちが強く揺さぶられることも少なく，ただ，淡々と日常の子どもの様子が報告されているように見えた。しかし，その子どもの話を通じて，自身の内

面を語っていたと考えることもできるのではないだろうか。Aちゃん，B君，Cちゃん全てをEさんの内面としてとらえてみたい。乱暴な言い方をすれば，Eさんの内面は日常という外にあり，外のこと（子どものこと）を語りながら内面の作業をしていたと考えることはできないだろうか。外の作業を通じて内側の作業をしていたのだとしたら，Aちゃんとのぶつかりあいがあれほど激しくなったのにも納得がいく。外にいる他者であるAちゃんは，Eさんの内なる他者そのものでもあるのだ。もちろんEさんにはそのような自覚や意識は最初から最後までまったくなかったが，そのような内的作業の仕方もあるのではないだろうか。

　面接の後半でよく話題にのぼった三兄弟の話には，Eさん自身があまり登場しないことにセラピストは少し引っかかっていた。Eさんの子どもの話は，AちゃんとB君の関係，AちゃんとCちゃんの関係，B君とCちゃんの関係の話であり，そこにEさんがどう関わっているのかについてはあまり触れられないことに少し物足りなさを感じていたのであるが，この3人が全てEさんの内面を表しているのだとすれば，AちゃんとB君の関係もすべて，Eさんの内面の動きであると考えることができ，かばい合う3人はEさんの内面が動きはじめた結果によると考えられるのである。

(7) Eさんの子どもイメージ

　さらに言えば，AちゃんはEさんにとって理解しにくく関わりにくい子どもイメージであり，B君は理解しやすく関わりやすい子どもイメージであり，Cちゃんはたくましい健康的な子どもイメージであると考えることもできるだろう。また，Cちゃんは相談を開始してから思いがけず授かった子どもであることを考えると，相談の過程においてEさんの内面に新しい何かが生まれたことの現れと考えることも可能かもしれない。

　また，このCちゃんは，Aちゃんにとっても特別な存在であったように思えてならない。先ほど紹介した，Cちゃんを世話するエピソードの他にも，『Cのために』という絵本を制作したり，自分の作品をたびたび読み聞かせていた

ことを考えると，CちゃんはAちゃんにとって，イメージを表現する相手として重要であったように思える。CちゃんもAちゃんの表現の器になっていたのではないだろうか。そして，AちゃんはCちゃんへ語ることを通して，自分自身へも語っていたのではないだろうか。Aちゃんが人には見せない表現を始めたのは，母親であるEさんやCちゃんに聞かせるための，人と共有する作品を表現した後である。EさんやCちゃんという器に受け入れられることを通じて，自分自身が自分のイメージの器としても機能するようになり，人との共有を目的としない作品を生み出すことにつながったのではないだろうか。

　Eさんが面接の後半で語った子どもたちは，母親を助けるイメージであった。Eさんからは，Aちゃんが「魔法の杖があったら家事が楽だよね」と言ったエピソードや，B君が幼稚園に行きたがらなかったときに，Aちゃんが何かを言ってくれて行くことになったエピソード，Cちゃんが洋服について駄々をこねたときにはB君が何かを言ってくれたエピソードが語られた。しかし，B君の幼稚園の一件に関しては，Aちゃんからは「お母さんから何か言ったってと言われて言った」と保育士に報告されており，子どもが自分を助けてくれると報告される背景には，母自身の子どもに助けてもらいたいという想いが重ねられている可能性も大きい。言葉を換えれば，母の内面が外のこととして語られているともいえるだろう。

　面接過程の前半では，Eさんの内面が語られることはほとんどなかった。また，子どもに関してもイメージが語られることはなかった。子どもに助けてもらいたいという気持ちが強くなりすぎてしまうことは危険なことではあるが，それまで子どもに関するイメージをもてずにきたことを考えれば，自分をサポートしてくれるイメージを子どもに対してもてるようになったことは，Eさんにとってはとても大きなことではないだろうか。

　また，面接の最後に，Eさん自身の高校時代の友だちの話がでてきたことはとても興味深い。Aちゃんの「こころの友だち」のテーマは一般的には思春期のテーマであるとも考えられ，Aちゃんの早熟さを改めて感じさせるエピソードであるが，ここでAちゃんはEさん自身の高校時代の話を聞いて納得する。

第Ⅱ部　事例編

子どもとイメージを共有するときには，母親が子どもの話を自分自身の体験に引き戻して想いをめぐらせることが有効なのかもしれない。ただ，このエピソードはEさんから自発的に語られたものではなく，セラピストが〈Aちゃんからお母さんの友だちについて聞かれるかもしれませんね〉と伝えてはじめて「はい，聞かれました」と報告されたのだった。やはりまだ，子どもの話から自分自身の話に意識的に積極的に引き戻して考えることは難しいのだなと，セラピストとしては改めて考えさせられたのであった。

5. おわりに

　従来，母親面接においては，子どもを前にしての母親自身の葛藤や悩みが語られることが多かった。そもそも，出産・育児とは自分とは異なるものを胎内に抱え，それを育み，産みだすことから始まる営みである。産みだした子どもは，自分の分身のような存在でありながら母親とは別の人であることから，母親にとって一番近くの他者であり，母親面接においては，子どもについて語りながらそこに自分の姿を見たり，子どもを通じて無自覚だった自分のある面に気づいていったりする母親に出会うことが多かった。
　しかし最近は，現在の生活になんらかの困難を抱えていながらも，それに対する母親自身の葛藤や悩みが語られないことが多い。また，自分自身の生き方として，母親として生かされる戸惑いや，「私」として十分に個性を活かして生きることができない不満や苛立ちについても表現しない母親が増えているようにも思う。
　このような母親たちに出会うとき，セラピストとしてはどこに焦点を当てて話を聞けばいいのか悩む。どうしても，母の感情が語られることを期待し，子どものことから自分のことへと引き戻して自身について語られることを期待してしまいがちである。しかし，ひたすら日常の出来事を聞くことから母の内面を理解することによって，母親が自分を取り巻く日常を受け入れ，収めていく作業をサポートすることもできるのではないだろうか。セラピストが器となっ

て，母親から報告される日常や子どもの姿を母親の内面として聞くことが重要であることを再認識させられた事例であった。

文献
篠原道夫　1998　遺糞とファンタジーの容器　箱庭療法学研究, 11(1), 25-36.

「発達障害が疑われた幼児期女児をもつ母親との心理面接」に対するコメント
―― 母子の重なりと分離

河合　俊雄

　これは母親面接の事例であるが，子育て支援という枠組みでなされていたこともあって，ほとんどが子どもの話題になっている。3歳8カ月の娘のAちゃんは，毎晩夜泣きがあって，ウンチをおむつの中でする。これは興味深い症状である。基本的に夜尿は，後からぬらした寝具などの世話を母親にさせるように，母子間のつながれなさと無意識的なつながりを示している場合が多く，また圧倒的に男の子の症状である。まず女の子なのに男の子に多い症状を出すということは，この子のむずかしさと特異な世界を示唆している。
　さらにはAちゃんの場合は，夜尿ではなくてウンチで，きばってすることから，夜尿よりも意識に近いと考えられる。つまりつながりたくてつながれない母子の関係は，かなり意識されている。それはAちゃんの母親へのさまざまな要求にも表れている。
　クライエントの母親としてのAちゃんとの関わりはややちぐはぐである。すると子育て支援という枠組みからして，母親の対応が改善されて，母子関係がよくなるということが期待されるが，このセラピーは違う展開を示す。セラピストも考察しているように，Aちゃんは母親にとって異質な存在である。あまり情緒的な機微や駆け引きを理解しない，やや発達障害的な対応に終始する母親や父親と違って，Aちゃんはとても複雑なこころを持っている。親とは感度の違う子どもが生まれると，親子ともにとって大変である。しかしAちゃんには違いだけではなくて，母親と非常に重なっているところがある。この心理療法は最初のちぐはぐな重なりとずれが，いかに離れていてもつながっているあり方になっていくかというプロセスであったと言えよう。まさに「結合と分離の結合」が問題なのである。
　まず重なりとしては，ウンチをきばっていたAちゃんに対して，母親である

クライエントも第三子を妊娠して出産するのが興味深い。またAちゃんの夜のウンチも，下痢をすることによって昼の世界に出てくる。Aちゃんの出そうとしていたものは，昼の世界で実現されていき，その際に身体が重要になる。そして母親を奪い合うライバルであった弟とは違って，新しく生まれた妹に対して，Aちゃんは母親のように接していく。さらにはAちゃんの欲しがっているのは，それがあると家事が楽にできる「魔法の杖」である。そのころ，同じ桜を見て「きれい」と思う。

症状というのがクライエントとセラピストとの間にあるように，それは母子間にもある。ところが魔法の杖になると，それは第三のものとしてそれぞれがうまく使えるようになり，表現できるようになる。「Aいい子になれ」「お母さん，怒らない」と二人は魔法を仲介にしてうまく関わっていると同時に，分離できていくようになる。圧巻は，Aちゃんがお母さんのこころの友だちを尋ね，クライエントが高校時代の友だちのことを話すところである。ここにおいて，Aちゃんもクライエントであるお母さんもそれぞれがこころの中に友だちを持ち，つながりつつも個人として分かれていく。Aちゃんの課題は，自分への手紙などにあるように，チャム的なものだったのだろう。

この心理療法は，Aちゃんをはじめ，子どもたちのことがほぼ中心になっている。けれどもセラピストが考察しているように，子どもたちのことを語ることがクライエントである母親の内面の出来事とも考えられ，あるいは橋本やよいが『母親の心理療法』（橋本，2000）で書いたように全ては母親と子どもの中間領域で起こっていることと考えられるので，母親自身の内面があまり語られなかったとしても，けっして表面的な心理療法ではないのである。

文献
橋本やよい　2000　母親の心理療法——母と水子の物語　日本評論社

5 摂食障害の10代女性との心理面接
　　——背後にある現代の意識

橋本　尚子

1. はじめに

　摂食障害は母子関係や女性性など複数の側面から研究されている。しかしまた，摂食障害は時代につくられた病である側面も有していると言われる。ユング（Jung, 1966）も「神経症は時代の問題と密接に結合しており，個人が自分自身において一般的問題の解決を計ろうとして失敗に終わった試みである」と述べている。本事例では，クライエント（以下，Cl）は過食の後ろにあるものを考えないと駄目と述べたが，その言葉通り，摂食障害そのものというよりも，その背後にある現代の意識について，夢などを通して考えさせられることが多かった。本章では，本事例のプロセスを振り返ることを通して見えてくる現代の意識，そして心理療法のあり方についても考察したい。

2. 事例の概要

　クライエント　18歳　女性
　主訴　過食・嘔吐，リストカット，万引き，飛び降り，不登校（申し込み表記載通り）
　家族　父・母・Cl・弟
　現病歴　過食・嘔吐は16歳からでダイエットがきっかけであった。17歳から

過食がひどくなる。親が過食を見つけ，Cl に問い詰めたことから，衣服の着脱不能，寝たきり，不登校になる。そのため親が Cl を病院へ連れて行き，現在も通院中。母親とは2年間「二人がずたずたになるまで傷つけあった。」「母は心配したらとことん問い詰めてくるので（Cl は）行き場がなくなる。」

3. 面接の経過

週1回50分。2年9カ月の間に計60回の面接。
「　」は Cl の言葉。〈　〉はセラピスト（以下，Th）の言葉。

(1)第1期：自然への憧れ，郷愁 (#1〜#5：X年6月〜8月)

#1　「過食だけが治っても，その後ろにあるものを考えないと駄目と思う。私は過食とか万引きとかもあるから，本にもよく載ってるパターンだと思うけど，そういうふうには思ってほしくない。」この言葉にセラピストは迫力を感じる。好きな本や歌の話から，非常に繊細な感受性と言葉を持っていることがわかる。

#2　箱庭を作る。古い日本的な風景。「こういうのが好き。小さいころ，こういうところに住んでいた。この前そこに旅をした。現在の土地に引っ越して来て以来，いつも前の自然豊かな土地に帰りたいと思っていた。」

#3，#4　「橋の向こうはあの世になってて，そこに行ったら死んだ人が生き返る，そんなつり橋があるところに旅行に行きたい。」Cl はこの数回の面接中よく眠いと言い，面接途中で20分ほど深く眠ることもあった。

#5　夢1　町の中を裸で歩いていて，とても恥ずかしい。早く服を着ないと，と思ってすごく焦っている。（起きてから夢でよかったと思う。幼稚園のときくらいから見ている。今はたまに。よく母の横で寝ているときに見た。）

夢2　小学校2〜3年の女の子と一緒に買い物に行く。いつも同じ店。レターセットや服とか靴まで小さい子も好きそうな物で，でも自分も好きな物がいっぱいある。高級そうな店。長野とか，アメリカみたいなペンション風の建物。

サンリオっぽい物とかもある。その子はなかなかうちとけない。二人ともあまり話をしない。かわいい子で色が白い。その子は何で買い物しないのかなと思う。私は色々ほしい物を買っている。その子は何も買わない。すごくかわいい靴まであって私は買っていた。その店にはいつもその子といる。セピア色の夢。色がない。(この夢は最近繰り返し見る。)

　以後体調不良で休みが続く。

　面接中の眠りや，昔の風景への憧れなど，「あのころはよかった」と言うClは，この時期小さな子どものようでもあった。ここではないどこかへ，幼いころの無邪気な世界や，楽園を求めるというテーマでもあり，現実のつらさとそれらが表裏一体になっていた時期である。休みについてThは，セラピーによる今までのバランスの変化ゆえか，関係性の不十分さなど自問しつつ待つ。3カ月後，こちらから手紙と電話をした翌週にClは来室する。

(2)第2期：無邪気な世界の喪失の予感（#6〜#11：X年11月〜X+1年3月）

　#6,#7　印象がやさしい感じになっている。宇宙の話では，しし座流星群は本当は宇宙のちりである話，犬や子どものきらきらしているのは，大人になるとき失くすものかもなどの言葉から，無邪気で純粋な世界，楽園の喪失の予感をThは思う。

　#8〜#10　病気も含めて自分が生きることは無駄ではないのかというシビアな問いがくりかえされた。現実では，過食により体調を崩し入院となり，1カ月間，来談が途絶える。3月に1度来室した(#11)が体調がよくなれば連絡しますとの電話の後，連絡は途絶える。

　Thはセラピーが機能しているのか自問しつつ，どのタイミングで連絡をとるか大変迷っていたころ，Clが好きと言っていた作家Bを，偶然テレビで見る。それを機にClに連絡をする決意をする。Clの好きな作家の本を読んだこと，偶然その作家をテレビで見たことなど，思い切ってそのまま伝えてみた。どんな人だった？というClの問いにも，Thは思い切って感じたことを素直に言った。この電話でのやりとりは，Th自身，今までの自分のセラピーの姿

勢から大きく踏み出した感があった。しかしこれに応えるように，Clはこの電話の3日後に再来談し，面接再開となる。中断後4カ月が経過していた。

(3) 第3期：身体への気づき（#12～#21：X＋1年7月～11月）

#12 キュウリやトマトがおいしいと語るのも以前にはないことであり，Clの中の自然な身体が回復してきている印象をThは持つ。「Bの小説，人の批判とかしないところも好き，色んなものを受け入れたい。」

#13 「この前，家族でお寺に行って，仏様の下のすごく暗い中に入れるところに入った。外に出たとき，体にふうっと風が入ってくる感じがした。」

#14，#15 「自分と同じ病気の人がわかる。自分でも違うと思おうとするけれど。」〈わかるのは違うからじゃない？〉

#16 「過食をやめてる。」子ども時代の話から，大人になると裏が見えると語る。Thは，無邪気な世界を大人の目から見るClの視点を感じる。お互いの都合で1カ月休み。

#17～#19 「このごろすごく疲れる。緊張する。でも，それも感じないときがあるからましか。自分が人からどう見られているのか気になる。」

#20，#21 Clは，生きているつらさを強く感じている中にも，「このごろ自分の中に，どうしても触れられたくない部分がある。もしその部分を話すときには，きちんとそのことだけ話したい。」と語る。

　この時期，人の目が気になると語られる。これは，自分を見る自分の萌芽であると言える。第1期での子ども時代や，昔の自然への郷愁が変化してきている。身体への気づきのためではないか。ここではないどこかへという郷愁の方向ではなく，また未来の不安でもなく，今ここで感じる私の身体という意味で，身体への気づきは今現在なのであろう。そしてそれらは，「自分の中にどうしても人に触れられたくない部分がある」という内面につながっていく。これは主体の成立につながるものであろう。この時期，主体の成立に先立って，人が自分を見ているというのは，心理的に主体が人にある状態であったと言える。

⑷ 第 4 期：背後にあるプロセスへの気づき（#22〜#31：X＋1年11月〜X＋2年3月）

#22〜#28 「人をバカにしてしまうことがある。冷めた目で見てしまったり。」Th は，以前には過剰に受け入れようとしていたのとは，異なる方向が見え出したように思う。「自分は普通じゃない。人と比べてしんどい方にばかり行っている。」Cl はこのころ，自分を見る自分の意識がより強くなってきた分苦しさも増え，また現実に受験の不安に翻弄され，つらい時期を過ごす。試験は落ち浪人することになる。しかし「卒業式ではいろんな人が，どういう経過でこの学校に来たかという話では泣いた。」という言葉や，険しい山を登った話で，「登りながら，こういうのをやったから意味があるというのじゃなく，頂上へ行くまでとか帰りが大事なのかなと思った。」とプロセスに目がいくようになってきている。

#29〜#31 バイトを始めたり，Cl の強い要望で，母と二人ではじめて旅行に行くなど，今までにない体験がされる。母との関係も大きく変化してきたといえる。バイトや浪人の不安などは，できるかぎり具体的に乗り切る方法を二人で話し合った。

第1期や2期では過去，郷愁が中心であったのに対し，第3期では現在という時間が入り，この第4期では，過去が現在につながってきている。表に出ていることだけでなく，その背後に隠されているプロセスを見ることができつつあるのは，内面や主体ができつつあることとパラレルではないかと思われる。この主体は河合（2009）が言うところの近代的自我であると考えられる。

⑸ 第 5 期：皆と同じ自分と，自分だけの自分（#32〜#38：X＋2年4月〜5月）

この時期，新たな生活が始まり，面接に来る時間がとりにくい中でCl は熱心に通ってくる。

#32〜#33 「整形したい。アイプチで二重にしていたが，人に言われてから自信がなく人の目を見て話せない。」と語るCl に，整形のことはゆっくり一緒に考えることを提案する。

#34 「整形のことを友達に話した。目のことは誰にも言えないと思っていたが，自分は気にしすぎなのかも。」

#35〜#38 「いろんなことで私だけじゃないと思うことが多い。でも過食のことは人に言いたくない。前は誰か助けてと思っていたけど，今はもうそれは思わない。このしんどさは私にしかわからない。だからときどきすごく孤独だなと思う。」整形のことを話し合う中でClは，「整形はアイデンティティに関わると思う。でもそこまで大きいことかな。アイプチとかもしてるし。」一方，不安を整形ですり替えているのかと気持ちが揺れる様子であった。

この時期はバイトを始めたり，予備校に行くことでさまざまな人に出会い，現実に直面することが増える。そのときに生じる思いを，Thは大切にしてほしいと思っていた。第3期，第4期での自分についての語りが，この第5期では，人との関係の中での自分というテーマに移っていく。皆と同じ自分であることと，皆とは違う自分であることの両方を揺れ動きながら，自分を模索していた時期と言える。Thは整形に関して，関係の不十分さによる行動化ではないかと，非常に憂慮しつつ会っていた。

(6)第6期：休めること，内的スペースの成立（#39〜#40：X＋2年7月）

#39 「6月半ば，交通事故で車に飛ばされたが怪我はなし。先週は歯を抜いた。歯は胃酸で溶けたと思っていたが，いたって丈夫と言われた。案外大丈夫だなと思う。前はいつも自分だけ特別と思っていたけど，このごろ普通なのかなと思う。色んなことをしょうがないかと思える。」

#40 面接はClの都合で休みの予定だったが，どうしても行きたいと連絡があり来室する。先週はいっぱい休んだ話に〈休めてよかった。〉「そういえばそう。私は休めなかった。誰でもすごく自然に休憩とかしている。休み方，少しずつわかってきた。」

夢3 ファーストフードのバイト。私が子どもの玩具を入れ忘れて，その親から電話があり，店長が謝罪に行かないといけなくなるが，もう全部片付けた後で，店長に「しっかりしてくれ，仕事増える，帰れない！」とか言われる。

私はすごくキレて,「バカ。それがお前らの仕事だろ!」と言いつつ,シェイクを店長にかけたり,店にばらまく。

　交通事故や,歯を抜く体験は,一つの死の体験とも考えられ,上述の夢とも合わせて,今までにない大きな変化の予感を感じさせるものであった。案外大丈夫という体験や,自分だけ特別という意識から,みんなそうなのだ,しょうがないかと思うようになったというのは新しい意識であり,今までの意識が変化してきているといえる。しょうがないという言葉は,助けを求めて脱出しようと,外側に向かってあがいていた状態から抜けて,ここにとどまる力でもある。夢3では,自分と店長の仕事がはっきり区別され,主張しているところから,主体が,Cl自身の内部に成立しはじめたことを感じさせる。同時に休み方がわかってきたと語る。これは内的なスペースができはじめ,そこにいられるようになりつつあることを感じさせる。このことと,相談室がClにとって意味を持ちはじめた（どうしても行きたい）ことが,同時的であることも意味深い。夏休み,台風などで1カ月休み。

(7) **第7期：隠すことで成立する主体,終結（#41〜#60：X＋2年8月〜X＋3年3月)**

　#41　顔がはれているように思い,訊くと,二重になるようプチ整形をしたと言う。Clは「すっきりした。してよかった。この夏はすごく休んだ気がした。前ほどしんどくはない。」と非常に落ちついていた。整形がClの中にすっと納まったようで,Thの方が取り残されたような気持ちを感じた。以後最終回まで,さまざまな非常に現実的な不安（受験,大学についての経済面での心配など）に対し,具体的なアドバイスを重ねClを支える。そのような現実面とともに,夢が話されることが増えてくる。

　#45　夢4　ファーストフード店でのバイト。シェイクを作る機械の下に部屋があって,そこに男の人が住んでいる。部屋はロフトになっていて,そのロフトのところに男の人はいる。その人は店長が飼っているらしい。店長はすごく悲しそうな顔で「一度そういう生活をすると,もうもとには戻れない。」と

言う。(店長の悲しそうな顔が印象的だった。その男の人は何もしない人で、ご飯も全部店長が世話をしている。)

#46 夢5　ゴリラの着ぐるみを着た男の人が入って来て、私以外の家族を次々に殺していく。私は2階のロフトに身をひそめて見つからないかと、ものすごく怯えながらそれを見ている。(ものすごく怖かった。)

#47 夢6　男女のカップルを守っている。その人たちを、その人たちの母がすごく引きさこうとしている。私は、歩道橋の下にその人たちを隠そうと必死になっている。

#48 夢7　高校生に指導をしないといけない。私は実際的な要領のいいやり方を教える。それはずるいやり方。そのことで同じ指導をする立場の人から、すごくきつく言われる。でも私は自分は間違ってないと思って、机とか、部屋にあるものを色々投げつけたりして、必死に主張している。

#49〜#56　試験が始まる。夢はもうあまり見ないと言い、「試験いや」と言うClに〈でも今年は本当に立派な受験生になったね。〉と去年を振り返る。試験のときのパニック対策を一緒に考える。

#57〜#60　その後Clは希望の大学に合格した。最後の面接で「本当にいろいろ支えてもらった。後は帰省したときに会ってほしい。」Thは自分の妊娠を伝えると、Thの年齢の話にもなり「妊娠とかそんなに先でいいと思うと安心する。」「自分は皆と年齢違うからやっていけるかな。」〈でもすごくいい感じだけど。〉ゆっくりやっていってと伝え、終結となった。

　この時期は、プチ整形の流れを止めることができず、Thは、実際に整形がされたことにショックを感じた。また、整形がClにとって新たな神経症的問題になることも懸念していた。しかしClの中では、すっきりとおさまりその後一切語られなかった。プチ整形前後でThにはほとんどその変化がわからず、周囲の友達も気付かないほどであったので、Clの内的な感覚にとって意味のあるものだったのかもしれない。

　プチ整形後のClの言葉や、この後夢が多く語られるようになることから、整形とは、Clに内的スペースができたことと同時にあったものと捉えられる

のではないだろうか。後に考察で触れたい。その後 Cl は去年とは異なり＜立派な受験生＞になり，試験という苦しみを超えていった。受験はある意味で夢にもあったように，要領よくずるいやり方をきちんとできることで乗り越えられるものでもある。そのことが Cl にとって大きな意味を持つものとして，たんに試験に受かったという現実以上のこころの動きと成長があったことを Th は感じた。過食は回数も随分減ったようであった。最後の言葉から，将来セラピーの支えが必要になるかもしれないと思いつつ，Cl の新しい人生の節目にセラピーは終結となった。その後彼女からの手紙で，元気に大学生活を楽しんでいる様子が伝わってくる。

4. 考　　察

(1) セラピーの構造とセラピストの態度について

　治療構造についてみると前半ではたびたびの中断があった。4カ月という長い2度目の休止期間には，それまでの中断のときのように，たんに待っていると伝えるだけではなく，Th がかなり自分の思いを素直に出した。それを機に Cl は熱心に通ってくるようになった。

　Th のこの態度の持った意味について現在考えているのは，共感，リフレクション，Th の中立性など，Cl の主体性に期待する従来の心理療法のスタンスでは，Cl とはつながれなかったのではないかということである。Th が Cl の語る世界への Th 自身の率直な気持ちをはっきりと明示する形で，やっとカウンセリングが成立する側面があったのではないだろうか。本事例の Cl は，整形について神経症的な葛藤もなく，これはアイデンティティのあり方が従来の近代的な自我とは異なるという見方もできる。そのような新しい意識を持つ Cl に対して，自発的な来談を待つだけでは関係性が成立しにくく，オーソドックスなやり方ではないが，こちらが Cl の問いに主体として何か素直な気持ちを示すことではじめて関係が成立していったのかもしれない。

　また不安についても，不安を抱えさせる形で，そこから本人の主体性が育つ

のを待ち，内面を深めていく形の心理療法とは異なる点であった。現実的な不安については，できるだけ具体的な対処を考えた。不安で動けなくなるよりも，現実で人と出会い，自分をぶつけて確かめていくことが，Clにとって意味を持つと考えたからである。従来は不安への具体的対処をすると，治療は深まらないと考えられていた。ところが本事例では，後半は現実の問題を乗り越えるための非常に具体的な世界と，内面での夢という二つの世界が同時並行的に生じてきた。アドバイスや対処など一見表面的な関わりに見えるものが，Clの内面の成立にも大きく意味をなしたと言える。

　どちらもThが従来とっていた態度から大きく異なるものであったが，現代では従来とは異なる新しい意識が生まれてきている可能性があり，心理療法もそれに応じて変化する必要があるのかもしれない。本事例に限らず，近年学生相談においても，内面よりも現実的な対処を中心に取り組む中で，思いがけず夢や治療的展開が生じるような事例が増えつつある印象をThは持っている。

(2)隠すことで成立する主体について

　インテーク時にClは，「私を，本とかにもよく載っているパターンだと思ってほしくない」と言う。よく載っているパターンとは，個人的な差異が消されていることであると言える。表面に見える私と，表面に見えない隠された私について，Clの小さなときからの反復夢は，街中で裸でいる，つまり隠されていない私であり，服によって隠されることを求めている夢である。差異を求める気持ちと同時に，私であることとは，人と同じ，つまり服を着ている状態であることもまた必要なことであろう。表面に見えているものと，いかに自分がそこから隠され，外に曝されることのない内的スペースを持てるのかというのは，この反復夢と照らし合わせても，Clの大きなテーマであったと言える。それではこのテーマがどのように展開していったのだろうか。

　夢2でClは魅力的な商品を次々に買っている。現代の消費社会では商品が魅力を持ち，人はそれを手にいれたいと願う。主体は商品にあり，物を手に入れる一瞬に主体が手に入る感覚があるのだろう。時代の問題そのものを感じさ

せる点で集合的な夢ともとれるが，一方でまったくそれに関わらない Cl とは正反対の少女がいる。この少女の存在が，Cl が自分を意識する契機になるのだろうか。このペアはほとんど話さずコミュニケーションがない。

　面接の再開後（第3期）は Cl は Th の気持ちを尋ねることがときどきあり，Th はそれに素直に答えた。この態度の意味について，Th の隠された気持ちが Cl の問いによって明るみに出るというのは，逆に隠された内面が Th にあることを Cl が意識する契機にもなり，Cl の内面の成立に関わる仕事を照らし返すものだったのではないかと現在では考えている。

　夢3では人の仕事と自分の仕事をきっちりと分けることができている。このことは，Cl が休めるようになってきたという語りとも呼応し，主体が Cl にあることや，内面の分化を感じさせる。しかしその主体は，まだ相手の態度（店長の文句）によって引き出される瞬間的な主体である。ここでは，Cl は労働者であり，客として店にいた夢2よりも Cl のポジションがはっきりとしてきたと言えるし，二者の関わりは，夢2とは大きく異なる。

　このころ Cl はプチ整形をする。Cl にとって自然な顔は，反復夢が示すような裸の状態に等しかったのかもしれない。そしてプチ整形は服に等しく，隠すものであったのではないか。プチ整形は，外見的にはほとんど変化もわからぬ程度であり，外的なイメージを変えるためというよりも，Cl の内的感覚に意味を持つものであったと考えられることからも，表に見える顔はプチ整形により手を加えられ，自然なものが隠されたことにより，内面というスペースにつながったと考えられないだろうか。

　夢4では外からは見えないところに部屋がある。隠されているものの存在を知る夢である。店長という表の顔（アイデンティティ）と，人には見えないプライベート（あるいは内面）があることや，機械という表に見えるものと，その下にある見えない部屋の対比が面白い。飼われている男は表面の効率的な社会とは正反対の非効率，役に立たないものである。この役に立たない何もしない男は，Cl の一つのテーマでもあった無駄なもののイメージとも重なる。以前には対立する相手であった店長が，ここでは媒介者となっている。Cl は店

長に感情移入しているところから，Clと店長の近さが伺われる。店長という媒介者を介して表に見えるものと，表からは見えない隠されているものの関係，内面ができはじめているとも言える。今までの夢で建物の内部の描写はなかった。ここではロフトという形で，内部ができている。ロフトとは，一つの空間が仕切られることにより層になってはいるが，下の空間と断絶していないので，そこに隠れることもできれば，そこから下を覗くこともできる。だが，階下からは見えにくい内的スペースであると言える。内部の中の差異がロフトの空間である。表に出るものと隠れるものというテーマが，建物と内部，そして内部の中のさらなる差異であるロフトによっても表されているといえる。

夢5で自分と近い存在である家族が殺され，恐怖を感じつつも，同時にそれを隠れて目撃している自分も存在する。ゴリラの着ぐるみを着た男という，圧倒的な他者の出現により，Clは身を隠す。着ぐるみという表面を覆った状態の他者というのも，ある意味，整形などと近いイメージもあり興味深い。Clは，前の夢では店長（隠している）と飼われている男（隠されている）という2つのものを見る存在だったが，ここでは，ロフトに身を潜め，隠れることで自分を守っている。しかし，隠れてしまい出来事から完全に切り離されるのではなく，目撃するという形で出来事に関わっている。これは自分を見る自分の意識であり，そこに主体があると言えるのではないか。なぜなら殺される家族の存在に同一化し直接に守ろうとすると，自分の命もあやぶまれるからであり，隠れて見ることで，自分でありつつも殺される家族でもありうるという二重性，同時性が成立している。ここではロフトはClを守る空間でもある。ロフトの構造自体が，身を隠しつつ全体を見ることを成立させている点で，その構造自体が重要であろう。表面からは見えにくい，隠された主体の居場所がロフトではないだろうか。

夢4では隠されているものを見る者であったし，夢5では自らが隠れる者であり，そして夢6ではClが隠す者となっている。意思的に隠すことを行っており，主体のあり方がより鮮明になっているといえる。母という敵に立ち向かうのではなく，歩道橋の下に隠すというやり方は，直接的な対決ではないある

意味ではずるいやり方ともとれる。隠れることがずるいやり方でもあるのは夢5において，直接男と戦うのではなく，隠れることで自分の身を守るというイメージともつながっており，さらに次の夢にもつながる。

夢7では，Clは，要領のいい，ずるいやり方を高校生に教える。今までの夢では隠す，隠れるをめぐってのClの直接体験であったが，ここではずるいやり方を伝える立場になっている。ずるいやり方とは，正面から立ち向かわないことで自分を守るやり方でもある。ごまかし，騙し，嘘などがずるいという言葉につながるイメージとして連想されるが，いずれも見せかけによって，真実が意図的に隠されているときに使われる言葉である。ここでは，Clにとってそのことが重要な意味を持っていることが，指導者として高校生には教え，かつ同僚には主張するという2つの形でより強調されていることからも言える。

この後Clは受験に集中しはじめ，合格しセラピーは終了となる。隠れることやずるいことは，Clにとって大人になることでもあったのかもしれない。なぜなら，衝動にのっとられるように過食やリストカットをすることは，ある意味で生きるか死ぬかをそのような一瞬の激しい形で行動化することでもあると言え，純粋でずるさがない状態とも言えるからである。また隠れることで主体が成立したことと，逆に立派な受験生という皆と同じ私を生きることや受験勉強を乗り超えていくという普通のことが同時に可能になったとも言える。皆と同じであることや，あるいは同じでないことにこだわる必要がなくなったのは，皆と同じであっても，その背後には差異として隠された主体ができたからかもしれない。

(3)現代の意識と心理療法

岩宮（2009）は「現代では従来のように葛藤や悩みを契機にして深く無意識に入っていくセラピーが難しい事例も増えてきている」とし，「内面での葛藤がもてないがゆえに，すべて外側での重なりをさける」という思春期のあり方について述べている。「皆と同じと思ってほしくない」という外側での重なりを嫌い，衝動的な行動化を繰り返していた本事例のClにも同じことが言える

かもしれない。

　アイデンティティ拡散が普通のことになりつつあるようにも見受けられる時代の中で，自分であることとは，人と同じだけれども違うという，隠された小さな差異を見出していくことの中にあるのかもしれない。その差異のイメージは，遠いあの世や神話的世界ではなく，部屋の中のロフトのような空間が内面にできることなのかもしれない。本事例ではClは，現代的な世界の中で，表面から隠されることのテーマにおいて主体が成立していったと考えられる。あらゆるものが表面化する現代に生きる中で，そこから隠されるものが生み出されることで，主体が成立していくプロセスであったと言える。

　現代は，身体的特徴でさえも自分が望むならば変更可能になってきており，自分の身体や容貌を，変更不可能な本質的なものとしていかに受け入れていくか，それに関連してアイデンティティが構築されていった時代とは異なる側面も有している。Clのプチ整形について当初行動化としか考えられなかったが，むしろThの方がオーソドックスに整形はアイデンティティと深く関わるもの，という考えに捉われていたようにも思える。Clはそうではない側面が現代にはあることを，教えてくれたように現在では考えている。

　"ビフォーアフター無き整形"（谷本，2009）というのが，現代の整形の一つの特徴とも言われる。他者にアピールする変化を得るための整形ではなく，自身の感覚にとって意味を持つ整形のことである。プチ整形や化粧なども，外側を表面的に記号化された外見（二重）に整えることで，逆に自分を隠し，曝されない内的な感覚を得ることともつながっているようにも思える。外見と内面を一致させるための整形というよりも，むしろ意識的に切り離し，自分を隠すことに意味があるのではないだろうか。アイデンティティの問題も，何か自分を支える根本的なものというよりも，外見でも内面でもない漠然とした感覚，他者との微妙な差異のようなものになってきているのかもかもしれない。

　インターネット，コスプレ，整形，ゲーム，コスメなど，恣意的で表面的なものが満ち溢れている現代において，従来と同じ枠組みでは捉えることができない，現代的な意識が生まれてきているのかもしれない。しかし逆に，この時

代に心理療法が持っている強みを考えるならば,恣意的でなくバーチャルでもない,現実の生の出会いにあると言えるのではないか。中立的で白紙のセラピストは,はっきりした自分や内面,主体を持たない Cl にとっては,一つのバーチャルと同じように感じられてしまうのかもしれない。当初 Cl とつながりにくかった理由はそこにあるのかもしれないと現在では考えている。田中 (2009) は発達障害の治療において,「セラピストが主体を Cl にぶつけることが大事」と述べているが,発達障害に限らず,そのような必要がある Cl がいると思われる。本事例でも生きている人として Th が何を感じているのかが Cl に示されることによって,Cl 自身も,内的に何かを感じる主体であることが成立していったと言える。

　武野 (2010) は現代の若い世代について「従来の精神療法のシステム,すなわちしっかりした自我をもっていることを前提としたシステムでは立ち行かなくなりつつある」と述べている。このような現代の状況を考えるとき,ユング (Jung, 1954) の言葉「一人の人間は一つの心的な体系であり,それは他人に働きかけると相手の心的な体系との間に相互作用を引き起こす」は,改めて深い意味を感じさせる。Cl のみが変化するのではなく,Th もまた Cl によって変化させられていくのであり,その結果 Th のよって立つ心理療法のあり方自体も,必然的に変化していく側面もあると言えるだろう。セラピスト自身が従来の型を踏まえた上で,あえてそこにとらわれず,目の前の事象に開かれていくことが大切なことであると思われる。

　付記:本章の内容は,橋本 (2011) をもとに加筆修正したものである。

文献
橋本尚子　2011　ある摂食障害の事例にみられる現代の意識と心理療法の課題　箱庭療法学研究, **24**(1), 5-18.
岩宮恵子　2009　フツーの子の思春期　岩波書店
Jung, C. G.　1954　*Principles of Practical Psychotherapy. CW16.* Routledge.
Jung, C. G.　1966　*On the Psychology of the Unconscious. CW7.* Routledge.

河合俊雄　2009　対人恐怖から発達障害まで――主体性確立の躓きの歴史　臨床心理学, **9**(5), 685-690.
武野俊弥　2010　ユング心理学を診療に生かす　臨床精神医学, **39**(1), 51-58.
田中康裕　2009　成人の発達障害の心理療法　伊藤良子・角野善宏・大山泰宏（編）「発達障害」と心理臨床　創元社　pp. 184-200.
谷本奈穂　2009　美容整形と化粧の社会学　新曜社

「摂食障害の10代女性との心理面接」に対するコメント
── グラデーションとしての意識とパラレルワールド

河合　俊雄

　このクライエントの問題は，摂食障害だけではなくてリストカット，万引きなどさまざまな行動化があって，なかなかむずかしそうである。ところが初回にクライエントは「過食だけが治っても，その後ろにあるものを考えないと駄目と思う」と言う。これだけの行動化と心理療法的に掘り下げようという意識はまるで対極のようである。

　このような意識の幅の広さがこのクライエントの特徴であると思われる。一方でプチ整形に見られるような表面の強調や，心理療法で話題になることが直接的で具体的なことなど，非常に現代の意識を体現しているところがある。夢2における消費社会の描写も，現代における意識や行動のあり方を的確に示している。ところが夢1の裸で町の中を歩いていて恥ずかしいというのは，近代意識に典型的な自意識の問題を示唆しているのではなかろうか。さらには#13でのお寺における体にふうっと風が入ってくる感じなど，このクライエントにはこの世を超える次元の存在したプレモダンの世界も彷彿させられる。つまり意識のグラデーションが非常に広いのである。

　それはこのクライエントの特徴であると同時に，拙著『村上春樹の「物語」』（河合，2011）で試みたように，プレモダンからポストモダンに至るまで非常に広いグラデーションを持っている日本における現代の意識全般に通じることかもしれないのである。それはまた，一般的であることと個人であることとの関係というこのクライエントの課題にも関連してくる。

　このクライエントは心理療法を深めようと思っているにも関わらず，セラピストが素直な気持ちを表明したり，不安についての具体的な対処を一緒に考えたりすることが必要なようであった。これは内面化のむずかしい発達障害の心理療法への対処について言われていることであるけれども，どうも最近のクラ

イエントは従来のオーソドックスな心理療法的スタンスではむずかしいように思われ，発達障害でなくても，このような関わりが求められるようである。ただしこのクライエントの場合は，具体的なことの対処を相談したり，セラピストが気持ちをストレートに表現したりすると，それの裏側ができてくる。つまり表面的なやり取りに終始するだけではなくて，そのことによってクライエントが同時にいわば内面を深め，形成していくことができるようなのである。

　同じようにして，プチ整形をしたり，夢でゴリラの着ぐるみを着た男の人が入ってきたりなど，表面を作っていくと，内面や隠されたものができてくる。夢でのロフトになっている部屋や，歩道橋の下にカップルを隠そうとするところは，このクライエントにできてきた内面や隠された領域を示しているように思われるのである。

　このように見ていくと，このクライエントにおける意識は，これまでの内面化や自意識とは異なるようでも，やはりある種の内面化を避けて通れないように思われる。また表面的なところと内面の同時進行も興味深い。それは夢2においてすでに示唆されているように思われ，作り出される欲望に従っていくようなあり方と，それに与しないあり方が並行して存在するような二人の少女が登場する夢は，表面に合わせていくのと，それには乗らずに独自の個性を隠してキープするのが，ある意味でパラレルワールドのように並存していく世界を示唆しているようなのである。それはこのクライエントの特徴なのか，それとも現代の意識全般を指しているのかを確かめるのは今後の課題であろうが，いずれにせよこのセラピーは現代の意識について示唆するところが大きい。

文献
河合俊雄　2011　村上春樹の「物語」　新潮社

6 摂食障害を抱え，自分らしく生きる基盤を模索した10代のクライエントとの心理面接

桑原　晴子

1. はじめに

　本事例は過食嘔吐を抱え，将来のことを考えたいとの主訴で来談したAさんとの面接プロセスである。心理臨床に携わったころの筆者に，性を含め身体性を抱えて生きる人間の根源的テーマについて多くを教えてくれた出会いであり，今回プロセスを振り返る機会をいただいたことを大切にしたいと思う。なおプライバシー保護のため，具体的な情報を最小限に記述している。

2. 事例の概要

　クライエント　　Aさん　16歳（インテーク面接時休学中）
　主訴　「体に関して過剰に気にしている」（初診時）「過食嘔吐が止まらない。将来のことを考えたい」（インテーク時）
　家族　40代の会社員の父と主婦の母（以下，Mo），長女で下にきょうだいが二人いる。
　現症歴・問題歴　中3の終わりに体毛の濃さへのこだわりを主訴に受診。小5から気になりだした。小6から中2まで海外に。進学校に入学後，高1の9月より過食嘔吐が始まる。勉強が大変なのと，やせたくて深夜遅くまで勉強していたが，いらいらし，食べて戻すとすっきりして勉強できる。投薬あり。

6 摂食障害を抱え，自分らしく生きる基盤を模索した10代のクライエントとの心理面接

面接までの経過 X－1年9月，筆者（セラピスト：以下，Th）が心理査定を担当する。「体のことで来ている」。表情がなく早口で話し続けられる姿がとても苦しそうでこころに残る。時間内に終わらず，時間を再設定。2回目「過食嘔吐がひどくてしんどい。食べることばかり考えて学校へ行きたくない。不登校。なぜ学校に行きにくいのかもう少し考えていこうと思い，今休んでいる」と語られる。カロリーなどを細かな字でびっしり書いたノートを見せてくれる。Aさん自ら心理療法を希望，別担当者との面接が始まる。終結し，5ヵ月後再開の希望があるが，前任者退職に伴いThがお会いすることに。

3. 面接の経過

以下，〈 〉はThの言葉。

#1（X年5月） 過食嘔吐は最初きれいになりたくてダイエットから。高校は勉強が大変，いらいらし食べ物のことばかり考えているうちに，勉強が手につかなくなり，過食。太るのが怖く，本で読んだことをきっかけに吐くのを始め，止まらなくなった。食べると罪悪感，落ち込む。今「退行してるの」。（急に幼い話し方）お母さんがどう思うかを一番気にかけてる。悪い子と思ってるかと思うと悲しくなる（涙）。1週間前から不安定。ネットで知り合った男性と会う話。将来も不安。いつもお母さんの傍にいたい。お母さんは，Aは小さなころからいい子で甘えない子で，今赤ちゃん返りして取り戻そうとしてるって。ここでは将来どうするのか考えたい。

外見印象：すらりとしてどこかなまめかしさがある。一方で顔は童顔で，そのギャップが印象的。前半のしっかりしたイメージと一転して，後半は幼い女の子の口調。何かを必死に言葉で埋めようとしているよう。あまり目を合わさず話すが，時折ぱっと合わせる目の力強い鋭い光が印象的。

見立て：不安に対する強迫的護りとしての過食嘔吐。性を含めた身体性をいかに引き受け，主体として生きる基盤を見出していくか。

#2 セックスしたい気持ちが高まってる。お母さん，今は無理しなくてい

いというときもあれば，勉強した方がいいと言うときもあって，混乱。どっちがほんとのお母さんなのかわからなくなる。「今日はストレッチしてもいいですか？」席に戻り，Thの腕を見て，「先生，毛薄くていいですね」。体毛が濃いことがどうしようもなく気になって。小5から。少年みたいな肌が理想。箱庭への関心。「今自分がどういう状態なのか摑めるかなと」。

#3　ネットではじめて出会った男性Bと関係を持つ。セックスしてみたかった。すごく冷静に見てる自分。何も感じない。〈突然でびっくり。その人のこと，好きなの？〉（へ？という表情）好き，というのではないと思うけど，悪い人じゃないし。〈カウンセリングを始めたころは気持ちが動く。大事なことだから，慎重に〉今自分の中のセクシャリティ（sexuality）がわからなくなっている。中学から自分は男ではと思うときがある。男の子になりたい。ダイエットも，憧れていた男の子に近づきたかったから。

#4　別の高校に見学に行きそのまま受験。Bと別れ，別の男性Cと会う。〈うーん……その人に会いに行ったの，Bと別れたこと，さびしかったのかなぁ……〉……とにかく一人でいたくなくて，誰かと一緒にいたかった。（振り切るように）「箱庭作りたい！」

箱庭①　中央部分を柵で長方形に囲み，芝生を敷き，ピンクの豚2匹，白茶の牛2匹を右上方向に向け，また羊2匹を左上方向に向けて並べて置く。上部の柵の外に小さな並木。「牧場」。「見ていると落ち着くし。緑が好き」。印象：箱庭に好きなもの，落ち着けるものをまず置くのはAさんの力でもあり，それだけ強い守りが必要だということでもある。柵を囲む大きな空白部分が目立つが，柵は開いている。ペアのテーマが大切なよう。

#5　「眠い」を連発し，机の上でごろごろ。ジェンダー，セクシャリティ・マイノリティへの関心について話す。

#6　あまりに忙しくて，自分の時間が持てない。（話にまとまりがなく，気が散る様子。）

#7　（学校行事で休みの予定の日に来談）今日パニック状態。試験勉強で疲れ，暴れた。でもできるだけのことをやればいいや，と思うように。人にかまって

ほしくて暴れた。不安になると，誰かに何とかしてほしくて。お母さんと，それを自分で少しずつ収められるようになることが必要と話し合った。でもそれが見つからない。〈気づいたことは大きな一歩〉。

#8　（表情明るく，口調も落ち着いている）海外の体験。日本は皆と一緒ということが求められるけど，向こうは自由。自分に合う土地ってあると実感。ネットの男友達の誘い，今自分は揺れやすいときなので断って，関係を切っている。〈自分が今は揺れやすいとしっかりつかんで，断れたのは大きなこと〉（うなずき，笑顔）。将来の自立について話す。家にいたらいつまでも子ども。

#9　小5のとき強迫（手洗い・確認）と家庭内暴力で病院，カウンセリングも数回。小6から中2まで海外に。症状はその前にまったくなくなった。現地校はおもしろかった。将来の仕事，何か教育系，性教育やりたい。

#10　最近ときどき，前みたいにバーっと食べたいときもあるけど，太るのは嫌だし，吐くのも嫌だからしてない。食べるのストレス発散方法みたい。でも罪悪感が強くなるから，今はしない方が自分にとってはいい。（沈黙後面接終了まで10分ほど熟睡）「うわ，夢見てた」。

#11　ネットで知り合ったDとセックス。〈今のAちゃんにとって，セックスがどんな意味を持っているのかなぁ……〉さびしいからかな……。自分の中にぽっかり穴が開いていて，それを埋めようとしている。すごく大きい，ぽっかり暗い穴，それを見ちゃうと，セックスで埋めようとする。〈セックスで少し埋まる感じかなぁ〉……（沈黙）埋まらない。でもセックスしてると，自分が必要とされてると思うし。ときどきどうしようもなくさびしくて，セックスでやさしくしてもらう……。誰かに触れられて，包み込んでほしい。そうしたら安心する。〈将来性教育したいと言ってたね〉（ハッと）セックスのこと，自分が教えたいと思っていたことと，今やっていること違う。自信がない。自分は必要とされているのか。その不安，セックスで埋めようとしているのかも（長い沈黙）。

#12　男の子になりたい気持ちは，摂食障害の女性であることの拒否みたいなところから来る気がする。性的に惹かれる男性像は，大きくて男らしい，ど

っしりしている人。でも自分がなりたいと思う少年のイメージは，ほっそりとして軽くて，中性的。自分は女性だと思うときと，自分は少年ではと思うときがある。現実に男になりたいのは薄れて，自分は自分のままでいい。以前過食でしんどかったときは，自分は女性だからもっと女性的な服を着なければとか，逆になんで自分は胸がこんなにあって，憧れの少年みたいにほっそりしてないのかとか，自分でしばっていたところがあるけれど，今は自分は自分。こういういろんなことは，男と女という二分化された概念からくるものなのかも。

#13，#14 話が早口に次々と飛び，だんだん実感のこもらない言葉だけ羅列され，浮遊している感じに。言葉と実感，からだが遊離している印象を受け，箱庭に誘う。

箱庭② すぐ右奥から中央へむけ，ピンク豚の親2匹の後ろに子豚2匹を並べて置く。右手前に針葉樹の森，前回はぽんぽんと表面に置くだけだったのが，そっと指先で砂に触れ，木の根元が隠れるように薄く砂をかける。右奥に牛2匹を置き，柵は右上部を広く，ゆるやかな曲線を描くように囲む。手を広げた女性を，柵の入り口近くに，豚たちに向き合う形で置く。「この女の人，何か持っていたみたいだけど，何を持っていたんだろう」。左上に大きな家を置くが「この家はちょっと近代的過ぎ」と取り除く。代わりに木製の家を二つ。農作業で働いている人たちを4人置く。「ここ（柵の中）は，本当はこれ（芝生）が敷き詰められていることにして」。最後に子豚の後ろにピンクと黒色のまだら豚を2匹置き，「これ，2つの色の組み合わせが変。これ，豚だよね」「テーマは牧場」「この農場でみんな働いている」。（二人で腰を落とし，近くで見ると，生き生きとした印象）。「これ（左の男性がスキで積み重ねている草）は緑だけど，本当は干草。この家はこの人たちの家。ちょっと小さいかもしれないけれど」。二人でじっくり眺める。印象：空間が広がり，動きが出てきた。大地のにおいが感じられる。（＊翌週本人より電話あり，キャンセル。）

#15 筆談することを求め，一人称を「僕」に。中性的な名前を書き，「It's me」。過食嘔吐の体験と「さむいっていうけどさむいんじゃない，でもさむい」感覚を語る。「本来お母さんが必要なのかもしれないけど，それはいや。

他の人がいい」。終了間際Thのしつこい言葉に、「うるさいわ、おばちゃんー(怒り。ぎざぎざに力をこめ書き伸ばす)。最後は口頭で「帰ります！」

#16 箱庭③「こんなに砂って深かったっけ？」中心に赤い机をダイナミックに置く。机の上に白い灯籠。その周りに赤いレールでぐるりと囲む。赤い机をとる。「色が悪いな」。赤い自転車を左の円周の中心に。「おおっ」とうれしそう。白い恐竜の骸骨を右中央部に、中心の灯籠に向けて置く。中心の灯籠とエッフェル塔を何度も交換し、顔を近づけてじっくり見て、エッフェル塔に。円状のレールの上に、雪だるまを3体乗せる。左手前に向けていた自転車が倒れ、レールに乗せようと試みるが、うまくいかず、左奥に向ける。印象：色のコントラストが鮮やか。中心の垂直に立つ塔の高さ、直線性と、それを囲む水平の円環の組合せが印象的。骸骨恐竜は脅かす存在でもあるが、どことなくユーモラスで、動きをもたらしているよう。

(二人で床に座り話)。家のリビングでの様子を図示しながら見せてくれる。(＊翌週キャンセル)

#17 将来の専攻、仕事の話。性教育しんどいかなと。自分の性格を考えると人付き合いが多すぎない方がいい。「ねむい」とごろごろしている内に熟睡(30分程)。

#18 箱庭④針葉樹をたくさん左上の領域に置き、キリン2匹を倒して砂に埋める。馬2頭。猫を手に取るが棚に戻す。カンガルー2匹。全て水平に倒して置く。猫を手に取り、愛着を持って眺め、立てて置く。箱の右手前角からが正面で、左奥に向かっての対角線を中心軸として見る作品。印象：奥へバーっと開けていく拡がりが印象的。死、静寂、ネコが生の印象。

箱庭後「今日も絵を描こう」。漢字しりとりをし、Thができないと簡単な問題に変えてくれる。二人で声を合わせて笑う。(＊翌週キャンセル)

#19 (表情やや硬い)ときどきイライラ。何か特定の事態を対象に怒っているのではなくて、溜めに溜め込んだものが吹き出す。吐くの、甘えている。人に頼りたくて、甘えたくて、ネットの人に会うのもそれでだと思う。

箱庭⑤ 中心に二人のピエロを並べ、その横から背後に8つの標識。最後に怒

っている大きな赤ちゃんをピエロと標識の中心に置く。砂を触る。その後学校のことなど話しながら何気なく砂に手を触れ，その後全てのアイテムを箱の砂の深さを確かめるように，ぐっと押し込んでいく。この回はじめて箱庭を片付けずに終了。印象：哀しみを抱えながらおどけるピエロも，怒った赤ちゃんもAさんの一側面のよう。砂の手ごたえ，半分見えないものが大切なのだろう。

　ここでだらだら話しているの，意味あるのかと。今は愚痴を言いに来てる。でも周りの人に何とかしてと言うばかりじゃなく，もっと自分で問題意識持たないといけない。（＊翌週キャンセル）

　#20　Moと摂食障害の自助グループへ。当てはまるところあるからイライラ。そういうのでは，ここもここも治していかないとと思って，そんなんばっかりで嫌になってしまう。Moに言われた言葉から喧嘩。Moが"そう"と言うまで，「私のことこう思ってるでしょ」とネガティブなことを言い続けてしまう。でも実際肯定されるのも嫌。疑心暗鬼。高校を辞めるときの先生の言葉について「先生の言葉も間違っているし，一体何を信じたらいいの，と思う。全部信じられないし，ネガティブに考える」。

　#21　太ることの恐怖。太っていると性的対象として嫌なのではと。付き合うというのはどういうことかわからない。近親相姦的なものの怖さ。中学のとき，ロミオとジュリエットを見て，父親が威圧的で結婚を言いつけ，母がそれに従い，ジュリエットが泣き叫ぶ場面で，ジュリエットが父親にレイプされているみたいで怖かった。将来の不安，日本社会の矛盾，老後の不安（年金・老人医療）など，話が大きくなるにつれ早口に。「どうなるの……。わからなくなった（ボロボロ涙）」。〈すごく先まで考えて，不安が大きくなってわからなくなっている感じがする〉（うなずきふっと落ち着く）。

　#22〜#24　X＋1年　課題のエッセイの内容をThに話しつつ，内容を組み立てていく。私，人前で泣くこと嫌だったけど，前回みたいにぽろぽろって泣くのは，汚くないし，いいなぁと思った。

　#25　最近女としての自分に自信はないが，容姿は気にならなくなった。前は，女としての自分のかわいいとこが気に入ってたけれど，今はシンプルな自

分でいいと思う。自分の性格について。Posiのときは積極的，決断力もあって，男性的な面が強いけど，Negaなときはまったくなくなる。自分はまじめで，気分の波が激しい性格。今は学校に支えられて自信。

#26 （ノートの文章）「言葉にならない叫び，不安を吐き出そうとして，あごが外れるくらい口をあけてもそれは出ない。それが私をコントロールしている。今は過食なくなって，食べ物に走らなくていい分，壊れている。その不安を出そうと泣いているとき，（食物）吐き出そうとしているのと似ている」。自分の中の「でこちゃんペタン」（依存感情）について。大人の男の人の中にも「でこちゃん」的なものがあるというのが安心できる。（学校でのエピソードから）弱いのは自分だけじゃない，みな弱さを抱えて生きていると思った。男か女かは問題じゃない。ジェンダーは，それぞれの人が自分で決めるもの，自分は男でも女でもどちらでもない，無性の存在として生きていこうと思う。Thの退職を伝える。

#27 最近「オレ」を使う。どうしても周りから女性として規定されるので，「女性ではない」と主張するためには，両極の「男を強調する形になってしまう」。トランスジェンダーの人，性を超えているようで，じつはステレオタイプを増やしているだけという面もある。オレは本当は男にはなれないとわかっているし，男になりたいわけではない。中学のときは少年になりたくて，でもなれないとわかってから，女として完璧を目指したり。でも今は男でも女でもない私。せっかく男でも女でもない自分として生きようと思っているのに，外から規定されてしまう。

#28 いつまでもちっちゃな子でいたい（床にべったり寝て，からだを丸め胎児のよう）。でもどうやったらそこから成長できるんだろう。本で過食症の原因は女性性とか大人になることの拒否と。多くの人は一旦赤ちゃん返りをして，家族との間でそれをやるって。でもそれは違う，大きくなった今，赤ちゃん返りしたって。それに今の時代家族にその役割は難しい。かならず女性性の問題と決め付けるのはおかしい。

#29 無性でいたい自分，でも所属欲がある。両性は両方やらなくちゃみた

いなニュアンスがいやで，中性もどっちも半分はやるべきみたいで，一番いいのは無性だけど，男でもなく，女でもないというか，どっちもしてもいけないと考えて，訳わからなくなる。だから第3の自分たちの一人一人の「fusionity」が一番いい。

#30 トランスジェンダーの人と会い，自分は男になりたいわけではないことがはっきりわかった。男性でもなく，女性でもない，自分自身として生きる。それを自分の立場としてはっきり持っておこうと思う。後半ずっと鼻歌。「歌歌っていると，気持ちが落ち着く。最近でこちゃんが出ると，家でずっと歌ってる。そしたらなんとなく気持ちよくて，でこちゃん収まる」。

#31 （鼻歌を歌いながら，体育座り。後ろの箱庭の砂をかき混ぜつつ話。指でかき混ぜていたのが，段々箱全体へ広がり，手の平全体，そして腕を大きく使って大地をならしていく。静かに立ち上がって箱庭に向かう）。

箱庭⑥ 何度も砂をかき混ぜ，時間をかけ山を作っていく。砂の感触を確かめるように，山を大きく。その周囲に，上中心部からぐるりと放射状に丁寧に11本の針葉樹を置いていく（木を水平に，樹冠の先を外に向け，根を山の外周に沿わせ，円を描くように置く）。山の頂上に手の平を何度かそっと乗せ，平らにする。その中心に緑のタツノオトシゴ。「できた。これ本当はピンクのがあったらいい。」続いて，下部中心から，木を左右の両端に交互に分けるように，垂直に立てて置いていく。円が開かれていく（右に6本，左に5本）。タツノオトシゴを手に持ち，山を少しずつ崩し，なだらかに平地にならしていく。タツノオトシゴを中心におき，「砂漠の中で寝ている。暑いんじゃなくて，ぽかぽかしたとこ」。次に，左右上部から交互に木を取り，その木を上部中心から左回りに，求心的な渦ができるように円状に並べていく。二人で沈黙の中眺め，「終わり」。

4. 考　察

(1)性という身体性を生きること

　Aさんが心理療法の場を訪れる契機は過食嘔吐であるが，面接の場で症状について語られるのは時折で，#2に突然性への関心が語られて以降，性を含む身体をいかに自らのものとして引き受けるかが中心的なテーマであったように思われる。性が芽生える小5から強迫症状があり，コントロールできないものに対するAさんの不安の強さがうかがわれる。強迫症状は海外生活の間は影を潜めているが，帰国後体毛への強いこだわり，嫌悪感として再度現れている。異国では現実適応が優先され，性という自我のコントロールを越えた力とどう折り合いをつけていくかというこころの作業が保留されたとも考えられるし，#8で語られたように，異質さを認められる異国がAさんにとっては，ありのままでいられる居場所であり，異質なものを内に含みこんだ存在としての自らに向き合う不安から一時的に解放されたのかもしれない。そして性に関することだけでなく，つねに同質性を求められる日本文化に戻ってきたとき，その文化の中で生きる異和感，生きにくさが，本来生きる基盤である自らの身体に対する否定という形で表現され，心理療法を自発的に求める契機となったものと思われる。

　性を巡ってのAさんの行動は，性，そして身体を通じて「自分らしさとは何か」と問い，自らの存在そのものの基盤を確かめ，新たな自分を模索していくプロセスであったと言えよう。当初筆者自身が，Aさんが「思春期」「女子」であるという既存の固定観念にとらわれ，その危うさを危惧したように，このような行動は，たとえば言語化を重視する立場からは，衝動の抱えられなさなどの観点から「性的行動化」として否定的に論じられがちである。しかし，Aさんの場合，その時々に必要なこころの作業を，実際に行動・行為するレベルと，イメージのレベルの双方で同時並行的に行っており，それがAさんの主体が生成していくプロセスとして，大切な意味を持っていたように思われる。外に出て，セクシャリティという視点から自分のあり方を確かめるために，既存

の表面的な倫理とは別個に，独自の意図に基づいて他者と出会うために実際に行動する。そしてその体験を面接の場で語り，自分自身について内省（introspect）する作業を繰り返す，その反復が重要だったのではないだろうか。また#3で筆者が相手に対する感情を聞いて大きなズレが生じたように，このときAさんが求めていたのは，特定の人との間でパーソナルな次元でのつながり，感情のレベルでの関係ではなく，性という自らの生身の身体を通して，自分という存在の，個人的レベルを超えた根幹を確認する試みだったように思われる。それは，母との関係についても，#28で文字通りの個人的な現実の母との関係そのものが問題なのではない，ということをAさんがいみじくも語っているのと同様である。性教育で理想とすることと自分の行動の矛盾についての気づきにおいても，「自分が必要とされているか」という不安を埋めるためにセックスするということと，より深い魂の次元を求めている部分の両面があること，その2つの差異をきっちりと感じ取っているのは，Aさんのこころの動きを見つめる抜きん出た力ゆえであろう。

　Aさんにとっての身体は，異質な他者との出会いが展開する場であり，また異界とも言えるこころの深淵と出会う場でもある。ユング（Jung, 1988）は「身体的（somatic）無意識」について，「からだの心理学的な側面こそが無意識であり，我々がからだに到達することができるのは—それは物理的にではなく，心理学的にという意味においてだが—無意識を通してのみなのである」と述べているが，日常の意識から見ると何でもない体毛がAさんの主観の中で黒々と大きくクローズアップされ，身体への異和感としてこだわりをもたらしたように，身体は非日常の意味を帯び，自我のコントロールを越えた力，無意識と出会う内的作業への導き手となったといえる。そして性の体験は，生きることに内在する実存的空虚感，孤独感に触れていくための入り口になるとともに，過渡期におけるイニシエーションのプロセスとしての意味を持っていたのではないだろうか。河合隼雄（2000）は，現代において制度としてのイニシエーションは消失し，個人が自分なりのイニシエーションを見出すことが必要となり，心理療法が，個別の内的なイニシエーションに類似する場としての意味

を持つと指摘している。Aさんとの心理療法においては，心理療法の内だけでなく外での行動をもイメージとして捉えることが重要であり，その多様性を孕んだイメージが立ち現れ動いていくプロセスを，驚きと畏怖と，揺れ動く息遣いでもって再体験し，その体験の意味を確かめ，コンテイン（contain）していくことが求められていたように思う。

(2)動きの中で生成する主体

　過食嘔吐という症状における主体のあり方について，河合俊雄（2000）は「本来は食べることによって自分の中に取り込まれ，食べたものを自分の中に引き受けていくことによって主体ができるはずのものが，入れられずに，またすぐ吐き出されてしまうという循環に陥ってしまっていて，主体を引き受けていない」ことを示し，「そのようなウロボロス的循環を断ち切ってこそ近代的な自我ができるのにいつまでも循環を繰り返してしまう」と指摘している。Aさんの場合は，表現形としては過食嘔吐であっても，そのような典型的な過食嘔吐を抱える人の主体のあり方とは異なっている。つねに外に開かれ，さまざまな他者との出会いを通して，そこから自分のあり方に立ち戻り，見つめ直す力を持ち，閉じられた循環に留まらないところがAさんらしい点だったように思われる。一人称を変える試みやさまざまな行動を通して，子ども，大人，女性，男性など，多面的な私を生き，しかもそれを一つ一つ「これはここが違う」と否定することにより，その動きの中で，けっして固定化されない，流動的で豊かな多面的なAさんの「私」，主体が生成され続けていたと思われる。それはたんなるジェンダー・アイデンティティの混乱という次元ではけっして片付けられない，「これが私である」と存在を真摯に賭けていくコミットメントの問題でもある。Aさんがそのプロセスでたどり着いた「男か女かは問題じゃない」「男性でもなく，女性でもない，自分自身として生きる」（#30）という決意表明は，既存の男女という二分法は，外から押し付けられるものであると同時に，その枠組みを重要視し，合わせることを自らに課したのは，じつは自分自身でもあることを見抜き，その限定を越えたのではないだろうか。

第II部　事例編

　また実際の心理療法の場においてもAさんは，老若男女の多面性を生きており，そのときどきで必要なものを求め，動いていく自由さが印象的であった。一方で，Aさんは非常に知的で言語化に優れ，筆談など文字にする形も含め，自分の想いを言葉にのせ，筆者に語り，伝える力は見事で，感心させられることが多い。しかし，心理療法の初期にはときとして，抽象的・客観的な言葉が，まるで自律的な力を持ったかのように，身体や実感とは遊離した形で繰り出され，それにAさんも筆者もともに圧倒されることもあった。それは，相手の理解を求めて言葉にすればするほどズレが大きくなってしまう痛みや哀しみを伴う体験であり，言葉そのものに内包される自己疎外の体験でもあったろう。そのような言葉の影の側面が強くなるとき，Aさんが自発的に，そしてときには筆者の誘いに応じて，言語とは異なる次元を適切に行き来している。たびたび床に直接座り，ストレッチをしたりごろごろとリラックスしたり，夢を見るほど深く眠ったり，箱庭や描画をしたり，多層的なイメージの次元での関わりを，プレイセラピー的に身体を伴う体験を繰り返し，筆者もその体験をAさんとともに味わうことを大切に感じていた。Aさんとの面接では，この中間領域としての遊びの空間がとくに重要な意味を持っており，実存的空虚感をなまなまとした身体感覚を喚起するメタファーで言語化されたように（#11「ぽっかり暗い穴」），身体の豊穣さ，猥雑さ，底なしの暗さに触れていき，それらを全て含みこんで語る主体が生成していく基盤になっていたのではないだろうか。

　またAさんはごく初期から箱庭に関心を持ち，箱庭は，自分でもよくわからない自分，無意識的なものと向き合うための方法として意識されている。摂食障害の人は箱庭を置くことが少ないと言われるが，それは箱庭という媒体が身体性と密接で，砂に触れ，イメージとの相互作用に開かれていく，他者なるものとの出会いの場としての意味を持つため，循環に閉じられることが必要な人にとっては怖さを感じさせるためであろう。ここでもAさんは，意識的に自らの内面に入っていくことを選んでいく。Aさんの箱庭は，一見シンプルで，たとえば戦いなどの物語が展開するような，イメージ内容の華々しさはないけれども，実際その場をともにしていると，Aさんの箱庭が生み出される時空間は，

言葉にはならない非常に濃密な気配に満ち，箱庭を置く行為自体のすごさ，重みが毎回感じられるものであった。その場で立ち現れるイメージも，そのときどきでもっとも「ピッタリ」くる表現である不思議さに，筆者は息を呑み，こころが震える想いでAさんの傍らにい続けたのが今も思い出される。言葉と身体・実感が遊離するかの印象を受けた#14の箱庭で，Aさんははじめて砂に触れ，大地性・動物性とのつながり，生き生きとした五感の働きを感じさせるイメージが立ち現れる。箱庭は，まさにそのとき必要なものが布置され生み出される器となったのである。その後調和する世界に侵入してくる力や，死の世界と生の世界の対比，内なる多面性の表現を経て，最終回の箱庭で，それまでは砂に触れても浅く触れるか，アイテムを押し埋めることで砂の深みを確かめるにとどまっていたAさんが，はじめて砂を大きくかきわけていく。力強く砂をかき混ぜ，ならし，固め，中心の山が生み出され，そしてまたその山が開かれていく。針葉樹もまるで太陽の放射を思わせる円環から，その円が左右にかつ垂直に開かれ，また求心的な渦へと動いていく。この絶え間なくうつりゆく砂と木の動きは，Aさんの主体の基盤作りと，その基盤から生成される主体のイメージと思われる。

　またこのときの砂や木の動きとリズムや，その動きを生み出すAさんの身体のリズムが，Aさんにとって大切な意味を持つように感じられる。この箱庭が置かれた同時期，根源的な空虚感やさみしさを具体的な何かで埋めるのではなく，それをなだめる行為として鼻歌を見出されたのも，人間が生きる上でのリズムの重要性を表している。対人関係のレベルの支えは不確かなもので，心理的支えを外に求めている限り不安はなくならないけれども，Aさんの深い支えとなったのは普遍的な性質を持つリズム・音楽である。そしてそのリズムを生み出すのは他ならない主体としてのAさんの行為であると同時に，それは自我のコントロールを越えた性質も併せ持つのである。

　そしてこのプロセスを通して，つねに中心に置かれたタツノオトシゴは，砂漠に一人で眠るが，そこはぽかぽかしているという。あたたかく人間を越える大きな自然に包まれながらありのままの自分でいられる居場所は，まさにAさ

んが求めた場であり，それを自身の内に見出されたのだろうか。タツノオトシゴは Seahorse と呼ばれ，魚でありながら人間のように直立し，雄が雌の生んだ卵を体内に入れて出産するため，これを左手に持つとお産を軽くするという言い伝えがある。また沖縄古宇利島の創世伝説では，原初の人間のペアはタツノオトシゴの交わりを見て，性の営みを始めたという。このようにタツノオトシゴは，性/生と密接で，海と陸，男と女という二分法を越え，全体性，両性具有のイメージであり，さらにこのタツノオトシゴの色は一般的なものとは異なるピンク色という。まさにAさんの全てがこのイメージに集約されていると言えよう。

このようにAさんは，行動を通して，箱庭を通して，自分という他者の深みに降り，真摯に自分探しの道を歩んでいかれた。その道をともにできた出会いの幸運に感謝しながら，拙論を終わりたい。

付記：今回発表を快諾してくださったAさんにお礼申し上げます。これからのAさんのご多幸をこころからお祈り申し上げます。

文献

Jung, C. G. 1988 *Nietzsche's Zarathustra: Notes of the Seminar Given in 1934-1939 by C. G. Jung.* Princeton University Press.
河合隼雄 2000 イニシエーションと現代 河合隼雄（編） 心理療法とイニシエーション 岩波書店 pp. 1-18.
河合俊雄 2000 心理臨床の基礎2 心理臨床の理論 岩波書店

「摂食障害を抱え，自分らしく生きる基盤を模索した10代のクライエントとの心理面接」に対するコメント
——拡散する語りとイメージの消失

河合　俊雄

　いちおう摂食障害がメインにありながら，「基盤を模索した」という言葉が題に入っているように，とても多様な世界を持ったクライエントであり，しかもそれがなかなか一つに収斂していかない。セラピストの退職で心理療法が終結していることもあって，何がなされたのかがわかりにくい印象も受ける中で，この心理療法では何がなされているのか考えたい。

　たとえば#1に食べると罪悪感があると言っている。食べては罪悪感という循環は摂食障害によく見られるテーマであり，罪悪感の問題に入り込んでなかなか抜けられない人も多い。ところが罪悪感は後にはあまりテーマにならず，クライエントは次々と男性と関係を持つ。また#1で赤ちゃんを取り戻そうとしていると語り，幼い女の子の口調になることは，大人になっているはずなのにもかかわらず，子ども時代にしがみついているかもしれないという仮説が浮かぶ。これも無垢な子ども時代に戻りたいという摂食障害の人によくあるテーマであり，そうするとどのように子ども時代へのノスタルジーが捨てられるかが大切であるけれども，後にはあまり重要でなくなる。さらにはこれに関連して，次々と男性と性的な関係を持つのは，じつは母親を求めているのではないかという境界例に関連する仮説がある。しかし男性との関係に境界例に特徴的なしがみつきや両価性はなく，いつの間にかそれほど大切ではなくなっている。また男性については，男の子になりたいという気持ちが何度か語られるけれども，最後の方で自分は本当は男にはなれないとわかっているし，男になりたいわけではないとなっている。それどころか症状自体も，海外に行っている間は消えている。

　この他にもいくつも仮説を立てることができるが，どれも十分には展開されない。するとこのクライエントが心理療法で行っているのは，さまざまなこと

を取り上げて完成させるのではなくて，逆に「それではない」と否定し，捨てていくことであると考えられる。「自分は……である」とつかむのではなくて，「自分は……でもなく，……でもない」としていくことで，自分がはっきりとしていくのである。#30の「男性でもなく，女性でもない，自分自身として生きる」というのはそれを示唆している。

　そのように考えると，セラピストも指摘しているようにクライエントの語りは非常に抽象的で観念的なことに気づかせられる。それは実際に根付いているものではないので，逆に実際に行うことで確かめ，否定されていかねばならないのである。同じような意味で，クライエントの作る箱庭で頻発する「2」という数も，対立を示すのではなくて，多くの場合において同種のものであるように，未分化の2であると考えられる。

　そのようなクライエントが，最後に作った箱庭⑥は非常に興味深い。まず山の周囲を11本の針葉樹が囲んでいて，12本という完全な数から1本欠けているのが重要である。まさに世界とは完成したものではなくて，欠けているのであり，否定によるアイデンティティを示唆している。そしていつも2を置いてきたクライエントが，中心にタツノオトシゴを置く。そして最後は中心から木を左回りに求心的な渦ができるように円状に並べていく。セラピストも指摘しているように，魚でありながら直立する人間のようで，さまざまな意味で二分法を超えているタツノオトシゴこそ，否定によるアイデンティティを行っているクライエントがポジとして示すのにふさわしいイメージであったのであろう。

7　アトピー性皮膚炎に苦しむ青年期女性の夢と言葉

前川　美行

1. はじめに

　アトピー性皮膚炎とは，強い痒みを伴う湿疹が増悪・寛解を繰り返すために，医者も患者も対処法がわからず悩まされてきた歴史を持つ疾患である。痒みを伴う湿疹や皮膚炎により精神的にも疲弊し苦痛を生み出す。本章の事例の当時は疾患として認知度が低く，アトピーに負けない身体と痒みに耐える強い精神を作らねばならない，というような考え方も多かったが，現在なお多くの人が症状や痒みによる心理的苦痛に苦しんでいる。

　ここで紹介する事例は，終結後20年近く経過した事例である。心理療法の場でAさんは自身を見つめ，夢を語った。体調不良と社会の厳しさに押しつぶされそうな苦しみの中で語られた夢と言葉は身体疾患の心理療法や青年期の「自分」をめぐるテーマに対する深い示唆を含んでいる。

2. 事例の概要

　Aさんは20代（来談時）女性，「身体的な理由（アトピー）のために今の仕事を続けられない。職場の人ともうまくゆかず，行き詰まっている」という主訴で相談に来られた。

　家族は両親と弟。なお，Aさん以外の家族にはアトピーがない。7歳ごろか

ら湿疹が出るようになり，病院を転々としたがよくならず，成績はよいが欠席がちで「身体を鍛えましょう」と先生から注意されることが多かった。仲の良い友人もいて楽しかった中学～高校時代を経て，両親の勧めで有名大学に入学。「着飾る女子学生と，元気な男子学生に圧倒されてほとんど友人もできない暗い学生生活だった。」湿疹だけでなく感染症も起こし自宅療養。「何で私だけ，といやになった。」優秀な成績で卒業し，大手企業に就職。体力的問題はあっても，優秀な知的能力でそれをカバーして，与えられたことをきちんとこなし，評価を得るのが彼女の適応方法であった。

　就職1年目に勤務先の社内診療所で開設直後のアトピー専門外来を紹介され，はじめて本格的な治療を受けることになった。職場は多忙な部署で，与えられた仕事を毎日きちんとやり続けることが当然求められた。書類を扱うことはアレルギー反応の不安を高め，さらに体力を消耗することで抵抗力が下がる。しばらくするとアトピーは悪化し仕事も滞るが，皮膚炎や感染症は弱さや怠けと受け取られやすく，学歴や能力の高さが逆に批判の対象ともなっていたようだ。2年目の冬，今度は感染症のため入院し休職。退院，アトピーと関連して網膜剥離がみつかり，ショックを受け相談室に来談した。

3. 面接の経過

　面接経過におけるＡさんの言葉を「　」，筆者の言葉を〈　〉で表した。

(1)第1期：心理療法の始まり（#1～#20）
①「もうがんばれない」
　「アトピーだけでなく目まで心配で仕事がつらい。それなのに職場の人は怠けていると非難して理解してくれない。そういうこともうまく伝えられないし，誤解されてしまうことも多い」と訴えるＡさんは，顔が赤く手や首に包帯をしていて痛々しい。体調が思うようにならなくて職場の人たちとうまく行かない上に，網膜剥離による失明の不安のために，これ以上がんばり続けることに疑

問を持ちはじめている。今後のことを考えたいと言って心理療法は始まった。

2ヵ月後，網膜剥離が進行する恐れのため軽勤務に，という診断書がでた。診断書を見た上司から，「君はそもそも会社勤めは無理なんじゃないか」と言われ，「周囲が攻撃してくる感じで，ここにいては身が持たない。健康な人には私の気持ちはわからない。湿疹のために知らない人からも露骨にいやな顔をされたり，食べられないものもある。母も私も病院通いで，くたくた。それでも良くならない私は医者にもいやがられてしまう。会社でもどこでも私はお荷物なんだ。どう鍛える？ これ以上どうがんばるというのだろう。アトピーさえなければもっと自分の能力を発揮できるのに」。「夢まで暗いものばかり」と次のような夢を話した。なお，夢は報告されたものからの抜粋である。

夢1 暗い道を一人でうろうろしている。一軒の明るいうちを見つけ中をのぞくが，ここは私のうちではないと，またうろうろ歩き回っている。

⇒（以下「⇒」はAさんの感想）これはよく見る夢。

夢2 両親が血だらけになっている。自分も包帯でぐるぐる巻きでベッドに縛り付けられているようだ。

⇒「昨年の入院時に見た夢。叫びたいほど怖くなった」と。

*

Aさんの言葉からは，「うまくいかない」体験が子どものころから続いていることがわかる。また，二つの夢は，孤独，居場所がないこと，自由に動けないことなど，強いインパクトを伴って訴えてくる。さまよっていたAさんは一軒の家を見つけたが，現れた「家」を「自分の家ではない」と否定している。Aさんは，自分の焦点づけるべき問題を知りながらも避けようとしているのだろうか。一方これまで異質な存在として浮き上がってしまう自分を，共同体に従うことで庇護されようとしていたAさんに，家を否定し自立する動きが始まったとも考えられる。ベッドに縛り付けられる夢2は，自立の動きの一方で縛り付ける強い力もあることを示している。逃げることもできず，問題を直面化せざるを得ない。

②自分自身や家族と向き合う

　初回から3カ月後，休みがちなAさんは上司から休職を命じられショックを受けたが，実際に休職になってみると，「じつはほっとしているところがあり，ぼーっとしている」。休養が必要だと感じつつも，休職という選択はできずにいたAさんにとって，逆にいいきっかけになったようでもあった。そしてAさんは，少し落ち着いて自分自身のこれまでのことや性格について考えることが多くなった。

　「大学でも職場でも対人恐怖のようになることが多くて，うまく話せない。アトピーのことを人にどう思われているだろうなと思うと，さらに緊張してうまく話せなくなってしまう。とくに大学時代には，皮膚に関するひけめから，自由で元気な女子学生のそばに行くのがいやになり，健康な学生たちの中で自分だけが違う，浮いた存在という感じがして，落ち込んでいた。」「どうしてこうなるのか？どうしたらいいのか？メンタルな問題が自分にはあるのかもしれない。メンタルなことや身体のことを何とかしないと，次に何をやってもうまく行かないと思う。自分について考えてみたい。そして，まだ私はあきらめたくない。やりたいことをやってみたい。」

　また，両親の勧めで友人と海外旅行に行った。その間は不思議と湿疹が薄れ，いろんな皮膚や体型の人たちが自由に肌を出しているのを見て，とても気持ちが楽になった。10日あまりの体験だったが，日本の気候や文化的なマイナスの影響を意識したようだった。このあと，母親が病気のために入院し，Aさんに家事をする役割ができ，家に居場所ができた。

　「今まで親に迷惑かけてきたから，お返しをしているような毎日なんです。」「小さいときから，病院通いを続けてきたし，治療費もかさんで迷惑のかけっぱなし。それでもちっともよくならないので，親ももう疲れ果てたと言っている。……でも，両親も弟もなんともないのに，どうして私だけがこんなにアトピーで苦しまなきゃいけないのか。そう思うと親を恨む気持ちもでてくる。健康で自由な弟に比べて私は選ぶ自由もなく，自分で何も決められず，優柔不断。いつも，迷惑をかけてきたぶん，両親がどう思うかを優先して，良い子にして

きた。」

夢3　人混みでぎゅうぎゅう押されている。

⇒「責められてるみたい。休んでて，のんびりしてる反面，寂しい，人恋しい。」ここでの人混みは「個人」ではなく「顔を持たない」一つの魂だ。

その後母親は回復して元気になり，家族はまた元の生活に戻った。「私は邪魔者。みんな動きはじめてるのに私だけ何もしてない。」「弟と言い合いになったら，弟からも『ぶらぶらしている癖に姉面するな』と言われショックだった。私は，弟の方が自由でいつも羨ましかったのに，『いつもねえちゃんばかりめんどうみてもらって，僕は小さいときから一人でやってきたんだ』と文句を言われた。わかってくれていると思っていたのにショック。」「父親とは顔を合わせたくない。いつも何かいやなことを言われるので，食事もかき込んで，家族から離れて自室で毎日ぼーっとしている。」

*

旅行によって今の現実とは異なる可能性を知った。「違う世界」の中の「もう一人の自分」を少し体験したのかもしれない。一方家族の中で自分の居場所を作ろうとして，逆に家族にとって自分がどういう存在であるかを知る。家族と向き合いはじめたからこそ起こってきたのであろう。

ぎゅうぎゅう押してくる顔を持たない塊に押されて（夢3），Ａさんはここでも身動きが取れない。休んでいる状態でも同じような夢を見たことで，自分の問題がたんに仕事や職場の人間関係によって起こるだけではないとわかり動揺した。こうして家族と向き合い，自分自身の問題と向き合うことになった。

ここで自分と反対の存在として弟の存在が話されている。弟が意志を持った存在として意識され，弟の側から見た「自分」を知らされた。自分の視点と違う他者の視点，他者の存在を意識すると同時に，外から見た（自分の思っていた自分とは違う）自分の姿を意識したのである。

③**外から見た自分の姿に気づく**

Ａさんは，「これから本格的な治療が始まる」と新しくできたアトピー外来に期待を寄せていたが，検査をするばかりでなかなか治療に至らない。「検査

結果を見た医者は桁外れな数値にただ驚くばかり。専門外来に行っても，結局どの医者もどうすればよいとか何も言ってくれない。何もする気はないんだな。」「親は何でもいいからバイトをしろ，結婚相手でも見つけてこい，という。私はとてもそんなふうに仕事を考えられないし，結婚なんてとんでもない。結婚する人の話を聞くと，やっぱり羨ましいけど，遺伝のことを考えると子ども産むのも不安だし。それに皮膚のこともあるから，男性との交際はとても自信がなくて，恥ずかしい。男性と付き合ったりすると，傷つくことになりそうで怖い。」「今まで周囲の言うとおりにやってきて，結局こうなったんだと思う。周囲の言うとおりにしてきた自分がいけないんでしょうけど。でも，いつもそう。私には選べない。」

＊

　Aさんは身体症状悪化で追い込まれたことをきっかけとして，社会や家族の中での自分の姿をあらためて認識して，自分で自分を守ることを意識しはじめた。主体的に認識しはじめたのである。

(2) 第2期：動きはじめた内的治療者像 (#21〜#35)

　休職中も何割か出ていた給与が#25のころに無給となり，さらに虚無感が強まり抑うつ的になっていった。「いったい自分は今まで何をしてきたのだろう。自分は何をやりたいのか，それすらわからない。そんな自分にイライラと腹立たしい。なんだか，ぽっかり穴があいたような感じで，エネルギーはもうない。」「体調が悪いと，ぼーっと頭にカーテンを引いたような感じで，思考が止まってしまう。不安でたまらない。まるで今の私は，押しても引いても開かないドアの前でうずくまっている感じ。」「友人とでさえ溝をつくってしまって，話したいと思うのに離れていくばかりで寂しい。トンネルに入り込んで何も見えない。夜も眠れず，急に涙がぽろぽろでてきて止まらなくなったりして，本当に寂しく，むなしい。」「体調もかなり悪く，下痢も続いているし，痒みが薬でも止まらなくて，怖い。薬漬けでどんどん悪くなっていく感じ。休んで家にいてもこうなるのかとショック。今の病院は専門なのに何もしてくれない。病

院を替えても同じだろうか。」

夢4 私は医者で白衣を着ている。死にそうな患者を目の前にして,「どうしたらよいかわからない,お手上げだ」と言っている。

　この夢ではAさんの中の癒す力はうまく働いていないようだが,〈とても苦しんでるあなたの中に,治そうという人がいるんだと安心した。人と溝をつくるのもそれで自分を守っているのかも知れない。繭になる時間,それを大事にしてみては〉と勧めると,Aさんは「今まで,私は自分のやりたいことをしてこなかった気がする。やりたいことをしたい」。やりたいことは「人の役に立ちたい」ということと「家庭を持ちたい」ということだと答え,模索しはじめ,やがて「身体のことで振り回されてきたけど,それは横においておいて自分のやれることをやってみたい。自分の存在証明がほしい。医者になりたいという気持ちが抑えられなくなってきた。心療内科,身体とこころを一緒にみる医者になりたい。ようやくやりたいことがわかったという感じ」。一方このころのAさんは,悪くなるときの状況や薬の効き目など,自分の症状を客観的に意識しはじめたところであった。『自分の医者になる』ことも始まったようだ。「少し薬でコントロールできて,いいときが良くなったのがうれしい。でも悪いときにすごく悪い。」また,下痢や生理不順もみられた。#30には受験を猛烈に反対する親にはじめて反抗して泣いて頼んで,約2ヵ月後（#35）に,1年だけならという許しを取り付けた。ここで筆者は,妊娠していることと出産のために休職する予定を告げた（#33）。Aさんはとても驚いてこわばった表情になったが,「働いている女性は強い」と言って「（生まれる時期を聞いて）私の誕生日と近いですね。とてもいい季節」と祝福してくれた。

＊

　社会人としてのアイデンティティが危うくなっていたこのころ,自分が無力ながらも白衣（職業のユニフォーム）姿であったのは,治療を受ける人から治療を施す人へ,という視点の転換を生んだ。Aさんは自分の中の「治療者像」を,『自分の医者になる』のではなく『自分が医者となる』ことで生きようとした。イメージを実体化して外側に動き出すことは無謀でイメージそのものの

力を弱めてしまう可能性もあるが，ここでは大切な動きと感じ，止めなかった。両親に反抗するほどの力をイメージによって与えられたとも言えるだろう。また，この夢ではAさんが「医者である私」と「患者」の二人に分かれている。症状を客観的に見はじめ，「症状」や「自分自身」と距離をとる力が働きはじめたのだ。しかし解決法は見当たらず，お手上げ状態である。

そのとき聞いた筆者の妊娠・出産の話は同じ女性として心中穏やかではなかっただろう。しかも信頼を寄せている人間が個人的理由で休みを取るのである。筆者は，Aさんが一般的な反応をしてくれたことでほっとした。筆者自身が，自分で扱いかねるこの出来事を非日常空間（時間）外のことにしてしまいたかったのである。その場に姿をさらしている個人的要素が影響するのはむしろ必然だが，筆者は扱いかねていた。

(3) 第3期：冒険の始まり（#36〜#45）

「受験するなんて，目立ちたいだけなんだろうか。まるでほこりだけ舞上げて，ちっとも前に進まない車のようだ。」「自分には結婚は縁遠いが，結婚したい，と5％思うのが，迷いになってしまう。」

夢5　人混みの中を歩いていると，小さな店があり，そこにY先生（主治医）がいる。そこに行こうと人をかき分けてやっとたどりつくと，先生は別のところで歩いている。

⇒「医学部は遠いということなんだろうか。夢を見て医者になりたいと言い出したことも一人よがりの思いこみで，イマジネーションだけを広げているのではないか。不安。」〈イメージは大切なものだから，自分の中で広げてみてもいいと思う。〉

#43以降，体調・精神面ともに落ち着き勉強に集中する。病院で塗り薬（ステロイド剤）の塗り方を教えてもらう。そして，「来るかな，と思ってると，ヒタヒタと潮が満ちてくるようにばあっとでてきた」とアトピーが来る前の体感がつかめるようになってきた。さらに「アトピーは激しくなっているが，悪い時期が短くなっている気がする。潮が満ちるように感じるときには早く寝

る」ようにしたり，ひどくならないうちに薬や休養で治すという工夫ができはじめている。

#45 今まで見たこともないような冒険の夢を見たという。見知らぬ外人男性に導かれ見知らぬ土地で生死をかけた冒険をする夢（夢6）や，外国で大勢の人と食事をしたりしている夢（夢7）であった。

＊

受験勉強を始めてから一人で過ごす時間が増え，身体に対して新たな目が育ちはじめた。それは「客体としての自分」と「主体としての自分」の分裂の表れと考えられるが，Aさんは「主体としての自分」を「科学的な目を持った医者としての自分」と同一視してイメージづけていた。それによってAさんには，身体感覚を客観的に捉えようとする意識が生まれた。

(4) 第4期：それぞれの籠もり（手紙15通）

夢やメタファーを語ることを大切にしたいというAさんの希望を受けて，筆者の休職中は手紙に夢を書く方法で交流。Aさんからの手紙は10日〜2週間間隔。筆者の返事は1週間程度以内。

①「まったく知らない自分」に出会う

はじめの1カ月（#手紙1〜#手紙4），生理不順が続きやせていき，寂しさ，孤独感が身体を浸しているようだと書いている。落ち込んでいるが，「それでも落ち込む自分を引っ張りあげるもう一人の自分が，かなりしっかり感じられる」。この「もう一人の自分」はこの後も大きな役割を果たしていく存在となる。

#手紙3　夢8　外人男性に案内されて，男のコック数人に魚料理を習う。"アーリーコンクフィッシュ（原始的濃厚魚）"という緑色でグロテスクな魚に，こってりした緑色のソースをかけた料理。
　⇒「まったく知らない自分に会ってる感じで，楽しみだ。」

＊

守られていた空間が失われ，Aさんは寂しさや孤独をさらに強く感じた。出

産で籠もる筆者と同様，Aさん自身も受験によって籠もり，夢を見る作業に籠もり，それぞれが籠もりつつ繋がる関係が作り出された。Aさんは後に「郵便受けにいつもの封筒が入っているのを見ると本当に嬉しかった」と言い，自分が書いた手紙を見せてほしいと言われた。そして手紙の束に触れながら「あのころの自分がたしかにここにいる」と言っていた。

「緑色のグロテスクな魚料理」を見てAさんは「まったく知らない自分に会ってる」と受け止めた。「グロテスク」とは，強い痒みと激しく掻きむしる衝動，掻くことでさらに痒みが強くなる未分化で原初的な混沌とした心的世界を連想させる（前川，1997）。これは，土井真由子（2002）のTAT検査における「攻撃的衝動の表現」と山森路子（2002）のバウムテストの筆圧や描線，幹の太さなどに現れた「高いエネルギー水準」という見解とも一致しているだろう。身体症状や体感は言葉で表しにくく，体験として他者から共感されにくいが，Aさんの訴えは生き生きしている。初期の夢では身体で表現されていた苦しみが，客観的に症状を見はじめたこのころには「グロテスクな魚料理」と対象化されて現れた。ドロドロとした身体感覚を夢の世界で取り出し，感覚世界から距離をとって直面するだけの強さが生まれたことでもある。言い換えれば，グロテスクな魚は，身体感覚の渦の中にはまり込んでいた原初的な混沌の状態を表す象徴とも言えよう。

このころAさんは，自分を助けてくれる「もう一人の自分」の存在を感じ，「まったく知らない自分」に出会っていると述べている。自分の二重性は現実でも内的体験としても強くなっているようだった。

②諦めきれない私と客観的な私の争い

#手紙5　夢9　何か奇怪でグロテスクなことが起こったらしい。病院の先輩医師と私（医者）が，どうするかと悩み，事務的に対処することになる。私はもっと他の方法がないかと叫んでいる。先輩は，つらいけどこの方法をとる，と私を押しとどめる。それでも私はもがいている。

　⇒「諦めきれない私と，客観的な私（先輩医師）との争いみたい。」

*

「自分の職場」でグロテスクに出会う。Aさんは叫びもがき，自分の力で動こうとしている。冒険によって得たのはこの力強さなのだろう。ここで「医者イメージ」が「先輩医師＝押しとどめようとする力」として分離され，それと対抗する新たな自分を意識した。答えはまだ見つからないが，Aさんは力強い。

③自分を超えた力

#手紙6　中国からきた医師に父親と二人で診察を受けに行ったが，二人とも問題ないと言われた。「人とぶつかり合いたい。勉強はなかなか進まない。」

夢10　何かわからないことの解決のために女の人と相談して，とにかく筆者のところに電話をすることになる。ところが，焦ってまちがえてばかりでかけられない。そのうち電話機がブーッと鳴り振動しはじめる。怪現象を封じ込めようと，お経の本で上から押さえ込もうとするが，電話機は青白い光を発してエネルギーが溢れ出す。窓の外も青白く光り，目が眩む。自分の身体が受話器からのエネルギーでスーッと持ち上げられる。上がる，上がる，気絶しそう。

⇒「怖かった。目を開ければそこに宇宙人がいるよう。でもワクワクしている。何かが起こりそう。」

*

こちらからのコンタクトはうまく取れないが，繋がっていないはずの電話が鳴り振動し交信が始まり，お経の本で押さえ込もうとしても光とともにエネルギーが溢れ出し，その光は目を眩ませ身体を持ち上げる。意識が遠のくギリギリまで体験したところで目が覚めた。この夢で，繋がらないから閉じてしまうのではなく，繋がらないことで別の通路が開いたことが印象的である。筆者はこの夢を読んだ数日後に出産し，二人がそれぞれ自分を超えた力によって身体が動かされる体験をしたように感じた。Aさんが夢で体験し，筆者に伝え，筆者も自分の力を超えたもう一つの生命の働きによって出産を体験した。大変迷いながらも筆者は出産を伝えた。

④不安・焦りとユーモア

#手紙7　受験勉強追い込み。父親の実家と同じ宗派に入信した。

#手紙11　夢11　ある男女（日本人）に連れられて宇宙を旅する。真っ暗な空

が突然スクリーンになり，壮大な映画を見る。黄金に輝いていたピラミッドの頂上がゴロンと地面に転がったり，黒人が即身成仏しようとして甕の中に入って太鼓を叩いているが，甕の蓋に穴があいていたりする場面がある。

　⇒「人間の愚かさ，滑稽さを示してるみたい。自分の変わりたいと思っている思いが宇宙への旅となって現れているみたい。」壮大な宇宙へと旅立った。

　一方，「生理の前に風邪のようになり，始まると嘘のように良くなる。アトピーのときにも微熱が出ていることがわかる」(#手紙10)。不順になっていた生理やアトピーの前触れに気づき，体感を捉えられるようになっている。しかもその状態に逆らわずに，通り過ぎるのを待っている。「身体と気分の関係はとても大切だ」(#手紙11)。

#手紙15　「受験間近。落ちる不安が大きくなってきた。自分はとてもひ弱くて，種を蒔いても芽の出ない痩せた土壌のようなイメージ。終わったとき，いったい私はどうなってしまうのでしょう。私のこころは今本当にチリヂリにしわがよって今にも破けそうです。無駄なチャレンジだったのかな。」

*

　夢11では，新しい視点を得ている。不死・再生への願いを込めたピラミッドの頂角が虚しく転がり，永遠の真理・永遠の命を得ようと甕にこもる僧の所業のほころびを見て，滑稽と笑う。飛び立つことは，身体から自由になり違う自分になりたいと思っている自分の願いからも自由になるような印象を受けた。越えて行こうとしている動きかもしれない。手紙には悲痛な不安や焦りが書き綴ってあったが，かならずユーモアも混じっていた。

(5) **第5期：再開 (#46〜#58)**
① **「もう一人の自分」が大きくなる**
　#51　不合格。両親は結婚しろというが，Aさんは「子どもを産むなんて，怖くてできない。もう1年挑戦したい」と受験を諦められない。この後，入信した寺に2週間泊まりに行ってきた。「自分を少しこれでいいと思えるようになった。結婚というより人と深くつきあうこと，恋愛がしたい。」寺へは家の

代表で札をもらいに行ったのだが,帰った途端に弟が病気で入院。Aさんが休職したころから母が入院したり父も体調を崩していたが,元気な弟までもが入院して「家が揺れている」。両親は再受験に猛反対でAさんも迷うが,「結婚は気になるけど,今しても満足できないと思う。今まですぐに人と関係づけて比べて落ち込んでいたけど,今は関係づけを切ることが怖くなくなった。人は人,と思えるから」と今の自分の気持ちを優先させる道を選んだ。

#52 夢12 男の人(知っている人だが,誰かわからない)が私の銃の望遠鏡部分が「チャチだから交換する。また水曜日に」と言ってどこかに持っていく。私は小さな男の子と一緒に「行ってらっしゃーい。また来てねー」と男の人を見送り,二人で身体をくっつけて遊ぶ。

 ⇒「男の子は自分の子どもみたいだった。とても柔らかい。チャチなのは私の科学的な目のことかな。最近,一人でさまよう夢がなくなった。自分の後ろで見ているもう一人の自分が大きくなったのかも。」

*

　男の子との柔らかな皮膚の触れ合いは人間関係や傷ついた身体像が修復してきたことを感じさせる。望遠鏡交換への同意は,客観的な目が未熟であることを受容したことと言えよう。「もう一人の自分」は確実に大きくなっている。この後,Aさんは怒り,一時的に抑うつ状態が強くなる。

②感情を表現する

#55 「何もすることもないから勉強でもしてるような感じなんですねえ。頭が空っぽという感じなんですね」と終始うつむいてボソボソと他人ごとのように話す。次回キャンセル。

#56 すごくイライラして「何に怒っているのかわからないが,天に怒っているような感じ。友人の出産を聞いて,自分はどうして,と腹が立つ。来年だってきっと駄目だ。いつも同じ失敗をやっているだけ。結婚なんて私には遠い世界。きっと私,自分に怒っているんですね。自業自得だと」。次回キャンセル。

#57 「疲れていて今日もよほど休もうかと。足が重くて,何もしてないのに,

疲れやすくて。」（本当にぐったりとした感じ）「友人に出産祝いを持って行ったとき，自分だけ腫れ物にさわるようにされて，感情を力ずくで抑え込んだ。すごく羨ましくて，出産なんてショッキングなことを聞いて生理もおかしくなった。何もかもから逃れたい。」〈死んでしまいたい？〉「死ぬ勇気もなくて事故にでもあわないかと。（泣）来年もきっと駄目だろうし，私だけいつも崩れていってどんどん悪くなる。」「……（ただ泣いている）きっと人のためでなく自分のために医者になりたいんだと思う。それしかできないから。」

#58　「先回泣きながら，泣いていてもしかたないと思って，そして楽になった。半年後には解雇になってしまうのに，合格しなかったらいったいどうなるだろう。でも，再挑戦したい。」

＊

　淡々と話していたＡさんが，筆者の面前で怒り，悲しみ，そして泣いた。人と近づくことで孤独を味わい，結婚や出産の時期を迎えている友人集団の中で浮いた存在としての自分を見せられ，挫折を体験した。筆者の妊娠・出産の話は，出産休暇を告げたときと手紙で出産を知らせたとき以外の場面では話題にならなかったが，ここでようやく出産による休みに対してＡさんは反応できたのであろう。不在になる前には出せなかった感情を，生還した筆者に対してはじめて向けることができたのであり，自分だけがまだ籠もりを続けている状況に耐えられないという表明でもあっただろう。排除された感情を友人関係でも体験し，筆者の前でＡさんは表出した。

(6) 第6期：出立～偶然のチャンス（#59～#72）

①繋がりを切る

　Ａさんの休職期限が近づき（#59），退職金や今後の健保などの話になったとき，「60歳になってもきっと生きてるんだな，はじめてそんなことを考えた。自分で稼いで食べていくことなんか考えたことなかった。身体や気持ちに気を取られて大事なことを見てなかった」とＡさんがはっとした。「いつも人にさせられてきたと思っていたけど，これも自分で選んできたんだと思う」と自ら

の人生を主体的に見ている。

　父親の勧めで体質改善の合宿に参加して，気功，温浴，鍼灸など良い体験をしてくる（#61）。薬はやめるという合宿の方針に対して反動が起きるので薬を続けながらやりたい，と自分のやり方を話し受け入れてもらっている。自分なりにやれることはやっていくつもり，とアトピーとの付き合い方も主体的になった。「以前の私はまるでやせっぽちの人が無理して筋肉をつけていたよう。」痒みでイライラすることはまだまだあるが，身体のことでふりまわされなくなってきており，「サーッと身体中の血が虫になって虫が頭の中に流れていくような感じになる。頭に膜が張った感じ。そして身体中が痒くなって，次にはブツブツのところだけ痒くなる」と，体感を客観的に捉え，表現できるようになっていた。

　「親も，こうなったら良い結果を出しなさいよと言ってくれた」と両親とも良好な関係のようであった。また，友人の結婚式でもこころからおめでとうと言えたと喜んでいた。

#63　夢13　毛が短くおとなしい白い犬と，毛が長く牙を剝き出し獰猛で荒れ狂っているエンジ色の犬が，1本の鎖で繋がれている。白はエンジに引っ張られしかたなく動いているが助けてくれと私に目で言っている。鎖を切ってあげたいと思う。エンジ色の犬が私に飛びかかってくるが，何度も手で払いのける。原生林のようなところで現地人たちと，その犬たちを追い込み捕まえる。台の上に鎖を載せ（2匹は台の両側にぶら下がっている），私は鎖を切るために斧を振り上げる。

　⇒「犬は私のこころそのもの。鎖を切ってあげたかった。そうすればエンジ色の犬は勝手にどこかに行っただろうし，白い犬も楽になっただろうに。」〈斧を自分で振り上げているのがすごい。〉

*

　ここでAさんが主体的に「切る」力を発揮していることは目を見張る。この夢について田中康裕（2003）は「夢見手は，もちろん明確にではないが，このような2匹の犬の『差異』と『同一性』を感得しているように思える」という。

つまり，もともと「1匹」であったものが，それぞれの特徴を持ちはじめ「『分化』『分裂』が起こりつつあり，その意味では2匹の犬の『結合』や『一体性』を破る方向で夢のイメージは動いている」と述べている。原生林の中で現地の人たちと一緒に犬を追い込み，原始的な「斧」を持って鎖を切ることからは，深い領域での繋がりを切る行為が連想される。

② 「偶然に」籠もりを終える

　#67　2度目の挑戦も不合格。「お金もないのに，一人でよくがんばったなあ，と思いつつ，ほかの仕事も思いつかない」と言っているAさんに，プライドが許す限り簡単な仕事からやってみたらと筆者が声をかけると，「あ！そうですね。力が抜けて楽になった」。数日後には小さな会社でアルバイトを始め，初給料をもらって「自分で稼いだんだってものすごく嬉しかった」と喜び，医者への憧れとは別に正社員の仕事を探そうかと現実的に考えている。

　#70　夢14　店で眼鏡を選ぶ。若者に流行の縁無し眼鏡が欲しいが，かけて鏡を見るとぼやけてしまう。若い男の店員が「こちらのほうが似合いますよ」と黒っぽい縁のあるおばさん風の眼鏡を出してくる。かけるとはっきり見え，よく似合うと言われる。

　　⇒「もっと現実を見なさいということかな」と笑う。

　#72　偶然，ある職の採用試験を受け，難関突破して採用が決まる。「嘘のように嬉しい。新しい仕事にとても緊張している。受験参考書などをまとめながら，うまくゆかないであきらめたんだなあ，寂しいなとほんの少し思う。でもはじめて自分でやりたいことをやって，自分の後ろに軌跡ができた感じ。これまではベルトコンベアに乗ってるみたいだったけど，自分で作った道ができた。」そして終結。

　その後の便りでは，やりがいのある多忙な仕事に追われながら，結婚し仕事も続けているようである。

＊

　自分にふさわしい眼鏡を得て，鏡像をはっきりと見た。見られている自分（鏡像）と見ている自分に分かれ，かつ両者が出会う印象的な夢である。分化

してきた「もう一人の自分」と出会い，自分と認識する。すなわち主体としての視点を得たのだ。こうして夢で現実を見る方向に導かれたときに，「偶然に」籠もりを終えたAさんである。この「偶然」も意義深い（前川，2010）。

4．考察——「もう一人の自分」の成立

　症状は，自分自身を苦しめるものでありながらも自分そのものでもある。Aさんは皮膚炎のために奇異の目で見られたり避けられるなど，周囲から「異質なもの」というまなざしにさらされやすかった。そのまなざしに苦しみつつも，他者と同質な存在としての自分であり続けようとしてきたAさんが，他者とは異質な自分を意識し追い詰められた。そのとき，正面から向き合ってくれたY医師に受容された体験を支えとして，他者とは異質な自分を見つめる心理療法が始まったと言えよう。Aさんは，症状，身体感覚，感情をメタファーによって表現した。夢や言葉が表現する場を得てあふれ出したようだ。表現する場を持たなかったために生きられなかった自分が，異質な自分として立ち現われたのだろう。「なぜ私だけが……」，その問いはずっと持ち続けてきたものであり，異質性を否定しつつも現実には異質な自分を生きさせられていたのである。そして，生い立ちの中のその体験こそが自分自身を見る目を育てていたのだろう。夢1ですでに自分の二重化が始まっていたのもうなずける。

　しかし，無意識には異質性を知りながらも，自分を見ることを避けていたAさんが，夢によって導かれ，現実に直面し，対決を促される。現実と夢の両面から，自分を直視させられたことで，「もう一人の自分」が意識され，「グロテスクな魚料理」「奇怪でグロテスクなこと」が目の前に差し出された。やがて，医者である私と，諦めきれない私（夢9）に分かれ，そして感覚世界にはまり込んで混沌の中にいたかのようなAさんの身体が持ち上がった（夢10）。自分の二重性とは，このようにずれや異質さを意識することが促進していくものであろう。そして「宇宙に旅立ち（夢11）」，「望遠鏡を交換（夢12）」する。徐々に進んだ距離を取る動きは，夢13で鎖で繋がった2匹の犬になり，自分で斧を

振り上げ2匹を解き放つ。そして「よく見える眼鏡(夢14)」を手に入れた。原始の土地での斧を振り上げる勇敢な行為によって得られたものは,平凡かつ日常的な眼鏡であった。こうして籠もりを経て自分を正確に見る目を得,日常へと戻ったAさんは,病を生きさせられるのではなく病を生きる自分となったのである。

　　謝辞：本章は,学会に発表し著書にも引用した事例をまとめ直したものである。筆者にとってセラピストとしての出発点であるとはいえ,20代の苦悩や夢を掲載することをお許しくださったAさんに,心よりお礼申し上げます。

文献
土井真由子　2002　アトピー性皮膚炎を抱える人の攻撃的衝動心性に関する考察　心理臨床学研究, **20**(4), 394-399.
前川美行　1997　夢に現れる"醜なるもの"のもつ意味　心理臨床学研究, **15**(1), 24-35.
前川美行　2010　心理療法における偶発事——破壊性と力　創元社
田中康裕　2003　夢分析における身体性　臨床心理学, **3**(1), 37-43.
山森路子　2002　バウムテストと心理面接からみたバセドウ病患者——アトピー性皮膚炎との比較　箱庭療法学研究, **15**(1), 31-42.

「アトピー性皮膚炎に苦しむ青年期女性の夢と言葉」に対する
コメント
――分離による関係性の成立へ

河合　俊雄

　本事例は，アトピー性皮膚炎に苦しむ女性とのセラピーである。アトピー性皮膚炎は心理的な要因が大きいと考えられていて，広い意味での心身症と言われるものに入ってくる。ただし多くのアトピーでアレルギー物質が確定されており，それは純粋に生理的なメカニズムなのではないかという反論があろう。したがってアトピーの心理的側面を否定する医療も存在するし，また心理的側面を指摘されるととまどい，反発するクライエントも多い。心理療法からするとそのようなことへの配慮が必要であるし，心理的な仕事を求めて自ら訪れてくる人に対応するしかない。またその作業は，心理学的なメカニズムがわかりやすい神経症などとは異なる，困難なものが予想されるのである。その意識から遠い世界にアプローチするために，本事例のような夢による方法は有効である場合が多いと言えよう。

　このクライエントの最初の二つの夢が印象的で，治療の可能性を示している。一つは暗い道で自分の家らしいものを見つけるが否定する。これはこの人が自分の身体を否定しているように思われ，また意識の関与が問題を複雑にしていることを示唆している。もう一つは，両親が血だらけになり，自分も包帯でベッドに縛り付けられている。両親と自分のことが連続していて，包帯のように自分に対するものが近すぎ，分離というのが大きなテーマになることが感じられる。一つは分離し，もう一つは融合しているというのは，一面的な方向ではなくて，まさにユングが言うような「結合と分離」の関係が問題になっていると言えよう。

　治療がはじまると，相変わらず「人混みでぎゅうぎゅう押され」る夢があったりして，うまく分離ができていないけれども，自分が医者になって患者に対する夢など，自分と自分の自己関係が成立してくる。グロテスクな魚を料理し

ようとしたり，グロテスクなことが起こったのに対処しようとしたり，対象化されたものに主体的に関わろうとしていく。アトピー性皮膚炎というのが，いわば自分のあまりに近くでグロテスクなことが起こってしまうことと考えると，グロテスクなものと距離をおいて関われることは大切な展開なのである。夢12の小さな男の子と一緒に男の人を見送り，二人で身体をくっつけて遊ぶのは，最初の身体の否定と融合として出ていた一面的な分離と融合が，つながることと分離することが分化してきていることがわかる。夢で出てくるユーモアや身体的な反応への時間関係が意識されるのも，距離が取れてきている証拠であろう。距離の取れていることの裏側のように，第5期で激しい感情が表出されたことも大切である。

　このセラピーのイメージとしてのクライマックスは，おとなしい白い犬と荒れ狂うエンジ色の犬をつなぐ鎖を斧で切る夢13であろう。神経症レベルならば，凶暴なエンジ色の犬という対象と自分との関係が問題になり，関係性が存在することは前提になっている。しかしここでは，対立する犬の鎖を切るという関係性そのものがテーマになり，またその関係性を成立させること自体が主体の行為になっている。

　このように対象との関わりや対象の内容というレベルにないところでの，いわば関係性そのものや主体そのものの成立というもう一段深いレベルでの仕事が，心身症と言われるものの心理療法の特徴なのであろう。それは分離のために中断という形でのセラピストとの文字通りの分離を必要としたことや，治療プロセスへのさまざまな偶然の関与ということにも示されているように思われるのである。

8 「解離」した生活を送っていた20代女性との心理面接

田熊　友紀子

1. はじめに

　ここでとりあげるのは，抑うつ感を訴えて来談した20歳代の女性Aさんとの，約9ヵ月間の心理面接の後，中断した事例である。ここでは，Aさんの抱える「解離」の問題の背景と特徴を，面接の経過の中で次々とよみがえりさかのぼっていく「記憶」の語りと「夢」から検討してみたい。そして中断の意味について，解離の観点から振り返ってみたい。

2. 事例の概要

　（以下，「　」はAさんの表現の引用で，"　"は筆者による表現の強調である。）
　Aさんは20代初め（来談時）の，背がすらっと高く透明感のある色白の美しい，しかし抑うつ的でおっくうそうな様子をした女性であった。お嬢様学校と呼ばれる私立女子高校を卒業後，家にいたくなくて家出。生活もあるので以前から『お水の花道』という漫画を読んで興味を持ちやってみたかったという高級クラブのホステスとなった。その勤務先の高級クラブのオーナーの「愛人」となったことから，ホステス仲間の目がわずらわしくなり，またその妻子ある"彼"から，「結婚はしないが，一生面倒をみる」と生活の面倒をみてもらえる約束ができたことから，数年やったホステスを辞めた。辞めたあとにホステス

以外で何をやろうかとさまざまに考えたが，今から地道なことをするのが苦痛で，「今後何をしていいのかわからない」し，また"彼"の（妻以外の）女性関係が心配にもなっていた。これまではこういった自分の感情をコントロールできていたが，「悩みごとがあり，一人では解決できなかったため」（申込書記載），筆者が勤務するカウンセリング機関に相談を申し込んだのであった。

3. 面接の経過

(1) 第1期："何をしようか"（#1～#8）

#1 洗い髪のまま遅刻して来所。インテーク面接でインテーカーに「やること見つけたらいいんじゃないか」と言われて何かしたらいいんだろうと思っている。数カ月前にホステスを辞めて，今は何もしていないと言う。具体的に一日の過ごし方を尋ねてみるが，「5時か6時に寝て，1時か2時に起きる」とさらりと答えるAさんだが，午前か午後かを確認しないと混乱してしまうほど昼夜逆転した生活をしており，店の閉店後に"彼"が午前4時にAさんのマンションに（一時的に）帰ってくるのを，「完璧な形で」（つまり，ネイルサロンやエステに行き，食事の買い物と支度，部屋中を掃除し，身だしなみを整えて）迎え入れることのみがAさんの生活となっていた。大学進学や資格取得を考えたり，バイトをしようと考えたりもしたが，日給5万円，月100万円のホステス時代の収入を考えると，あれこれ考えてもどれもやる気になれない，やりたいこともない。"彼"が生活の面倒を全部みてくれているので，お金に困ることもない。だからといって今のまま何もしない生活も苦しく，カウンセリングでは，「これから自分は何をしていったらいいのか」について考えていきたい。ホステス以外を考えたい，と考えるのも億劫な様子で語った。

#2 "彼"に（奥さん以外の）女性がいるのではないかといてもたってもいられなくなって，興信所をつけようか本気で考えたりしていた。しかしそうだとしても別れたくない。そんな風に思っている間に，Aさんの存在が"彼"の妻に知れることとなり，それをきっかけに「離婚をしてほしい」という自分の

願望がより強く意識されるようになっていった。しかしそれを"彼"に対して直接口にすることもなかった。お互い都合がよいだけの関係と思っていたのに，自分が"彼"にこれほど執着していることに，Aさん自身が驚き，とまどっているようであった。

　#3　他にやることがないから彼に執着するんだろうと，アルバイトの面接に行ってみるが，時給が安い，休日が"彼"の休みと合わない，飲食関連だとマニキュアをとらなくてはいけないのがイヤ，事務や営業もストレスになりそう，など，「どうやって探せばいいんですかね？」と自分の都合に合う仕事をどう探していいのかわからないようであった。

　#4　あいかわらずだらだらした一週間。母親とはよく会っているが，現状についてはほとんど話していない。これまで，この子はどんなに反対しても自分を変えることをしないと思われてきた。さんざん心配かけたけど，心配かけたくないから本当のところは話していない。母はいつか今の恋人と結婚するんだろうと思っているみたいで。言ったことはないから想像つかないけれど，もし今のこと（愛人生活）を話したら母親は泣いちゃいそう，とはじめて涙ぐむ。母は今までもそうだったけど，強く反対することもなく，ただただ受け入れて悲しむと思う。…彼のことはすごく好きだけど，やたら淋しい気分。だらだらした今の自分を見て，もし自分が男だったらどこに魅力を感じられるだろうと焦りを感じはじめていた。また本当は"彼"に離婚してほしい，結婚したい，でも困らせたくない，とはじめて少女のように涙をぽろぽろこぼして，自分の本当の気持ちを吐露した。

　#5　高校卒業後，水商売をしていたが，親から「短大くらい出てないと」と言われ，数年遅れてとりあえず短大に入学。授業に出て，ドレスに着替えてタクシーに乗り，美容院で髪をセット，お店に出て朝5時に帰宅，授業に出て……という毎日をこなし，よい成績で卒業した。ホステスを辞めたのは，オーナーの愛人であることで店の同僚に妬まれたことの他に，お店のナンバーワンの座を確保するために，売り上げ，指名を取るためのプレッシャーとあらゆる営業努力を維持することが苦しくなったこと，短大を卒業したからには，昼間

の社会に出て行かないと，と思ったこと，そして40，50代の一流のホステスを見ていて，こんな精神力は自分にはない，一生やれる仕事ではない，と思ったからだった。

#6　派遣会社でバイトを始める。これまでのAさんの仕事に比べるとずいぶんとささやかな仕事であったが，やりはじめるとより売れるにはどうしたらいいか，客の流れを観察したりなど，自分なりに一生懸命になり，生活のリズムも整うようになる。一方，自分がホステス時代，力量を発揮でき，評価され，自信に満ちており，魅力的であったろうこと，そのころの自分と比べると，どこかで，くだらない，先のない仕事だと思っている自分がいることも感じていた。

#7　派遣会社を辞める。仕事ぶりを見込まれて仕事が増えていく中で，食品関係の仕事なのに「（長くて派手な）マニキュアはとれません」とAさんが主張したことから社員とトラブルを起こし自分から辞めることに。「昼の仕事」（派遣アルバイト）と以前の「夜の仕事」（ホステス）とを比べて，「夜の世界は18歳の女の子はウェルカム，夜はこっちが仕事を選ぶ，昼の世界では選んでもらう」などと「夜」と「昼」の違いをさまざまに意識させられているようであった。悔しい気持ちを抱えつつ，また振り出しに戻るように自分は何がしたいのか，何ができるのかをあらためて考えることとなった。

#8　新しい派遣会社に登録するが，また社員とトラブルを起こすことも心配する。仕事をすること自体が好きな自分自身にも気づきはじめていた。ホステスの仕事も自分に才覚があったであろうと思うし，ホステスの先に自分の店を持つ，ということもあり得たかもしれないが，「それも一人ぼっちだったら考えたかも。水商売は，ドレスを着て，その華やかさに惹かれた。でも自分の"家"を考えたとき，水商売はありえないことはわかってた」と語った。それほど才覚を発揮した水商売の世界であったが，たった一人でそこに入っていく勇気を持ち合わせていないことも意識させられたようであった。

この時期，一度街でAさんを見かけたことがあった。猛暑の昼間であったが，露出の多い服装から透き通るような白い手足が伸びていて，大きなパラソルを

差して颯爽と歩く後ろ姿は，近寄りがたく，異彩を放っていた。

(2)第2期："この話をすれば変わるのか"（#9～#15）

#9　最近抑うつ的な気分に急に襲われる，とくに寝る前に「過去のイヤなこと」に襲われる。イヤな考えは，一つ一つ理性で処理する（今考えても状況が変わらないなら頭に浮かべないように追い払う）というやり方でこれまでうまくイヤな気分や記憶をはねのけることに成功してきた。だけど最近どうしてもわーっと浮かんでくる。"彼"との関係も，今の立場に満足しているわけじゃない。この立場に甘んじているんだから，せめて"彼"にはもっと大事にしてもらいたいと不満を語る。男と女の関係なんて永遠じゃないと言うAさんが彼とはずっと一緒にいられるのだろうか？という自分の思いをもてあましているようであった。

#10　夢を見た。

夢1　20階の高さのビルに，私と誰か男性がいる。そしてビルから下を見ていた。大きな川が流れていて，それが大きな波に。波が20階まで届く。ガラスがあって危険はないけど。場面は変わってバイクでその男性の後ろに乗って逃げる。レインボーブリッジみたいな大きな橋を渡って逃げているけれど，橋の路面がガラス製。下が見えていてすごい怖い。向こうの陸にディズニーのミッキーがいて，男性が「ミッキーがいるよ，見てごらん」と言うが，ガラス張りで下の波が見えていることと，その高さが怖くて怖くて「早く逃げようよ！」。シーンが変わって，昔の時代にタイムスリップ。"彼"と二人で貧乏暮らし。なぜか私はきつい靴をはかなきゃいけない。二人でたき火をしていた。

夢2　私と今の彼と女性と3人で食事。私がわがままを言って，彼氏に怒られ，私が子どもみたいに手足をバタバタ。放っておかれて，彼と女性がいい雰囲気。私は面白くなくて，出て行った。シーンが変わって，実家の家。母が私をひきとめる。

この夢を見て，このすとんと落ちる怖さから，昔の自分のしでかしたことがしこり，影になっているんだとAさん自身が思うようになっていた。今はとて

第Ⅱ部　事例編

も嫌悪感があるけれど，そのときの自分はなんだったんだろうと思う。そういう過去があると自分が信頼できない。

#11　落ち込みも激しくなり，胃痛もひどい．抑うつや胃痛から彼への不満を語るが，自ら，この胃痛は"彼"のことだけではないんじゃないか，記憶を消そうと思っているからよく思い出せなくなっているけれど，しばらく前から"例のこと"を話さないといけないと思っている。記憶を整理して，ここで話したい，と毅然と言い残して帰っていった。

#12　中学時代，学校で教師やクラスメートに不良という目で見られるようになって，仲のいい子たちに悪口を言われて失望し，中学3年で仲良しグループから抜けて，周囲との間に壁をつくって残りの高校3年間を我慢して過ごした，と涙を流しながら話す。中学生が大人のような格好をして目立っては，何も見せたくない，放っておいてと思っていた。それ以来，友達にも彼氏にも，自分のことをありのままには話さないようになった，と振り返る。ここでは3回くらい前から，"例のこと"を話さないといけないと思ってる。でないと前には進めないだろうと。でももしかしたら関係ないのかもしれないけれど。

#13　「いいですか，お話して？」と丁寧に順序立てて中学から18歳までの"夜"のAさんの生活について語られた。援助交際。15歳のころに，父親と同年齢の男性を「パパ」と呼んで金銭を介した関係がしばらく続いたが，17歳のころ，本当にはじめて好きになった同年齢の彼ができて，数年間続いていた援助交際の関係をきっぱりと絶った。しかし「その彼にふられた寂しさからどうしようもなく……。こんな話して変わりますかね？」〈わからないけれど〉……援助交際はひどいことだったけれど，それは受け入れざるを得ない。自分がしたことだと思う。でもそのあと，投げやりになっていたころ風俗の仕事に誘われるままに入っていった。すぐにナンバーワンになり，開店2分で予約がいっぱいになるくらいだった。毎日ロボットのように感情もなくその仕事を続けていた。今思えば，あんな汚いことを……，と崩れ落ちるように涙でぼろぼろになりながら語った。

#14　この話をしたらもっと恐ろしいことが起こると思っていたけれど，前

回の帰り道，楽になった，と涙する。これからどうしたらいいんだろう。ロボットにように風俗の仕事を淡々とこなしていたことはまるで自分のことではないかのように，これまで生きてきた。自分は一人なのに，イヤなことをもう一人に押しつけている。もっと思い出した方がいい？〈もう一人の私が思い出してほしがっているなら，耳を傾けてあげる必要もあるのかな〉風俗を辞めたあと，薬物に溺れていた時期があった。そのとき突然もう一人の自分が出てきて，忘れようとしてきた過去のことを告白し，謝罪し，激しく怒っていた。そばにいた人に頬を叩かれて気がつき「今私何か言った？」と，自分のこころと体の不一致に驚き恐ろしくなり，やばい，とその日から薬物を一切断った。薬物に依存していたから手を出したかったが，自分じゃないものが来ることが恐ろしくて二度と手を出すことはなかった。あのことを思い出して，もう一人の私が私をつぶしてしまうんじゃないかという不安がある。〈でもそのもう一人の私に悪意は感じないね〉どうして？〈風俗に慣れるのは困るけど死なない。でも薬物依存の慣れの果ては死ぬからね。必死で"私"が「私」を止めた感じがする〉そういう考えはなかった……。

#15　新しい派遣の仕事は順調。でも一方で夜の世界で生き生きしていたことの自負もある。彼と別れて別の男性をと思ったときに，夜の私を知らない人ではもの足りないと思っている自分がいる。

(3)第3期：父，どうにもならなさ，脱毛（#16〜#27）

#16　10代のころの恋人のことを思い出して語る。同年代でお金がなかったけれど手作りの生活が幸せだったこと。その温かさを思い出しながら涙を流す。よく彼のことを"パパ"と呼んでいた。〈実のパパってどんな人？〉実の父は怒りもしないし，ほめもしないし，関わりがなかった。私が小さいころ入院していたのを覚えている。たぶん精神的な病気だったのではないかと，誰からも教えてもらえなかったが，うっすらとそのような父親と思っていた。

#17〜#19　現在の派遣での「昼の仕事」では，仕事ができると評価され，VIP顧客の接待部門の担当を任せられたりするが，どこか非常識な対応をし

て叱責を受ける。そのたびに「夜の世界」と比較をしては「昼の世界」への不満を語るが,「昼の世界でやるって決めたんですもんね」と,自分の選択の責任を負おうとする意識を持つようになっていた。

　一方,物質的なものや他者からの評価など,手に入れても手に入れても満足できないこと,また苦労しなくても手に入ってしまうことなどが語られた。

　以上のような話をした後,1カ月連絡のない時期を経て,再び来所する。

　#20　この1カ月の間,"彼"にとうとう離婚を迫り,今は離婚できないと言われ別れることを決意したが,とたんに心臓のドクドクが激しくなり,心臓が破裂してしまうのではないかという不安に陥り,とてもじゃなく生きていけないと思って彼とよりを戻した,と言う。別れられないのは,今の自分に自信がないから。

　#21〜#23　やる気なく,ぼーっとしている,と涙を流す。「ガソリンがない。何で泣いているのかもわからない」。テレビを見ていて,この関係は世間でいう「不倫」で,出演者たちはみんな不倫を怒っていた,つらいことだと言っていた。なのに"彼"からは当たり前のことと植え付けられている。世間の感覚とはこんなに違う。一般的でありたいという思いと,"彼"とは別れたくないというのと。彼と一緒にいて,こんな生活がずっと続くのかと思ったら,突然はじけるように不安になった,と涙をぼろぼろこぼす。

　#24　家族4人で旅行に行った。父の病気はよくわからないが,遊んでもらったことも父に関する記憶がない。今回の旅行中,母に「なんで昔はパパはあんなだったんだろう?」と聞いたら「パパは自分が生きていくことだけで精一杯だったんだよ」と（涙）。それ以上母の気持ちを考えると何も聞けなかった。そういえば小さいころ,母がいなくなる不安がいつもあった。精神的な病気を持っている人の,子どもに対する愛情ってどうなんですか?〈どう思う?〉わからない,わからないです（号泣）。

　#25, #26　"彼"が娘を大切にしている話を聞くと気分が悪くなる。"彼"が娘への愛情からしている言動と"自分の父"がけっしてしてくれることのなかったこととを重ねることが増えていく。Aさんはその中で,カウンセリングの

方向性や意味について疑問を語るようになる。"彼"の態度が明らかにAさんから気持ちが離れているように感じられイライラする一方で，自分が中高生のころ，両親に相談しても「全部自分でやりなさい」と言われたことを思い出す。そのころ母は幸せではなかったのだろう。

　#27　円形脱毛症が見つかりショックを受ける。仕事でネイルをとることも拒否するほど外見や身だしなみにこだわるAさんにとって，美しい髪が抜け落ちることは相当な衝撃であった。そのストレスについて思いめぐらせるうちに，吸い寄せられるように父の話題になっていく。Aさん自ら父のことに触れつつも，沈黙がちになる。〈お父さんの話になるととまどうみたいに見えるけれど〉「父のことを語っても，父は変わらない。今までの父は変わらないし，これからも変わらない。どうしようもできないことはこの世にはある。それをうまく処理できない。頭から離れなくて頭の中で繰り返してしまう」。そういうAさんに対して，〈ここで話してよかったとか，楽になったとかそんなレベルではなく，簡単には手に入らないもの，変わらないものに何か大事なものがあるのかもしれないと思っていて，そういう大事なそれに一緒につきあっていければと思うけれど……〉Aさんはただただ涙を流していた。

(4) 中断，断絶　そして再会

　円形脱毛症になるほどのどうにもならなさにからめとられていることを思いつつ，セラピストはそれにただただつきあうことしかできないことの無力感を感じながら，それでも大事な局面にAさんが入っていっていること，もう引き返すこともできない流れにAさんが入っているように感じていた。しかし上述のやりとりの次の回から連絡なくまったく面接に来なくなり，セラピストから2度手紙を出してみたが，音沙汰がなかった。苦しい局面であったことは承知であったし，面接の意味にAさんが疑問を持っていたこともある面では当然とも思い，またセラピストの力不足や見落とした点を反省すべきと思う一方，これまでのプロセスで，Aさんは心理療法の場を使って，Aさんのこころの作業に，Aさんの内面へと深く入り込んでいっていたことには手応えを感じていた

だけに，この中断をセラピストの力不足だけで説明することは，どうしても腑に落ちないでいた。そしてセラピストの中では，Ａさんの夢や，涙とともにＡさんが深く沈み込んでいった語りの断片をときどき思い返しながら，Ａさんのその後について祈るような気持ちとともに思いめぐらせていた。

　Ａさんとの面接が中断してから約1年半後。街でＡさんと偶然すれ違った。あっと思った瞬間，Ａさんが後方から追いかけてきて，セラピストに声をかけてきてくれ，立ち話ではあったが，その後の1年半のことを話してくれたのだった。

　「どこまでお話していたんでしたっけ？円形脱毛症になったところでしたっけ？」あのあと，"彼"ともきっぱり別れ，彼に提供してもらっていたマンションを引き払い，新しい場所に引っ越し，それと同時に円形脱毛症も治ってしまったこと。「今は正社員のOLで昼間の仕事をしているんですよ！」，そして「あのころの私はなんだったんだろう，うつ病とかの病気だったのかなってときどき思っていたんです」と話された。

　以前（第1期）に街で見かけたときと同じような猛暑の昼間だったが，Ａさんと別れて見送ったその後ろ姿は，普通の若いOLが休日に遊びに来ているという様子で，街にすっかりとけ込んでいた。私がお会いしていたＡさんらしい，というささやかな思いと，もうまったく違う人生を歩いている人だといううれしさと寂しさとが交錯しつつその後ろ姿を見送った。

4．考　察

(1) 解　離

　Ａさんの来談は，短大を卒業しまたほぼ同時期にホステスも辞め，「今後何をしたらいいのか」「一人で解決できない感じ」になってのことだった。逆に，ここに至るまでのＡさんの生活は，「お嬢様学校の女子中高生」／「援助交際」，「短大生」／「ホステス」という，つねに"昼の顔"と"夜の顔"の二つの顔を持ち続けてきたと言える。このような"昼"と"夜"の解離は，短大卒

業によって，"昼の生活"が終わることとなり，"夜の生活"のみ取り残されたことで大きくバランスを崩したように思われた。夜の顔であるホステスというステイタスを捨てることは，その崩れたバランスを立て直す試みであったようにも思える。しかし短大生とホステス両者を辞めて残ったのは，結局愛人としての，"夜"の生活であった。その愛人であることとバランスをとるために，今度は"昼"の仕事を探しはじめることが，第1期のAさんの試みであったと思われる。このような"昼"と"夜"という二つの世界，二つの生活の解離によって，Aさんはずっとバランスを維持してきたのであった。Aさん自身は「易きに流れやすいところがある」と自らを説明するが，Aさんの解離した二つの生活，二つの顔を維持するための努力は並大抵のことではなかったように筆者には思われた。

　Aさんの解離は，Aさんの昼と夜という二つの生活だけでなく，第3期に語られる，「父」にも見ることができた。Aさんの実の父は，(実際のところはAさんも知らされなかったが)何らかの精神疾患を抱え，父親としての一般的な役割を果たせない人であったようである。Aさんは思春期以降，家にいたくなくて夜の街で「援助交際」を続けていくが，そこでかりそめの「パパ」との関係を作り，また同年代の彼に対しても「パパ」と呼んでいた。その後Aさんの男性関係はほとんど，父娘ほどの年齢の離れた男性との不倫関係であることが多かった。そのようなたくさんの「パパ」との関係は，愛情を注いでもらっている実感を持つことができなかった実の「パパ」を，バラバラに解離させて投影し，(それは真の父娘関係とは異なるものであるが)たくさんの「パパ」から愛情を得ることとなっていたように思われた。

　Aさんの「昼」と「夜」の解離は，Aさんのバランスをとることに貢献し，「パパ」の解離は，Aさんの孤独を(とりあえず)埋めることができたという点で，Aさんをある種守っていたと考えることができる。しかし，Aさんは自分の未来に影を落としかねないと怯え，記憶を消し去ろうとしていた事実があった。それは風俗の世界に身を投じていた期間のことであった。これは筆者が今振り返っての想像ではあるが，風俗そのものへの嫌悪だけではなく，その期間

はAさんにとっては"夜"と"昼"のどちらの岸でもない，自分の意識のコントロールの及ばぬ"隙間"のようなところに落ち込んでいたのではないかと思われる。そのような"隙間"にすとんと落ち込んでしまった恐怖から逃れるために薬物に手を出すことは（残念なことだが）想像に難くない。しかし，そこからはい上がってこられたのは，自らの意思ではなく，薬物で興奮状態になっていたときに，自分の意識外の「もう一人の私」が出現し，「意識している私」を追い出して，勝手に秘密を告白してしまったことからであった。この自分自身の内側での解離は，Aさんを何よりも恐怖させた。そこから逃れるように，Aさんは薬物を断ち，そしてホステスの世界（夜）の岸へ，短大（昼）の岸へとはい上がってきたのである。このように，新たな解離によって，解離は克服され，かつ解離が維持されることで，Aさんの"適応"が回復したのであった。

(2) 夢

#10でAさんは夢を報告する。この夢で最初Aさんは男性とともにビルの20階にいて，大波が襲ってきても窓ガラス一枚隔てていることで危険はないし，不安も感じていない。それまでの短大生とホステスの二重生活，女性としてのある種の男性を惹きつけるための努力など，（道徳的・一般的ではないとはいえ）Aさんの考える，そしてAさんの解離した世界の中で「20階」に相当するほどの高みへとのぼってきていた。それはAさんの奈落の底のような"隙間"の世界から上へ上へと逃れる努力の結果であったかもしれない。そのような安全・安心の，ガラスに隔てられた20階にいるところから，次の場面ではなぜかわざわざ「逃げるため」に地上に降り，バイクの後部座席（自動車と違ってガラスに守られることもない）に乗っている。そこはレインボーブリッジのように巨大な橋であるが，路面はガラス製で，その下の黒い濁流が丸見えで，（向こう岸のミッキーマウスなどにも目もくれず）その路面のガラスが割れて，"すとんと落ちる"ことの恐怖にかられているのであった。Aさんはこの落ち込む恐怖から「忘れたい過去のこと」を思い出していったのであった。20階のビルのガラス窓は"解離"，ガラス製の路面の橋は，まったく機能していない"抑圧"

のようにも思われる。抑圧していることを知っている抑圧は，すでに防衛機制としては役に立たない。レインボーブリッジ，"虹の橋"はいつか消えてゆくものである。この夢の後半は，昔の時代にタイムスリップしていく。そこではきつい靴をはかなければならない。その「きつさ」の中に足を踏み入れることが求められていたのであろう。そしてたき火の暖かさが，その後のプロセスでAさんのこれまで凍結させてきた記憶や感情を，そしてこのガラス製の橋を溶かし出していくようであった。Aさんはすでにこの濁流に関わってしまっているのだ，ということを感じさせられる夢であった。

(3)中断の意味

この夢をきっかけに，これまで「自分のことではないことのように」「忘れようとしてきた」過去の忌むべき自分自身のことが，溶け出すように涙とともに次々と語られていく。そしてそれはさらに，Aさんの面接での語りは実の父との関係へと遡っていった。なんらかの精神疾患を抱えていたかもしれない父との距離感，そのような夫を持つ母との距離感。そのような向こう側にいて一体感を持つことのできない父親の「子ども（自分）に対する愛情ってどうなんですか？」と号泣しさらには円形脱毛症まで作ってしまうAさんの子どものような心許なさ，苦しさに，セラピストもこころが乱れる思いであった。

このようなプロセスに入っていったとき，セラピストはこの苦しさになんとか踏みとどまってほしいと考えていた。そしてそのために「一緒に」そこにつきあって行こうとしていたし，そのようにAさんに語りかけていた。Aさん自身もはじめ「悩みごとがあり，一人で解決できなかったため」という来談理由でこの面接にやってきたことに示されるように，Aさんは一緒にいてくれる他者を求めていた。しかし，結局，Aさんがこの面接を通じて成し遂げたことは，一緒に踏みとどまって解決することではなくて，それら"一緒の他者"を捨て去って，一人で歩いて踏み越えてゆくことではなかっただろうか。"彼"そのもの，彼から提供されたマンション，彼からもらっているお金で通う面接，それらすべてを丸ごと置き去りにして，そこから向こう岸へと渡っていったと言

える。それは"彼"との決別,ということだけを意味するのではなかったのかもしれない。"一人であること"の不安,心許なさといったこととの決別でもあったように思われる。夢に出てきた履かなければならない「きつい靴」は,踏みとどまるための靴ではなく,そのきつさに耐えながら一人歩いてゆくための靴ではなかったか。さらに夢2は,まさにこの3者の葛藤状況にとどまって解決していくのではなくて,Aさんはそこから出て行こうとしている。母親がひきとめ家の中にとどめようとする姿とセラピストの姿が重なる。Aさんはこの部屋からこの家から出て行ったのだ。

　もちろん出て行くこと,面接が中断することは多くの場合,危険を伴うことであることは忘れてはならない。筆者はAさんが無事に新しい人生を歩いていることを知る機会を(偶然にも)得たことはまさに幸運なことであったと言わねばならない。

5. おわりに

　セラピストにとっては,ある日突然クライエントが来談しなくなり,連絡がとれなくなることほど不安で恐ろしいことはない。セラピストとしての自分自身の存在意義の心許なさをあらためて思い知らされることでもある。一方で,クライエントにとっては,セラピストはあくまでも前へ進むためのきっかけにすぎないという側面もある。「向こう岸」がどのような世界であるかはわからないながら,その後ろ姿を見送る機会を得たこと,そして筆者がAさんとの面接を(個人を特定できない形での改変を加えたうえで)活字にすることをAさんが快く承諾してくれたことに感謝いたします。

「『解離』した生活を送っていた20代女性との心理面接」に対するコメント
―― 解離された夜の世界へのノスタルジー

河合　俊雄

　本事例は，「解離」を問題とする事例である。ただしあまり病理的なむずかしさは感じられない。それはまず，風俗をやめた後に薬物に溺れていた時期に突然現れた「もう一人の自分」がセラピストも指摘するようにポジティヴなものに思われ，破壊的でないからである。さらにはこの女性が解離に気づいているためである。気づいて行っていることは，ある種の演技であって，本当の症状にはなりえない。無意識という概念があるように，わからずに行ってこそ症状となる。

　クライエントは，夜の世界と比較して昼の世界への不満を語るように，昼の世界で生きていかねばならないことがわかっていながら，おぞましくも魅力的である夜の世界を捨てきれない。そこには夜の世界へのノスタルジーがある。だからこのセラピーは，夜の世界へのノスタルジーを捨てて，昼の世界を引き受けていくことで終わっていく。

　このセラピーの流れや見通しは，第2期の最初の夢1と2に示唆されている。夢1では，20階まで大きな波がやってくるけれども，ガラスがあり，大きな橋を渡って逃げているときも下にはガラスがある。このガラスの下に見える波などが，気づかれているけれども解離されている夜の世界であろう。それが自分に浸透していく治療の流れも考えられるけれども，そのような垂直的展開ではなくて，クライエントは水平的に逃げることで終わるようである。最後の彼との貧乏暮らしやきつい靴は，束縛があり華やかでない現実が示唆されているようである。また夢2では，彼と女性との3人のシーンが，彼と女性のいい雰囲気，自分の方は原家族の方に移っていく。おそらくは普通の家族関係と自分の過去の家族関係が大切になっていくのであろう。

　第2期において，「過去のイヤなこと」，「例のこと」をかなりためらった末

に，クライエントは中学から18歳までの夜のおぞましい話を語っていく。父親と同年齢の男性との援助交際のことなどから，自分と家族の関係を深めて，そうなっていった背景を探っていくことも考えられるが，あまり治療はその方向に進まない。援助交際，風俗，薬物中毒の体験は，その時期に吹き荒れた夜と思春期の世界の振り返りとして語られ，夜の世界へのノスタルジーを捨てていくための過程と考えられる。夜の世界はいいものではなくて，それほどもひどくおぞましいということを語ることによって，破壊されていくのである。

第3期に入って，クライエントは，彼に離婚を迫る。これは気づいている都合のよい解離を捨て，自らが現実を目指すためのステップである。そして円形脱毛になるのが印象的である。ここにおいてクライエントは，作り物の解離ではなくて，ついに本物の症状を持つことになる。夢1のイメージを用いるなら，ついにガラスがなくなって，波に捕らえられた瞬間であろう。その後のセラピーではお父さんがテーマになりそうな印象を受ける。

しかしここでも問題は深められることなく，セラピーは中断してしまう。中断後に偶然に出会ったクライエントから，彼と別れ，普通の OL をしていること，円形脱毛は治ったことを聞く。クライエントは，見事に夜の世界を捨てて，昼の世界を生きている。このクライエントは昼の世界だけで生きていくのであろうか。そうとも考えられるが，ひょっとすると岩宮恵子が『思春期をめぐる冒険』（岩宮，2004）で取り上げた母親面接のように，娘が援助交際をするような夜の思春期を生きるときに，また夜の世界は蘇ってきて，そのときにはじめてセラピーで扱えるものになるかもしれないのである。

文献

岩宮恵子　2004　思春期をめぐる冒険——心理療法と村上春樹の世界　日本評論社（2007年に新潮文庫版も刊行）

⑨ 統合失調症の10代女性との塗り絵を用いた心理面接

福田　周

1. はじめに

　本章の事例は自閉と家庭内での暴力を繰り返し，精神的混乱を呈して精神科病院に入院した統合失調症の女子であり，入院期間中に塗り絵を導入した心理面接を行った。塗り絵に関しては，筆者は普段入院病棟内での集団精神療法の一環として絵画教室の中で使用していた。絵画教室のほうでは，事前にそのときの季節に応じたB4版の下絵を複数（植物・動物・人物・風景・季節行事等20種程度）用意し，その中から自由に参加者が下絵を選んで，クレヨン・色鉛筆・水彩色鉛筆などの用具を用いて彩色し，発表と展示を行うというスタイルで行っていた。一方，病院内での個人心理療法でも患者さんによっては，塗り絵を面接の中で使用することもあったが，とくに塗り絵を用いたことがその心理療法のプロセスに大きな影響を与えたと思われる事例がこの事例であった（福田，2002）。A子への心理面接は入院期間の8カ月間，計30回（ほぼ週1回）行われた。以下，面接過程を4期に分けて報告する。なお，事例に関してプライバシー保護のため，内容を一部改変してある。

2. 事例の概要

　クライエント　A子　18歳（来談時）　女子

主訴 家族のものが本人の言うとおりにしないと暴力を振るったり，家具やガラスを壊したりする。ささいなことで母親や父親が妹をひいきすると被害的に受け取る。

生育歴および面接までの経過

A子は，2～3歳のころから口数が少なく，よく癇癪を起こしてお膳をひっくり返すことがあった。幼稚園では引っ込み思案で感情を表さない子だった。他の子が話しかけても，腕をつっぱって同じ姿勢をとりつづけ，喋らなくなることがあった。小学校でも運動会では座ったまま，まったく動かなくなるなど，緊張すると身体が硬直してしまうことが続いた。小学校の学業成績は中の上であった。また，父親はA子のことをよく叱り，その際に髪の毛を引っ張ったりすることがあった。

A子は私立中学校に進学したが，1年の1学期から不登校ぎみで，夏休み明けより完全な不登校状態に陥る。学校へ行けない理由として，A子自身は，「1学期に急に成績が上がり，逆に今度は成績が下がってしまったら先生に叱られるような気がして，試験が怖くて行けない」とのことであった。不登校後は，風呂に入らず，着替えもしない状態が続き，1年生2学期の中間テストの日に手首自傷をして，その後地元の小児精神神経科に通院するようになる。

完全不登校のまま中学を卒業し，通信制高校に入学する。スクーリング登校はできず，また外出はほとんどせず，家の中で家具やガラスを壊したり，母親に対して自分の思い通りにならないと髪の毛を引っ張り，殴る，水をかけるなど問題行動が激しくなる。また，母親に対して，「テレビを見る母親はちゃんとした母ではない。母親は本屋で立ち読みをしてはいけない。そんな暇があったら仕事をしたり，家事をしっかりした方がいい」と文句を言ったり，母親が芸能人の話をすると自分の悪口を言っていると被害的に受け取ったり，ささいなことで両親は妹ばかりかわいがり，えこひいきをしていると責め立てたりする。

幻聴（女の人の声，内容は不明瞭）が出現し，生活のリズムも崩れだし，拒薬傾向が出はじめ，通っていた病院に通院しなくなってきたため，単科精神科病

院にて投薬と作業療法を中心とした入院治療が開始された。なお，A子自身は入院について「乱れた生活習慣をなおして，勉強するため」ととらえている。

3．面接の経過

入院後しばらくして，情動面の安定のため主治医から心理面接の依頼がなされた。面接は入院病棟とは別棟にある心理室にて，ほぼ週1回50分で行われた。毎回面接時間に筆者（セラピスト：以下，Th）が病棟までA子を迎えに行き，面接終了後には再び病棟まで送った。

以下，「　」はA子の言葉。〈　〉はThの言葉。

(1)第1期：風景構成法の実施（#1～#6）

入院当初は入浴を拒否し，新しい服を着ようとせず，「一番高くて良いものですから」といつも同じ服を着続けていた。また，病棟内がうるさい，他患が怖い，看護師が怖いと訴え，主治医以外の医師に対して，外泊の許可をくれない主治医を替えてほしいと訴える。その訴え方も，「患者の悩みをちゃんと聞いてくれないのは主治医としておかしいですから」と，一本調子の表現しかできない。Thは入院病棟内でレクリエーションも担当しており，定期的に絵画教室を行っていた。参加は自由であるが，A子は同じ年頃の女子患者数人と絵画教室に参加している。しかし，いつも自分では描かず，他患が描くのを見ているだけであった。

第1期の面接過程

初回面接は別棟の心理室で面接を開始する前に病棟で行った。Thはまず本人に挨拶をしようと思い，病棟内の問診室へA子を呼ぶと，A子は他患（Cさん）と二人でやってくる。ThはA子のみ呼んだことを伝えて，他患を戻し，A子のみ部屋に通した。ThとA子の二人だけになると，A子は突然小声で内緒話をするように「じつは私あの人嫌いなんです」とThに囁く。ThはA子に〈そう，そのことは内緒だね？〉と問い返すと，A子はうなずいて「はい」

第II部　事例編

図1　風景構成法（第1期）

と答えた。Thは簡単に心理面接の説明をし，次の面接の約束をして初回面接を終わりとした。

　日を改めて開始した第2回目の面接で，A子は今の入院生活や他患の話をするが，話し振りや態度を通じて感じたThのA子への第一印象は，「ロボットのような堅い子」で，顔に表情がなく，身体全体が棒のように硬い。A子は，「今日病室を移ったんですが，不安なんです。先生，面接とかOT（作業療法）とかやれば，早く退院できますか？」と病室移動があったことへの不安な気持ちを語る。ThはA子に〈どうなりたい？〉と問うと，A子は「暴力を振るわないで，いい子になれるように。今の私は悪い子です。大検を受けて大学の法科に進みたい。人のためになります。水彩画できますか？」と矢継ぎ早に話しはじめた。Thは絵画教室では自分で描かずに見ているだけのA子が，自ら絵を描きたいと言ったことに対して，本当は自分も絵を描きたいが人前では描けないでいたのではないかと思い，絵を描くことを面接に活かそうと考えた。しかし，彼女の状態を鑑みて，いきなり水彩や自由画を描かせるのは難しいことと思われ，最初はThの提案で風景構成法を施行することとした（図1）。

　描かれた風景構成法は，アイテム一つ一つははっきりとしているが，全体がつながっておらず，一つの風景として成立していない。畑は記号化によって表現されており，人は山の裾野に片足だけひっかけ，いかにも不安定に立っている。川は紙面下方全体に広がり，此岸が見えない。その川の真ん中に山がまるで島のように浮かんでいる。Thは，このまま続けて彩色させるより，A子に

これ以上負担をかけないことが大切と判断し，さらっと風景の状況だけを聞いて，終了させた。A子によれば，動物は自分が家で飼っている猫だとのことであった。

(2)**第2期：塗り絵の導入（#7～#16）**

薬がドグマチール（Dogmatyl）に変更となり，それ以降，急速にこれまでの硬さが減少し，顔に表情が出てくるようになった。病棟内では安定しはじめ，院外作業などにも通いはじめる。また，B子という友達ができ，行動をよくともにするようになる。しかし，依然，環境の変化に弱く，ちょっとしたことで，看護師や他の医師に主治医を批判するという形でその不安を表現する。Thにも訴えるが，主治医批判に対してはそのまま聞き，A子が「先生からも言ってください」と頼むときには，主治医に直接言ってみることを繰り返し伝える。A子は以前より身体の硬さは減ってきたが，自己表現がうまくできない。たとえば，他人から固まっていると言われたから「自分は固まっています」とか，人から言われたから「これからは笑顔を作るようにします」といった調子である。

第2期の面接過程

この時期，病棟内で行っている絵画教室で使用している塗り絵をA子に提示し，A子は水彩で彩色している。A子はたくさんある下絵から#7には『鶴』（図2），#8には鳥の図柄の入った『風鈴』，#11には『こんごうインコ』（図3），#12には『わらいかわせみ』と，好んで鳥の下絵を自分で選び，塗り絵をしている。

#7の『鶴』（図2）では，はじめてで自信がないからか，「ここは羽なので黒に塗ります」などいちいち言葉で確認しながら少しずつ塗っていた。かなり時間をかけゆっくり仕上げるが，下絵の背景は塗らずに空白のままで終える。描き終えるとA子は，「これ，今度の面接があるまで貼っておいてくれますか？」とThに言う。通常のレクリエーションでの絵画教室では，いつも出来上がった作品を次回まで病棟の壁に貼り，展示しておくので，A子も同じよう

第Ⅱ部　事例編

図2　鶴

図3　こんごうインコ

にしてほしいと望んだのだろうと考え，以降，ThはA子の面接がはじまる前に，心理室の壁にA子の作品を貼っておくことを続けた。#11の『こんごうインコ』（図3）では「鳥のところ色を変えたほうがいいですよね。何色にしようかな」などと，以前に比べてリラックスして塗り絵に取り組み，その間，笑顔がたくさん見られ，あれこれ楽しみながら色塗りに没頭するようになった。それに並行して，以前は，ただ一方的に自分の不満な状況を報告するような調子で話していたのが，「自分では明るくなってきたと思います。緊張しなくなってきました。今までなんか言いたいことの半分も伝えられなくて不安でした」と自分の今のこころの状態も以前に比べ的確に言葉で語りはじめるようになった。また，入院の経緯や家での様子も語るようになった。ただ，入院前の家での暴力に関しては，「2階からテレビを外に投げるんです。あとガラスを割ったり。おかしいんです。黙ってお母さんが片付けます」と，いかにもおかしそうに笑って話していて，Thにはその行動の異常さとそれをさも他人事のように面白そうに話すA子の語り口のギャップを感じていた。

(3) 第3期：塗り絵と言葉による内面の表現（#17〜#24）

　この時期，外泊ができるようになる。外見も表情が豊かになりソフトなイメージに変化していく。また，主治医ともA子なりに話ができるようになってく

図4 フクロウ

る。一方で，B子と他の女子患者を含めた三角関係になり，B子とのいさかいが増え，仲たがいしてしまう。そのことを面接で話すようになってから，徐々に面接中に考え込む場面が出はじめ，同時に両親に対する感情もポツリポツリではあるが表現するようになる。

第3期の面接過程

　#18では，喧嘩してしまったB子に対する話題が中心となる。筆者には以前よりもA子の感情がストレートに伝わり，A子が一生懸命自己主張する姿を好ましく感じた。一通り，B子への鬱憤を筆者に語った後，A子のほうから「久しぶりに塗り絵したいです」と言い，『フクロウ』(図4)を選んで彩色しはじめる。A子は，「貫禄があるほうがいい」と言いながら，最後に目を金色に塗る。これまで，A子は鳥を好んで選んでいたが，その際いつも顔も身体も同じ色で一色に塗りつぶしていた。しかし，今回に限り，顔，とくに目を強調して塗った。描き終えたA子に筆者が〈これから，あなたはどうなりたい？〉と問いかけると，A子は「明るく，自分の意見を言えるようになりたい」と語り，これ以降，A子は塗り絵をすることはなくなった。

　#21では，「お父さんを見ても逃げなくなりました」と外泊時の父親への印象が語られ，しばらく考え込んでから，「お父さんとお母さんが喧嘩をして，それで（A子は）喋れなくなったんだと思うんです。小1のとき，お父さんに

『お前ちょっと来い！』って髪の毛引っ張られて，2階に連れて行かれそうになったのを覚えています」と少し歪んだ泣き顔で語った。

#23では，外泊での出来事を話す。「お父さんにちょっと嫌なことを言われてから，お母さんに対して文句を言っちゃったんです。そうしたら何だか息が苦しくて，こころとこころが2つに別れて戦うんです。『むかむかする，お母さん助けて』と。それで後から『どうしてこんなにつっかかったりしたんだろう？』ってお母さんに聞いたんです。」Thは〈あなたは前はそういうときは暴力でしか言えなかったものね。今は少しそうしなくてもよくなってきたね。お母さんとよくお話できるようになってきたものね〉と返す。するとA子は，「退院したら勉強しながらアルバイトしようかな。何がいいかなってお母さんと話してて，動物園の飼育係とかはどうかなと思ったんです。小学校のころの夢だったんです。一番最初になりたいと思った夢がそれなんです。先生，生き物にやさしいってことは人にもやさしいってことですよね」と語る。

(4) 第4期：退院へ (#25〜#30)

　病棟内ではほぼ安定した生活を送るようになり，長期の外泊を定期的にこなすようになる。外泊中は母親と動物園や水族館にたびたび出かけるようになる。また，家の中では暴力や暴言を振るわず，感情を言葉にして母親に伝えるようになり，退院の話が出はじめる。最終的にA子は退院し，その後地元の病院へ通院することとなり，面接は#30で終了となった。

第4期の面接過程

　#26では，風景構成法（図5）を再度行っている。動物は飼いネコで金色に塗られている。その猫は1年前に病気になったことが語られる。どんな風景か問うと，「天気が良くて，山があって，川があって，花も咲いていて，そんな所を歩いていて，気持ちがいいかなって。お父さんとお母さんが作っているたんぼ。小川，メダカとかがいるかな」と語る。#29で，A子は以前盛んに批判をしていた主治医に対しても「話せば聞いてくれる。別に自分を悪いようにする先生はいないと思う」とにこりと笑って語った。最後の#30では，これまで

図5 風景構成法（第4期）

の筆者との面接を振り返り，Aは，「先生（主治医）には相談できないことを相談できて……一番はじめにCさんと来て，その後，お父さんの話をしたのを覚えてる。『しー！』というのを」と，初回に筆者と交わした会話を思い出し，そのときの筆者のジェスチャーを真似て語った。

4. 考　察

(1)他者や自分を枠の中に押し込む

　入院当初からA子は病院という不慣れな状況への不安をうまく外へ表現できず，A子を守ってくれる大事な人である主治医を批判するという形でしか表現できなかった。「患者の悩みをちゃんと聞いてくれないのは主治医としておかしいですから」という一本調子なその表現は，主治医を現実の生きた人間としてとらえるというよりも，主治医という役割の側面のみを取り出し扱う印象があり，それは母親に対してとっていた表現方法と同じである。母親は母親以前に人間であり，たまには主婦の仕事を離れ本屋で立ち読みをする人になったり，芸能人の話をしたりするさまざまな顔を持つ存在である。しかしA子はそうした人のあいまいさを受け入れることできず，相手を自分の許容できる枠に暴力や批判という形で無理に押し込むことで，何とかその状況をコントロールしようとしていた。自分自身もまた，大学に入って法科に進み法律家になるというはっきりとした枠に自分をはめ込もうとすることで将来への不安を抑えていた

(2) 他者や自分への情動的関わりの回復

　塗り絵の素材が，A子のもっとも苦手とするあいまいさが排除され，かつ現実に根ざした一つのまとまった「もの」であったことは，A子にとって混乱せず安心して関われる現実世界への窓となったと思われる。A子の下絵の選択は鳥がほとんどであり，それは彼女にとって脅威を感じずもっとも関わりやすい「もの」であったのではなかろうか。それでもはじめのうちは「鶴」のときのように，「ここは羽なので黒に塗ります」と，ただ正確に「もの」の表面的属性を塗るだけであり，この段階では下絵に対して一義的な関わりしかできていない。しかし，やがて余裕が出てくると，「こんごうインコ」のように羽の色を自分で自由に選んで変えるという遊びが生まれる。

　こうした「もの」と自分との自由な関わりを通して，楽しみながら自分の気持ちを「もの」に投影するという情動的な関わりがA子の中に生まれてくる。そしてA子は最後の塗り絵である「フクロウ」において，これまで無視して塗りつぶしていた顔に注目し，「貫禄のある」表情をその下絵に投影し，自身も堂々と「自分の意見を言えるようになりたい」と語る。そこに「フクロウ」との共鳴的な関わりが推測される。こうした「もの」が本来内包する生き生きとした生の情動に触れていくことは，A子にとってこれまで切り捨ててきた自分や他者への情動的関わりを回復させるきっかけとなったのではないだろうか。

　塗り絵を通した現実との接触を伴う象徴世界との交流に伴い，A子自身の内面との交流もまた現実を回復しながらすすむ。彼女個人の生きた時間の回復を伴い，過去の回想がなされる。しかし，それは生きた関わりに伴うさまざまな葛藤とも向き合うこととなるが，後に第3期の面接の中で語られた「動物の飼育係になりたかった」という子どものころの夢の想起は，A子自身がいみじくも語っているように，「生き物にやさしいということは，人にもやさしくなれる」という他者への関わり方の変化であり，生き物へやさしさをもって接するという情動的関わりが，母親や主治医というA子を支える他者との現実の人間

関係にも拡大されていったと考えられる。A子の内的世界が外的世界と情動的に結ばれ，安定したことは，#26に再度行った風景構成法にも表現されていると思われる。

(3)治療関係の枠と描画

　描画は本来，何らかの内面の投影を体験するものであり，塗り絵であってもそれは変わりがない。言葉の場合，「話さない」という方法でそうした内面の暴露から身を守ることができるのと同じように，A子は絵画の持つ不意打ち的な侵襲から自身を守るために，集団での絵画教室では「描かない」という姿勢を貫いたのかもしれない。もともとA子は場面緘黙であり，また，自閉的傾向が強く，集団や社会状況などのあいまいで多義的な状況に対しては，自らを表に出さないという方法で自分を保ってきたと推測される。

　A子が描画という内面の吐露を伴う行為に，あえて臨もうとした背景にはいったい何があるのだろうか。初回にA子は他患と一緒に現れたが，筆者はその他患を帰し，A子と筆者のみの空間を作る。A子はそれで安心したのか，じつはその他患が好きでないことを筆者に打ち明ける。それに対して，筆者は「それは，内緒だね」と，話されたA子の秘密を他者に漏らさないことを伝える。このことが，この筆者との空間はA子にとって自己の内面を吐露しても，それが外に漏れない守られた空間なのだという認識を成り立たせたのだろう。不思議なことに，彼女の中では，この初回に筆者と父親のことを話したと回想されているが，実際には父親の話は出ていない。それは初回の出来事ではなく，この面接全体で語られた彼女の葛藤であり秘密であったことを示しているとも受け取れる。

　描画法が治療に導入される際，侵襲性の低さという技法そのものの安全性のみで患者への侵襲を防ぎえるものではなく，また，その内的イメージの展開を保証するものではない。そこにはかならず外から侵襲されない安全な治療関係の枠が患者との間に成立していることが必要であり，A子の場合にも治療関係の枠の成立が決定的な条件となっていると考えられる。

第II部 事例編

文献

福田周　2002　分裂病入院患者に対する塗り絵法の導入　臨床心理学, 2(5), 633-642.

「統合失調症の10代女性との塗り絵を用いた心理面接」に対するコメント
——塗り絵と秘密

河合　俊雄

　これは精神病圏のクライエントとの心理療法であり，また塗り絵という非常に制限された，自由度の低いイメージでの関わりを中心としたものである。イメージによる表現のリスクは，それによってキャパを超えるものを引き出してしまい，崩壊に至ってしまうことである。とくに統合失調症の場合は，たんに心理テストとしてロールシャッハ・テストを施行するだけで，状態が悪くなってしまう場合がある。そのようなリスクを避けるためには，イメージ表現であっても，誘発線法（定型刺激から誘発されて絵を描く方法）や塗り絵のような，自由度が低くても，枠がしっかりしたものが適切である。したがって逆に言えば，内容が決まってしまっていたり，選択の余地が限られていたりするので，あまりクライエントの内的世界が表現されないことになる。いずれにしろイメージによる技法，また絵画療法においては，どのようなイメージ，どのような描き方を選ぶのかが，治療上の大きなポイントとなる。このセラピーにおいてもクライエントは水彩画を希望するけれども，セラピストの判断で塗り絵になるのである。

　このセラピーにおける決定的なポイントは，初回面接におけるやり取りであろう。他の患者と二人で来談したクライエントに対して，セラピストはクライエントのみ部屋に通す。するとクライエントは突然小声で「じつは私あの人嫌いなんです」と囁く。それに対してセラピストは〈そう，そのことは内緒だね？〉と問い返し，クライエントはうなずく。この見事なやり取りを通じて，治療関係が確立され，その後の展開のための基礎ができたと言えよう。クライエントは他の患者と二人でやってくる。これはクライエントが一人ではだめで支えを必要としたとも，自分と他の人との区別ができていないとも考えられる。それに対してセラピストは，きっぱりとクライエントとだけ会おうとする。一

人でも大丈夫とセラピストに判断されたことによってクライエントは自立する道を歩みはじめ，他者との区別をはじめる。「あの人が嫌い」とは区別する動きに他ならない。それについて神経症圏のクライエントなら，あの人のどのようなところが嫌いかという内容に入っていくであろう。しかしそれよりも重度の精神病圏のクライエントのレベルにふさわしく，セラピストはそれが内緒であるという形式面で受けようとする。しかも問いかけて，クライエントの側から意志表明させようとする。これを通じてクライエントは入り交じっていた自分を分離して確立することが可能になっていくのである。それを受けてクライエントが自ら絵を描こうという動きも生まれてきたと考えられる。

　塗り絵ではクライエントはもっぱら鳥の下絵を選び，いつもは横から見た鳥を選んでいたのが，#18のときに正面から見たフクロウを選び，とくに金色に塗った目を強調する。横から描く鳥は，それがあまり自分に迫ってこないことを示している。それに対して正面からの目が強調されたフクロウは，他者が自分と向かい合い，迫ってきている状態である。統合失調症の人が多くの目を描くことがしばしばあるように，統合失調症の人は他者や無意識に圧倒されている状態にある。だからこそ妄想や幻覚が生じてくる。このクライエントはまずは対象との距離を置いたところからはじめ，そしてついに対象と向かい合うようになったときに，自分はそれに抗しうるものなっている。セラピストが〈これから，あなたはどうなりたい？〉とクライエントの主体性に焦点を当てたのは非常に適切な働きかけであったと考えられる。その後出てきたお父さんとお母さんの喧嘩の話は，クライエントが自分の病気の物語を作り出せるようになったことを示しているのであろう。

10 統合失調症と診断された20代女性との心理面接

―― 自分と第三者との関係性をめぐって

本島　京子

1. はじめに

　本章では，精神科クリニックで「統合失調症」と診断された20代女性との面接過程を報告する。大学受験の失敗を契機に発症し，自分という枠組みが崩れてしまったA子は，身の回りのさまざまな偶然の一致の体験に，自分の力では及ばない「第三者の存在」が，自分に対して何らかのメッセージをしむけているのでは？ という脅威的な不安と恐れを抱くようになった。

　不安のイメージはおもに「お化け」として語られ，その不安を解消するべく，神棚にお参りをしたり，自分なりの決まりを作り，強迫的に守り抜くことで自分の身を守るようになった。

　A子自身の怖がっている世界のイメージについてのやりとりをしながら，自分と第三者との関係性をめぐって，少しずつ境界ができるようになっていく過程について考察した。

2. 事例の概要

　クライエント　A子　24歳（来談時）女性
　主訴　悲しい気持ち，苦しい気持ちがごちゃごちゃあって，辛い。自分でも何が辛いのかよくわからない。お化けがいないと思えるといい，死ぬ恐怖感と

れるといい。

　家族　会社員の父と専業主婦の母，2歳下の弟の4人家族。父の仕事の関係で，転勤が多く，3回の引越しを経てA子が19歳のとき実家に戻る。

生育歴および面接までの経過

　元来素直でよく気がつく手のかからない子だった。小6のころよりいじめられた。中学ではうまくいっていた時期といじめられていた時期と半々だった。高2より友達とうまくいかなくなった。高3の夏休みから食欲がなく，疲れても眠れないことがあった。辛く，落ち着かず怖くて，自分でも気持ちがよくわからず，人にも話せなかった。浪人中は少し辛さは減るが，人とうまくいかなかった。

　一浪後大学受験に失敗し，短大に進学。入学後何もする気になれず，一人でいたいとの思いが強くなる。家族と話をしなくなり，問いかけると泣いてしまうことが多くなった。夏に不眠，食思不振，不安症状が出て，地元の相談機関にてカウンセリングを受ける。秋に「死ぬ」と言ってカッターナイフを取り出す，飛び降りそうになる等の行動が見られたため，精神科クリニックを紹介された。投薬治療により食欲，睡眠，不穏さは落ち着いた。

　冬の転居に伴い，筆者（セラピスト：以下，Th）の勤める精神科の病院に初診。視覚，聴覚領域の気付き亢進，自生記憶想起（怖かった出来事や昔のことなどを次々と思い出すなど）がみられた。紹介状には「不眠（浅眠，中途覚醒），食思不振，全身倦怠感，頭重感，不安，対人恐怖，情緒不安定，思考の混乱などに加え，自我境界の脆さ（ニュースやドラマを見ると自分の中に入ってきてしまう気がする）や，母と風呂に入るなど，極端に退行した状態が目立った。状態としては充分な改善に至っていない。統合失調症の初期の可能性について検討の要あり」とある。

　前担当セラピストがX－4年よりカウンセリング開始。不安については，とくにきっかけがなく，「本（小説や新聞）やTVを見られなくなった。何となく怖かった」と同定されにくい自己境界の脆さが語られていた。X－2年年末に具合が悪くなり，「頭がだめになってこのまま狂ってしまう」と訴え，落ち

込み，不安感が強くなる。はじめてX－3年夏のお墓での出来事（墓参りの際に，自分の犬が隣の墓におしっこをしてしまい，その墓がたまたま自分と同じ年齢の女性だったこと）が語られる。A子の了承を得て母親面接もはじまる。そのお墓での出来事以来お化けを怖がるようになり，「神様が守ってくれるから大丈夫」という母の言葉をきっかけに，家の神棚にお参りをするようになった。前担当セラピストの退職に伴い，Thがカウンセリングを引き継ぐことになった。主治医の診断は統合失調症を疑っていた。

3．面接の経過

　X年4月～X＋5年8月までの5年間191回（週1回50分，#151より隔週の頻度になる）。以下A子の言葉はそのまま表記し，Thの言葉を〈 〉で，状況・様子等を（ ）で表す。

(1) 第1期：お化けが怖い，思う・言うことが現実になる不安（#1～#25：X年4月～10月）

　#1　（うつむいて話す，表情は硬く，問いかけにしばらく黙るが，待てばしっかり話はできる。視線はまったく合わせない）。前担当とのカウンセリングではおもに母とのケンカについて相談，よくなったら，今度はお化けのことが怖くなった。自分が死んでしまうのではという恐怖，漠然といつもこころの中にある。X－3年夏，お墓参りに犬を一緒に連れて行った。犬がおしっこをしてしまった隣の墓の人を見たら，私と同じ年齢の女性だった。そこに赤い小さい蜘蛛が一杯いて，数日後洗濯物の自分のパジャマに同じ蜘蛛がついていて怖くなった（犬のおしっこに怒ったお墓に眠っている自分と同じ年の女性が自分に「死」をほのめかしている気がした）。高3から何となくいつもこころが不安定な感じがして，よく学校に通えていたと思う。勉強を頑張って受験で当たり前のように大学進学がいいと思っていたら，家族に「女の子は大学行かなくて短大でいい」と言われたことがショックで，裏切られた感じがした。どうしても大学に行きたく

て浪人,予備校通いしたが,勉強より自分の中で考え込む方が多くなった。短大へ入学,夏休みごろから学校に行きたくなくなった。電車の広告など,ニュース性のあるものが怖くなって,TV,本,小説が自分の中に入ってくるのが怖く見られなくなった。セラピスト交替は自分の中で大きいこと,何かが変わるのは本を読めないのと似ている。今までとは違うものが自分に入ってくる。

#2　数カ月前から神棚にお参りに行くことが多くなった。怖いものが頭に浮かぶとき,事故の現場,ニュースを思い出したり,自分や家族が死んだり,病気になるのではと思うとお参りに行きたくなる。言葉で言うのも怖い。神棚へ行くと安心できるが,苦しい感じ。何遍もお参りしないと落ち着けない。いつもお願い事していないと,自分の思っていることが本当になる気がして,思う度に行かないといけない,何をしても落ち着かずしんどい。

#3　病院の待合室で男の声が気になってお化けではと怖くなった。私にとってのお化けは,ボヤーンと存在して私に「死んじゃえ」と危害を加える気がして怖い。(Thにお化けの有無,抱く像を問われる)〈いるとして,お化けが危害を加えるとしても,何らかの言い分とか理由とかあるはずだから,危害を与えられる必要はないと思う〉Thはいると思っても恐怖感ないのどうして？Thの言ったこともう1回言ってと言う。

#4　ずっと落ち着かない。世の中にお化けがいると思う人といないと思う人で,カウンセリングをやってうまくいくのか？逆にThに自分の思うお化けが「いる」と思われても,いつまでたってもお化けがいるような気がする。〈前回の後考えて,ThとA子のお化けのイメージが違うと思った〉私も思った。お化けがいると思うThがどうして怖くないの？正直言って,前から新しいThとやっていけるか不安だった。Thに「お化けが妖怪みたいなもの」と言われて,怖さは減って楽な感じした。

#5～#16　その後はあまり考えなくてすんだ。お墓のこと,お坊さんと話して,「隣の墓の同じ年の女性が自分に何か危害を加える」不安はとれたが,「自分が死んでしまうのでは」という不安はとれなかった。いつ死ぬかわからない怖さがある。口に出すと本当にそれが現実になりそう。人に話すとよけい怖く

なるが，話さないともっと怖い。話す前，最中が怖いが，私も誰かに話したい。〈一人で抱えていくのは大変。ここで扱えるものは一緒に考えていく〉家に一人でいるのが怖い。神棚に頻繁にお参りすると神様が怖いものが近寄らないように守ってくれる。外では何か危害を与えられる怖さがあって，他人が喋っている場所を通れない。耳栓をしている。怖いと思っている特定のものを，言葉に出して言うと現実になりそうな不安がある。喋ることと現実に起きることを別のものと思えるといい。偶然，たまたまがすごく怖い。自分に先のこと，未来がわかる力があるのでは，と思うと怖い。Th は私にそういう力あると思う？〈今の A 子は自分の中の考えと周りの現実の境界が薄くてそういう力があると思ってしまうのだと思う〉ゆるくて，壁薄くて，たまたま偶然がそう思えるなら心配ないけど，特別な力があるとするなら怖い。家族への不満。名の通る大学に行きたかった後悔が大きい。中学から手を洗うとき決まった数を数えていた。気に入った数字を数えながら洗う。試験前に勉強しなくちゃと思うと汚い方に目が向いて掃除したり片付けたりしていた。夜寝る前頻繁にお参りしていたが，「今日はこれで終わりにしよう，あとは翌朝にしよう」と思えるようになって少し楽になった。

#17〜#25　自分は小さいころから「いい子だから」「お姉さんだから」と我慢してきた。やっとケンカして言えるようになった。寝付くまでに時間がかかり，怖いことが頭に浮かび怖くなり神棚へお参りに行く。0時以降は翌朝にお参りすることにして寝ようとするがしんどい。⇒翌朝のお参りのために内容をメモに書いておけば，眠れるようになった。外の物音が怖く一人で入れなかったお風呂も今は入れる。

　事故現場，病院などの映像が浮かぶ。死んだ人のお化けがそこにいるのではと思い，神様に「お化けが自分のところに来ませんように。お化けが早く神様の近くに行けますように」とお参りする。事故に遭いたくないのに死んでしまった人が神様のところに行けない気がして，たまたま通りかかった自分が「お化けを怖い」と思うことで，お化けが自分に危害を与える気がする。〈お化けにも理由があると思う。不本意なことには危害を与えるとしても怖がるだけで

は危害を与えないと思う〉昼は安心できるが夜暗いと追い詰められちゃいそうで怖い。小さいころから電気真っ暗で家族が先に寝ると怖かった。

(2)第2期：地球規模での怖さの体験，家族の基盤を私が支えなくてはいけないという思い（#26～#56：X年10月～X+1年6月）

#26～#35　言葉の中で「し」という言葉が出ると「死」をイメージして怖い。お参りの頻度が多くなり，「言い間違えました」と言うと安心できる。死を最初に意識したのは，桜の木を見て「来年も同じように見れるのか」と思ったとき。そのときは「地球規模の何か恐いことが起きたらどうしよう」と，人類皆が死ぬのではなく，自分だけに起こると思った。毎年当たり前に過ごしてきたことが，当たり前ではなくなると思ったのは，高校の後当たり前のように大学に行けなくて，自分が進む方向が何も見つからなくなったから。〈支えにしてきたものが突然なくなって大変だった。支えがA子にとって本当の当たり前かわからないし，その支えがなくなってもA子そのものの死とは結びつかない〉。

最近は食事中TVを見ている途中で怖いことが気になっても，終わると忘れることがある。嬉しい思いをすると一瞬「これで死んでもいいや」と頭をかすめ，それを「まだ死にたくない」と思って否定しないと実現しそうで怖い。（寝付きはよくなる。両親と旅行。母が数年ぶりに風邪をひき，一人で犬の散歩へ出る。包丁は怖いので切る以外の料理，クリスマスリース，ケーキ作りをする。神様のイメージ「そこにいて，自分の思っていることを伝えたりお願いするのを聞いてくれる」を大事にする。言葉が怖くなるのは，生活の7割，一人でいるときが多いので，一人でも気が紛れる作業を考えていく。面接に入室する際に小声で挨拶するようになる）。病院の正月休みに不安がある（一昨年不穏になったときのことと重なる）。〈新しいこと，特別なことはせずに，変わらず毎日を過ごしてみよう〉。

#36～#44　高熱が続き，中学のとき以来はじめて寝込んだ。お参り自体は時間が短くなる。今まで怖くてずっと出られなかったベランダには出られるようになったが，カーテンはまだ自分では閉められない。お化けに対する恐怖心が減ったので，今年は「厄除け」でなく「家内安全」のお札にした。母がパート

にいつかは出たいと聞いて、自分はどうなってしまうのか不安になる。怖い夢を多く見る。仲の良かった友人や家族が死ぬ夢。出掛けるとすぐお参りに行けないので不安だったが、山歩きに行ったら気持ちよかった。歩くのに集中して頭に言葉が浮かぶのは少なくなった。(「気持ちいい」を大事にしていくことにする)。

#45～#56　自分は嫌なことを言えない、弱さを見せてはいけない、強くていい子でいなければと思い、母に心配をかけられなかった。母のイライラ、苦悩を敏感に察知していた。自分が弱いこと、嫌なことを表に出すと、家族の基盤が壊れてしまいそうだった。出さないことでバランスを取っていた。母の愚痴を聞くのは嫌な面もある、これ以上聞きたくないと伝えるようにしていきたい。ここで話すと、怖い夢は見なくなった。留守番や庭で土いじりをするようになった。TVのニュースは遠ざけられないが、多少は入ってくるのもしょうがないと思える。家族が皆自分以外の外に関心を向けているとバランスが悪くなり、安全に暮らせない不安に気を取られる。カウンセリングの途中に怖いことが浮かぶことはまだある。集中しているときにお化けのことを思うと「怖くないよ、来てもいいよ」と一瞬思うが、訂正して「そんなことない、やっぱり違う」とお参りする。そういうときは長くかかる。(寝る前に母の腕を吸う、お猿さんごっこしたいなど、母に甘えたい状態は続いている)。

(3)第3期：神様との交換条件をほどいていく (#57～#123：X＋1年6月～X＋2年11月)

#57～#66　父の勤続報酬旅行で4日間の海外旅行が突然決まり、両親と3人で行ってくる。具体的に話して不安で行けなくなると両親に悪いから、あえてThには言わなかった。初詣のお守りを携帯して、神棚と同様にお守りに念じた。海外では言葉がわからないので耳栓なくても大丈夫だった。神様にお参りする条件として、自分に「～しません」という交換条件を約束した方がより聞いてもらえそうで、そのようにしてきたが、その中の一つ「ミルフィーユを食べません」は意図しない状況で破ってしまった。帰ってきて「破ってすみません」と報告したら許してもらえた気がしたが、3人とも下痢になったので、

「自分が約束破ったから罰があたったのでは？」と思った。約束は50個くらいあり，これから先も破る状況が一杯生じるからどうしよう？〈神様もそれぞれの理由をわかってくれると思う〉いっぺんに全部解除するのは難しいが，一つ一つ守れなくなった状況で，神様にわかってもらえればいいかな。これからはこれ以上約束はしないようにしている。

薬が減ることに不安と嬉しさと両方。わからないこともいいと思える。病院の盆休みへの不安。いつもお化けが周りにいる感じがする。自分の祖先だったらお化けに化けたりしないだろう，と思い墓参りはできた。

#67〜#74　2年前にTVのCMで青い服のスケート選手の映像が映った。その後オリンピックの決勝で二人の選手が青い服を着ているの見て「自分には予知能力があるのでは」とパニックになった。ゲームの中で死ぬ場面をゲームとして見れるようになった。自分の変化は外側から見ると進歩ないが，小さいことは変わってきている。どうして自分はこんなに敏感に感じてしまうのか，損に思う。安心感が削り取られてきた。小さいころから「母のイライラを解消しなくちゃ」と思って気を遣ってきた。周囲は社会に出て標準の成長をしているが，自分だけ時が止まって成長していないことにショックを受けそう。「標準に乗る」のがいい子の条件と思っていた。もういい子をやめた。

#75〜#97　紅葉を見にいく。枯れていく，あったものが消えるのを見ると寂しい感じ，いい気分じゃない。ここで自分の話すことがバラバラでThが混乱するのではと気になる。Thの顔を伺うのはいい子の癖が抜けていない。〈好きなことを話すことが大事，バラバラに思えてもA子の全体像を作っているもの〉。

TVのコメンテーターが成人式用の桜の着物を「若いのに桜が散るのは縁起が悪い」と指摘したのを聞いて，元々大人になるのが嫌だったこともあり成人式も出ず，着物も着ていない。今は着物と大人になるのは関係ないから着てもいいと思う。新年は踏ん切りをつけるのに一役買える。頻繁にお参りをするよりも，朝晩念入りに「自分が本当に思っていることで見守って下さい」と言うことで安心できるようになり，新年から実行。以前ダメだった言葉が大丈夫に

なった。今までに比べて楽に生活でき，居心地のよさを実感できる反面，自分のやりたいことが見つからない問題に突き当たる。「大人になったら誰でも幸せになれる」と思っていたから，自分のやりたいことを考えたことがなかった。自分は普通の人が当たり前に積んでいる土台が脆く，人の考えに左右される。土台が全て崩れてしまう気がして，うっかり新しいものに手が出せない。(水彩画を描きはじめる。化粧への興味をもつ。果物ナイフでの料理。病院に親戚の見舞いへ。トレーニングセンターへ行きはじめるなど現実場面では随分動くようになる)。

#98〜#107　数年前に見た夢，赤い糸巻きに白い糸が巻かれているところに，父が出てきて，その数日後に父が入院したことから，洋裁もできなくなっていた。大変だったころ，夢と現実と混乱して恐かった。「偶然もある」と7割は思えるようになったが，まだ3割は恐い。飛行機事故のニュースの後，亡くなった女優の本，海外の本，自分の名前の本が本屋に3冊並んでいて，「自分は飛行機事故でいつか死ぬ」ということと結びついて何かを暗示しているようで怖かった。海外旅行は無事だったから，今回は大丈夫だけど今度はわからない，でもまた行きたいと思う。偶然の出来事を，当時は「誰かが私に何かを知らせるためにやった」と思っていたが，Thの言葉〈A子がそのようにキャッチしたんだね〉を聞いて，「自分がそのような意味に拾ったんだ」と思うと何となく安心できる。

　自分の意志で決められないことが問題。決めるのが怖い。家の中では自分の欲求を出せて100％安心だが，家の外ではよくないことが起きる心配がある。外に出たら「これさえ守っておけば安心」がない。自分が100％操れない世界もあると思うと，少し楽になった。徒歩5分圏内だったら外出できる，先のとがっていない包丁で料理できるようになって嬉しい。

#108〜#123　ダメな数字は大丈夫になってきたが12はまだ避ける。(偶然の出来事同士を)結びつけたのは自分でやめられないが，だんだん不自由になってきているので，やめられるといいと思うようになった。疑問を自分で考えたら，親戚が亡くなったのが12日だった。今まで反射的に避けてきたからどうして

か？を知ろうともしなかったが，理由がわかったことで怖くなくなった。

　節目，世紀末はまだ怖いが，着れなかった着物はもう着ても大丈夫になったので，正月に着たい。映画を見た。（ウォーキングをはじめる，洋裁を再開する，来春に向けて球根を植える）。怖くて貼れなかったがカレンダーを部屋に貼った。秋は今まで「枯れる季節」で好きではなかったが，最近は「実りの秋」で嫌ではなくなった。紅葉も嫌でなくなる。ピアノを久しぶりに弾き，手が覚えていてびっくりした。ピアノを弾いて胸の辺りが筋肉痛になった。〈動きはじめの痛み〉。葬式を連想させる黒い服を着るように。少しずつクリアできてきたが，まだ避けたいのが，お墓，本，TV，そして人の顔を直視できないこと。母の顔は見れるが，弟，父は見れない。

(4) **第4期：新たな節目作り～完璧を求める自分の理想から現実に下りていく作業（#124～#151：X＋2年11月～X＋3年7月）**

　#124～#128　今までいろいろと難しく考えていたが，考えることをやめた方が楽だと思った。墓参りの際に最初に怖くなったきっかけのお墓に「蜘蛛，お化けさんと重なってごめんなさい」と言おうと思うがどう思うか？〈いいと思う，一つの区切りにしては？〉墓参り前日ドキドキしたが，すんなりできた。（自分の意見で決めることができるようになり，これでいいと思う反面，まだ不安が夢に表れているが，少しずつ意見を言えるようになっていく。できることの裏側の不安も大切に見ていくことにする）。ちょっとのことで失敗すると脆い自分を発見。嫌なことがあっても支えていける力がまだ足りないことがわかった。本が読めるようになった。

　#129～#137　3年前父が「あのときもう一人産んでおけばよかった」と言ったことをいつか聞こうと思って，昨日母に聞いた。弟の下に赤ちゃんができたが，育児が大変で堕ろした事実を聞きショックで泣いた。両親が一人の赤ちゃんを殺したのだと軽蔑の気持ちが湧いた。自分は長い間生まれてきたことに感謝できなくて，最近やっと「地球の上に立っているのがよかった」と思える。赤ちゃんはそういうチャンスがあったのに，生まれてこれなかった。母の言う

ことは全部完璧で教科書みたいで完璧なものと思っていた。〈母という教科書から卒業して自分なりの見方を確立していく時期かもしれない〉母と自分は親子でも別な人間，ショックな気持ちだが，しばらくこのままいてもいいかなと思う。(正月に着物を着て節目を迎える)。母を責める気持ちは許せる気持ちに変化した。今までしんどかったのを支えてくれたのは母だと思った。今までは全てを母にぶつけていたが，今回のことはできない。〈一人でも抱えていける器を作っていく練習〉神様なんていないのでは，とお参りもやめてみた。でもまだ2割位は神様に補って欲しい気持ち。自分は完璧を求めたがって，すぐ解決したがるせっかち，こんなに急がなくてもいいのにと思う。一人で映画を観に行った。畑を耕したら気分がよい，太陽の中，自分でやっている感じが気持ちいい。今は小遣いをもらっているが，いずれは働いてお金を得ることをした方がいいだろうと思う。

#138〜#151　(はじめて一人での来院)。一人で寝るようになった。自宅で昼の弁当を作るアルバイトをはじめたが，負担でイライラ。皆に美味しいと思ってもらわないと気がすまない，完璧を求める自分が強い。無条件で好きなのは土，植物，農作業。マンションから一戸建てに戻って，地面の安心さを感じた。何で反対の気持ちが一つのこころの中にあるのか。〈「0か100か」でなく，いろんな矛盾とどう付き合うか〉今まで自分が自由になることが少なかったから，急に自由になっても苦しい。スイミング，刺繍も面倒で飽きる。ちょっと失敗すると嫌になってしまう。「こんなミスするはずない完璧な自分」という変な自信がある。その後生活リズムを整え安定。差し迫って困ったことはないが，「人の顔を見れないこと」くらい。調子はよくなり，健康的な感覚，動ける体力もついてきた，毎日悩まないで幸せでいれる感じ。(面接の頻度を隔週にする)。

(5)**第5期：外側からの視点ではない中身・土台の軸を作っていく（#152〜#191：X＋3年7月〜X＋5年8月）**

#152〜#159　新聞を見るようになる。混乱してもその後の回復が早くなった。

母にパートの誘いがあり，自分一人で留守番することも，もう大丈夫だと思う。自分もいつかは働きたい。欲を出して気負うと調子が悪くなり，予想以上にペースを崩すことを繰り返す。

夢1 病院へ行くところで，一人でホームで電車を待っている。小さい箱のようなバッグを持っていて，金具を開けたいけど開かない。電車が入ってきて乗るが，行き先逆に乗ってしまう。慌てて次の駅で降り，逆の電車に乗るが，留め金の開かないバッグを急いでいてなくしてしまう。電車もバッグもなくてどうしようと思い，駅に着いたら予約時間まわっていてどうしよう，と電話の前まで行くが病院の電話番号がわからない。：大事なものは別に持っている。中身は別。引き返そうと思ったが，あのバッグは戻ってこない。小さいころ避難する夢を多く見た。ある日核爆弾が落ちて何もない世界と現実が混ざって，助からないのはわかっているが，すぐ死ぬのではなくてその世界にいなくちゃいけないのがしんどかった。戦争映画，地球規模のニュースが怖かった。家族に正面から本音をぶつけるようになる。浮き沈みあり，体重が増えて落ち込むとグズグズする。一人で管理できるようになりたい。

#160～#164 自分は容姿で判断されたくないのに，他人に対しては一つの特徴でくくってしまっている。生きていくには働いてお金を稼がなければと思い，自分に向く仕事を考える。〈いろんな選択肢がある〉。

夢2 時間割が出てきて，聞いたこともない科目をそろえようとしている。：仕事が勉強とつながっていて，気持ちが先走っている。少しずつ準備していこう。「これはできる」というものをどう作っていくか。本を読むとその通りやらなければ，とこんがらがる。自分の中のものと照らし合わせながらできるようになりたい。「決まりごとは守らないといけない」「守ってさえいれば大丈夫」というのが強く，少しでもさぼるのがだめ。〈決まりごとを決めるのはその時々の自分に合うためならいいが，決まりごと自体に支配されては困る〉どうも頑張りさえすればOKというのが強い。

#165～#172 収納に興味を持つが，楽しむよりも義務感の方が強い。子どものころ，一人でリカちゃん人形遊びをする際にいつも「旅に出る」設定だった。

万が一逃げるときのために，遊び道具も一番大きい箱にしまっていつでも避難できるように持ち運びやすくしていた。アニメの原爆，ノストラダムスが怖かった。今はその不安が薄れてきて，大変さも和らいでいる。春から車の免許を取りたい。パソコンを買いインターネットをはじめた。髪型を変えてみる。ダイエットをして欲しかったスカートをやっと購入して履いてくる。「お洒落をしたい」を実践。

　来院途中，車で衝突事故があるが無事来れた（まったく動じない）。食生活の乱れ，食べ過ぎが続き，落ち込んだ。母に八つ当たりして，巻き込んでしまう。ぐじぐじしている自分，「太っているから認めてもらえない」気持ちが強い。小6のとき男子に「デブ」「メガネブス」と言われた。当時クラスに馴染めない現実から逃げるために正当な理由を太っていることにしたのだろう。柔軟性はなく，頭が固かった。人とうまくやれる能力を育む時期に自分は一番しんどかったと思った。

　（お化粧をするようになる）。自動車教習所に通いはじめた。大変だけど楽しめる。母がパートに出はじめた。もう小遣いはもらわず，今まで貯めた分の貯金から買いたいものを買うことにする。マンガを見るようになった。世紀末のマンガも何となく恐いが，次の日になったら忘れている。どうしてあそこまで恐かったのだろう。

#173〜#179 何もしないで家で過ごすのも大変になってきたし，お金を使うとなくなるから働くことを考えた。自動車免許を取得し，一人で車に乗り，外出するようになる。デジカメも購入し，作ったお菓子を撮るようになって，パソコンも触り始めるうちに，習いたくなる。パソコン教室を調べるにあたり，自分はいろいろ知らないことがあって大変だと思った。目を合わせることはできるようになったが，ここで（Thに対して）が一番見れない。前は目を見るのは怖かったからだが，今は恥ずかしさで目を伏せてしまう。庭の野菜作りは好調，夏は山に旅行。パソコン教室がはじまるにあたっての不安。〈0からのスタート，できなくて当たり前と思ってはじめてみる〉つい褒められることを考えてしまう。完璧でいることと褒められることがつながっていて自分を大変

にさせていると気付いた。〈自分の行動での充足感になっていくといい〉（パソコン教室に毎日通うため3カ月お休みにする）。

#180～#186 （雰囲気ががらりと変わり，視線がだいぶ合うようになる）。パソコン教室が無事終わった。人と10年ぶりに接して，どうしていいかわからず落ち込んだが，同世代の人とお弁当を食べたり，打ち上げも行った。一人で考えるとマイナス思考になりがちだが，時が経てば大丈夫になる。両親が先に亡くなっても一人で生きていく術を身につけられるよう，何をすると自分は楽しいのかを考えてみたい。〈自分はこれでいいと思える軸作り〉（昔の幼なじみの友人との交流再開。現実に直面して落ち込みながらも，今までの理想の高さから少しずつ下りられるようになる。仕事が決まる。不安はあるが，だめならだめでそのとき考えるスタンスでいくことにする）。

#187～#190 仕事ははじめてみたものの，範囲が広すぎてやっていく自信がなく，ニーズに添えないので辞めたい。今までずっと死ぬのが怖かったが，今日辞めるのを言うにあたって「死んじゃった方が楽」と思う自分がいた。先々の不安より目の前のことへの対処を一つ一つやっていきたい。再び仕事の面接へ，夢を聞かれて，「自分の力で自分を支えていけること」と答えた。調子がいいとここで話さなくちゃと思うことがあまりない。（就職が決まり，母親が代わりに来院「A子が働けるようになるなんて奇蹟だと思う」と述べる）。

#191 （その後3カ月経った夏休みに会う。表情は見違えるほど変化し，視線も合い，笑顔がこぼれ，とても自然な雰囲気になる。）ご無沙汰していました。最初は緊張したが，パートで同じ時期に入った人と話が合い，相談できるようになって楽になった。休日は買い物に出掛けて夜もぐっすり眠れている。将来の心配はあるが，一人でも大丈夫にやっていけるようになりたい。自分は10年間外との接触がなかったからどうかと思ったが，周りはあまりそのようには見ていないようで，何とかやっていけそう。カウンセリングは今日で終わりで大丈夫。何かあったら相談します。長いことありがとうございました。

（その後，診察，投薬は継続するが，元気で仕事を続けているという様子を聞く。）

4. 考　察

(1) 発症契機としての「自分の描いていた自己像」の崩壊

　小さいころからいい子，親の期待に沿う子，家族のことを敏感に察知して配慮する子というアイデンティティで生きてきたA子は，社会場面である学校では，何となく不適応感を感じ，友人関係がうまくいかない状態であっても，勉強だけは一生懸命することでしんどい学生生活を切り抜けてきた。中学時代からは洗手強迫もはじまり，その時々で危機状況から何とか薄い皮一枚のところで自分を守っていたと思われる。そんな中，大学受験の際に失敗，大学進学ができなくなったときに，大きな挫折感を感じた。自分は親に期待されていたと思っていたが，「短大でいい」という親の意見に，自分自身今まで拠り所にしてきたものが崩壊した。それはA子にとって，自分のアイデンティティが「死ぬ」ことに等しい大きい出来事だった。その出来事以降一気に不穏状態へ陥っていった。不公平感を家族に訴え，家でも自分という存在の危機に陥り，実際に自殺企図も図るまでに至った。そしてその薄い皮一枚が見事に破れ，外側で起こる出来事が自分の中に入ってきて不安定にさせるという考え，来年も同じ風景を見れないという思い，死への恐怖が語られるようになった。今までの拠り所がまったくあてにならなくなったことも影響し，自分の思うこと（考え），言うこと（言葉），がそのまま文字通り現実化してしまう危機感，偶然のことがたんなる偶然と思えない，自我境界の脆さ，自己存在の危機感が一気に露呈するようになっていった。

(2) 偶然の出来事と第三者の存在への恐怖──「お化けが怖い」

　不穏状態になってから，偶然，たまたまの出来事がとても怖くなった。それは，誰か第三者の存在の力を極度に怖がり，自分によくないことを仄めかす，悪い状況に陥らせるという不安へとつながっていった。お墓の出来事，赤い蜘蛛の偶然の出来事が決定的な鍵体験になり，漠然とした第三者の存在への不安は「お化け」というイメージに至る。「自分はお化けに羨ましがられて，命を

脅かされるのではないか」と思うようになった。自分が死ぬことの恐怖をお墓の隣の亡くなった同い年の女性に重ねたことで，生きていることへの羨ましがられる感情とお化けを重ね，自分が羨ましいと思われていると考えるようになる。

　青い服のスケート選手，3冊の本，父の入院と糸巻きの夢等，偶然のエピソードを通じて，自分には「予知能力」があり，思うこと，言うことが現実化するのではという不安につながっていった。とくに恐い夢は自分の力以外のものが働いていると恐怖を感じていた。

　Th交替に際しても不安を感じていたA子は，最初にThにお化けの有無の問いを投げかける。ここでお化けが〈いる〉と言っても，〈いない〉と言っても，A子の望む答えにはならない。有無の回答よりも，むしろお化けに対するイメージの違いについて対話しているうちに，Thの持つイメージである妖怪みたいな感じというのを，何となく「そういう考えもあるんだ」とA子が受け入れるようになる。そして怖いことを言葉にすることにも現実化する恐れを抱いていた状況から，まったく話さなくても自分一人で抱えるには怖すぎるから，セラピーの中では，二人の間で共有して，考えていくプロセスを辿るようになる。Thとしては，話したくないことは無理に話させないことをつねに注意していた。話しても大丈夫そうなこと，ひっかかっていることから少しずつ扱っていくことで，一人では怖くて見えなかったことを，セラピー場面で見ていくことになった。夢も必要以上に無理やり結びつけて解釈している部分に，それだけではない見方もあるというスタンスで関わっていた。Clはお化けを怖いと思うことがいけないことで，その思い自体がお化けが寄ってくる理由と見ていたが，Thとしては，一方的に脅かすにしても何か理由があり，そのような誰もが納得するような正当性がなければ，怖がるだけでは理由にならず，不用意に脅かされることはないだろう，という一つの見方をつねに持って会っていた。

(3)危機への備え・守りとしての「神棚参り」

　A子にとって，現実の母の存在が守りの機能として薄くなってきたとき，母の発言の中から出た「神様」の存在を，より強い守りとして頼り，お参りするようになる。自分が脅かされる体験から自分のペースで守ってもらえる存在として，頼るようになる。怖いことが思い浮かぶたびに神棚へお参りするようになり，この強迫行為とも言える行動は，自分が怖い存在，第三者の存在から守ってもらえるというイメージになった。幼少期から地球規模で怖いことが起こることを恐れて，いつでも避難できるよう，携帯できるバッグを備えていたA子にとって，神棚参りは，そのような怖いことが起きないように未然に防ぐ具体的なお守り代わりにもなった。

　お参りをするだけでなく，A子はさらに自分が決まりを守るという交換条件を自ら作って，より自分が守られるための取引をしていく。自分も何かをしないことでの犠牲，代償を払うことで，より強く守ってもらえる，忌み嫌うものを防げる効果を持ち，神様との取引条件に使っていく。それは「これさえ守っていれば安心」という具体的な目安にもなっていったと思われる。

　Thは，とくに精神病圏のクライエントにとっては，このような自分を守るものの存在がとても大切な役割を持つと思っていたので，このお参りの行為自体を，A子を不安から守るものとして大事な行為と見なしていた。お参りで得られる安心感をどのようにA子自身の中に育んでいけるかを考えていた。約束事に関しては，A子自身「人が聞いたら変だと思うけど，自分の中では組み合わさっている」という自覚があった。面接のプロセスの中でだんだん自分で作ってきた約束事に不自由を感じるようになり，取引条件自体をほどいていけるようになっていく。また12を避けるエピソードにあるように，何となく忌み嫌ったものも，より詳しく考えると，きちんと理由が存在し，その理由自体の意味がわかると，不安も和らぎ，約束事を解消できるようになっていく。頻繁なお参りは，だんだん丁寧にお参りすることで回数が減っていき，携帯お守りにも替えることができ，本人が安心感をより強く感じられるようになっていくと同時に，実体的には必要がなくなっていく。さらに両親が赤ちゃんを堕ろした

事実を知ることで，神様も母親も絶対的な存在ではないということを体験するようになる。夢1（#152）では留め金の開かないバッグをなくしても，今大事なものは別に持っており，それがなくても自分は前に行くという状況になっている。じつはもう必要がなくなっていったものを必死に大切に思って抱えていた状況自体がA子のお参り，約束事ともつながっていたと思われる。

(4)中身・土台の軸作り──本来足りていないところに気付いていくプロセス

　不安，恐怖などの病的な不安が薄らいでいくと，それまでは見ることができなかった自分自身の中身の問題が徐々に顕れてきて，今までの自分の在り様に向き合い，自分の中の土台のなさに気付いていくようになる。土台，中身は元々存在するものではなく，自らが創り上げて行くものと感じられるようになる。不適応状況から現実逃避していた大変だった自分，自分のできなさを「太っているから」という単純な理由に還元してそれ以外を考えずにきてしまった自分に気付き，完璧志向で理想水準の高い自分がじつは自分自身を苦しめてきたことに気付き，人との人間関係を育む時期に一番しんどかったことを思い出し，そのようなスキルを得られなかった自分を受け入れ，ゼロからのスタートと思い理想水準を下げられるようになっていく。

　現実的に生きていくためには，もう少し楽な考え方，構え，生き方が必要であると，模索するようになっていく。外側，外見や見かけこそが全て，と思っていた子ども的な考えから，じつは中身こそが大事なんだ，という大人の考えを持つ必要に迫られていく。母親という教科書代わりにあてにしていた存在から自立を迫られ，いい子を脱し，自分の軸を作っていくプロセスにもなっていった。

　そんな中で，今までできなかったことが，できるようになっていく。思っていた偏見がじつは違うとわかる。自分が思ったほど大変ではなくできることを体験しつつ，現実場面での活動が増えていく。元々土と離れた生活が不安だったA子にとって，土との触れ合い，園芸，畑作業はこの世に立つ安心感をもたらした。車の免許を取り，パソコン教室に通うなど，自分自身に役立つスキル

を身につけていく行動に出るようになる。

　そしていよいよ仕事に出て行くようになる。水を得た魚のように自然に動けるようになった面とまだまだ不安定で揺らぎやすい面と両方併せ持ちながら，現実の社会へ踏み出すようになっていった。まったく合わせられなかった視線は家族とは合わせられるようになるが，Thとは最後にやっと合わせられる。おそらく少し前から大丈夫になったのだろうが，A子のスタイルとして変わることへの恥ずかしさのようなものがあったのだと思う。

　付記：今回の原稿執筆に際して，快く快諾して下さったA子さんに心よりお礼申し上げます。

第II部 事例編

「統合失調症と診断された20代女性との心理面接」に対するコメント
――中間対象としての妄想

河合　俊雄

　このクライエントは，統合失調症という診断を受けているが，比較的軽症，あるいは統合失調症型人格障害と思われ，『境界例・重症例の心理臨床』（山中・河合，1998）でも取り上げたように，ユング派の心理療法が通用する場合がある。この事例も5年間の心理療法によって見事に回復している。
　まずこのクライエントが，症状を広げていかず，お化けが怖いことや神棚へのお参りなどのように，特定の症状にとどまれるところに強さを感じる。特定の妄想を持って正常に生きている人は多くいると考えられ，このように特定の症状にとどまれること自体が，すでに安定できる可能性を示唆している。
　また症状は，問題というよりはクライエントとセラピストが共有できる中間対象の役目を果たしていく。#3でお化けの有無について尋ねられてセラピストは「何らかの言い分とか理由とかあるはず」と答えたのは治療上の決定的な一歩である。これによってお化けはクライエントとセラピストで共有され，また「セラピストはどうして怖くないの？」とクライエントが言うように，差異が生まれてくる。それによってクライエントもお化けと関われるようになり，怖さは減っていくのである。それに伴って，クライエントに主体性が生まれてきて，すでに第1期の終わりの方でお参りを「これで終わりにしよう」と区切ったり，第4期のことだが，意見を言えるようになったりしていく。
　イメージを重視するユング派の心理療法という視点からすると，すでに武野俊弥（1998）が言っているように，イメージに一方的に圧倒されるのではなくて，それとやり取りすることによって「私―あなた関係」ができることによって主体性を強めていっている。お化けと関わっていくのもそうであるけれども，他にもたとえば神様にお参りする条件として，さまざまな禁があったのを，海外旅行中に意図せずに破ってしまったのを，「破ってすみません」と報告した

ら許してもらえた気がした，とクライエントは語っている。また最初に怖くなったきっかけであるお墓に対して「蜘蛛，お化けさんと重なってごめんなさい」と言うのも，「私─あなた関係」に入る試みと考えられる。

　よくなっていく過程で，身体の変化が興味深い。第2期で，高熱が続いたこと，歩くのに集中して頭に言葉が浮かぶのが少なくなったことが報告される。第3期では久しぶりにピアノを弾き，胸の辺りの筋肉痛になる。変化していくときには，中井久夫（1984）が指摘しているように身体にも変化が生じ，また身体で何かをすることが非常に助けになるのではなかろうか。

　また回復のための機能として，ためることができるようになるのも大切なようである。第1期で，メモに書いておくと眠れるようになる。第2期で，ここ（心理療法）で話すと，怖い夢は見なくなったと報告される。メモにしろ，セラピーの場にしろ，すぐに爆発せずにためておくことができるようになるのは，精神病的レベルから抜け出すために重要なのであろう。

　最後の方では，親が赤ちゃんを堕ろしていたこと，小6のときにいじめられていたことなど，具体的な話が出てくる。それは抽象的で大仰な妄想の世界と異なる，きわめて個人的な傷つきであり，きわめて人間的なことである。このようにしてクライエントは壮大な統合失調症的な世界から抜けていき，また恐ろしさではなくて相手に恥じらいを感じるように，もっと自意識レベルの問題となって，心理療法を終えていくのである。

文献

中井久夫　1984　分裂病　中井久夫著作集第1巻　岩崎学術出版社
武野俊弥　1998　分裂病的危機に対する精神療法　山中康裕・河合俊雄（編）
　　境界例・重症例の心理臨床　金子書房　pp. 91-104.
山中康裕・河合俊雄（編）　1998　境界例・重症例の心理臨床　金子書房

11 神経症の40代男性との心理面接
——イメージとして見た身体症状

藤巻　るり

1. はじめに

　ここに報告するのは精神科クリニックでお会いしていた40代男性との8年間の面接過程である。なお個人情報保護のため，事例の本質を損なわない程度に内容に変更があることをお断りしておきたい。

2. 事例の概要

　クライエント　Aさん　40代男性，教師
　主訴　嘔吐が止まらない，不眠，焦燥感（診断：身体表現性障害）
　面接までの経過　（「　」内はAさんの言葉）
　Aさんはその地域では有数の進学校に勤め，わかりやすい授業や受験指導で評判の「カリスマ教師」であった。しかし，ある年に担当したクラスの成績が思うように上がらず，夏休みの模擬試験で先が見えたら吐き気が止まらなくなった。食事もとれなくなり内科に2週間入院したが検査では身体に異常はなかった。半年間の休職を経てカウンセリングと投薬治療を継続しながらの復帰となった。症状は一進一退で，一時は「絶好調で元に戻った！」と思うほど元気になるが，ボーナスの査定がわずかに下がったことで「評価してもらえなかった」とショックを受けて再び症状は悪化した。

初診から5年後に前任者が退職し,筆者がカウンセリングの担当を引き継ぐことになった。このころのAさんは「焦りのために以前できていたこともできない」状態になっていて,日々の授業も不安でたまらず,強迫的に予習をしないと教壇に立てないほどだった。

家族および生育歴 Aさんと妻と息子2人の4人家族。二世帯住宅で隣に両親が住んでいる。とても過保護で過干渉な両親で,歳の離れた姉たちが嫁いでからはとくにAさんの生活全般への干渉が激しくなった。Aさんは子どものころから成績がよくて自信家だったが,大学の進路で親と意見の齟齬があり,学年トップだった成績が急速に落ちて本意ではない大学に進学。入学直後に「方向性を見失って五月病」となる。こころの師と思えるよい教授との出会いもあって立ち直り,就職してからはバリバリと活躍して「出世街道を突っ走って」いた。また小さいころから自家中毒や会食恐怖など'吐き気'にまつわる症状は持っていたという。

面接構造 精神科クリニックでの心理面接(頻度は時期により変化)。主治医による精神安定剤(メジャートランキライザーを含む),抗うつ薬,睡眠剤などの投薬も受けている。

3. 面接の経過

「 」はAさんの言葉,〈 〉は筆者(セラピスト:以下,Th)の言葉。

(1)第1期:'どん底'への墜落(#1〜#9:X年4月〜12月(約9カ月間))(面接頻度:月1回)

#1 上述の経過を語られる。「病気になったのはプライドが高すぎて自惚れていたせいだと思う。でも過去の栄光が捨てられない。人から評価されたい。こういう悩みって治らないですか?何かよいアドバイスは?」長年カウンセリングを受けて来られて,さらに初対面のThにいきなりアドバイスを求めるAさんの姿勢に少し驚き〈アドバイスで治るのならこんなに長く苦しんでいない

のではないですか？〉と返すと，AさんはThの反応を半ば予想していたかのようにニヤッと笑う。

#2　「授業前の吐き気とドキドキはますます悪化。家でも学校でも吐いている。予習に追われて息をつく間もない。学校での評判も落ちている。昔はこんなじゃなかった。カリスマがあって一番の出世頭で人よりも昇進が早かった。認められていたし自信もあった。でも今は同僚に追い抜かれてしまった……」過去の華々しい活躍を誇り，それと比べて現在は何と惨めで「どん底」であるかと嘆く。Thは何となくしっくりしない感覚を覚えて〈どん底と言うけれど本当には落ちていないのではないでしょうか。空気の抜けた浮き輪にしがみついている感じで苦しそう〉と思わず浮かんできた印象を口にする。

#3〜#8　この後も授業が困難な状況は半年以上続く。そしてついにAさんは定期テストで生徒に点を多く与えてしまう（#7）。これは「自分の評価を上げるために行った不正だ」とAさんは認め，これをきっかけに職場を解雇されてしまう。「これからどうしたらいいのか。ともかくアドバイスが欲しい。そうでなければカウンセリングに来ても意味がない！（#8）」とThに解決の糸口を迫る。

#9　少し落ち着いてきて「自分が不正をしたのだから」と解雇という現実に向き合う。この1年間は教壇に立つのが怖くて，とても教師として授業ができる状態ではなかったことも淡々と振り返り，以前（#2）とは違う重みをもって「今はどん底です」と述べる。面接の後半は座っていることもできなくなりイスを3つ並べて横たわりながら話す。

大変な状況であるが，'本当には落ちていない（#2）'という印象を持っていたThとしては，Aさんが「不正」という形で自らに引導を渡して言わば'墜落'したことで何かが始まったとも感じる。

⑵第2期：徹底的な主体性の放棄（#10〜#37：X＋1年1月〜X＋2年7月（約1年半））（面接頻度：毎週〜隔週）

その後も面接の途中から横臥する回が続く。Thはあらかじめ用意はしない

が，Aさんが求めたときにはイスを並べて横臥したAさんと面接した。退行して依存性が高まるなどのリスクも考えられたが，「こうして座っていることもできない」と自分の口から表明し，その事実にAさん自身が向き合うことには何らかの意味があると感じられたからである。

#11〜#12　一度は解雇の事実を受け入れたものの「もう一度戻れるのではないか。でも降格してしまうのか？ もう出世できないのか？」と非現実的な心配をする。復帰が無理とわかると，「管理職になれる資格」を探すなど'地に足がつかない'状態が続く。

#13　イスに座っていることもできないが，じっと寝ていることもできず，寝たり立ったり歩いたりと目まぐるしく面接室中をさまよい歩きながら「何かアドバイスを……」と，うわ言のようにくり返す。〈誰かの中に答えがあると思わない方が〉。

#15　一向にアドバイスをしないThに業を煮やしてカウンセラーを替えて欲しいと申し出る。〈いま行き詰まっているのは必然。互いにしんどいが，いま担当を替えることは問題をすり替えてしまうと思う〉とThも食い下がる。

#16〜#17　失業してからは両親が動き回って次々と就職や資格取得の情報を探してくる。「自分では見つけられないからありがたい」と甘んじているが，実際にはAさんの希望にそぐわないものも多い。嫌々ながら父親のマンツーマン指導のもと履歴書を書いては面接に行く。両親は近所の目を気にしてAさんが平日昼間に外出することを禁じる。Aさんは昼間も家でゴロゴロ寝て過ごすようになり，それをまた親に叱責される。

#18　面接に父親を連れてくる。正論をまくしたてる父親に〈Aさんご自身も正論はわかっている。むしろ考えと行動のずれを壊していくことが必要。Thや親のアドバイスではどうにもならないと思います〉と伝えるとAさんは横で神妙に聞いている。以後Thにアドバイスを求める発言は収まってくる。

#19〜#27　「教える自信がないと上司に一言漏らしさえしなければ……」「元々この病気にさえならなければ……」「家の建てかえのときに悪い方角にあった古いトイレさえ壊さなければ……」と毎回のように嘆く。「昔のよかった

ことを思い出す。毎日いろいろな神様に拝んでいる。タイムマシーンがあれば……」と元の職場への未練を語る。

「現実的なことを考えると吐き気がする。現実に直面したくない。逃げたい。ずっと寝ていたい」一日中ゴロゴロと横になっている日々も半年を過ぎたころから父親が『出て行け！』と言いはじめる。「家に居場所がない。楽しいことなんて一つもない。子どもたちを私立の学校に入れてやれない。このままでは将来子どもの家を建ててやれなくて不甲斐ない（#24）」と嘆く。〈子どもの家ではなく，象徴的な意味でＡさんはＡさん自身の家を建てるべきだと思う〉と返すと，#27の帰り際にボソッと「人生って家族のためもあるけれど自分のためでもあるはず。自分にはそれがない」とつぶやく。

#28〜#34　その後も'自分がない'状態は続く。親に叱責され，嫌々就職の面接に行かされるか寝て過ごす日々。「妻にも見放されて困っています」とまるで他人事のような口調。〈Ａさんは家族に何か言われるから困るのですか？〉「はい，そうです」「親がしたいようにさせてくれていたので，この病気になるまで希望はすべて叶っていた。病気がはじめての挫折だった（#34）」

#35　「毎日父親に叱られて生きているのがもう嫌になった」と勤めていた学校からの飛び降り自殺を企図する。実際は建物に入る前に引き返しているが，主治医は事態を重く見て，入院の話も出る。〈どうして学校という場所から？〉「一番よい時期を過ごしたので。どうしても戻りたい。あきらめきれていない。でももう無理だと思っているんですけど……」。

表情は深刻であるが，Thはこの自殺企図に'これまでずっと手放しきれなかったカリスマ時代のＡさんが死ぬ'という象徴的な意味も感じる。〈手放したいのとしがみつきたいのといろいろな思いが込められている気がしますね〉と伝える。結局，入院はせずに引き続きカウンセリングで会っていく。

(3) 第3期：Ａさん自身が語りはじめる（#38〜#57：X＋2年8月〜X＋3年5月（約9カ月間））（面接頻度：隔週）

1年半ぶりに通信制高校の非常勤講師の職に就く。週2，3日の勤務では生

計は立てられず，Aさんが望んでいたような待遇ではなかったが，いざ働きはじめると生きる屍のようだった目に少しずつ生気が戻ってくる。面接中に横臥することもなくなり，徐々に社会人らしい表情になってくる。

#38〜#41 不登校児や中退者など，これまでどちらかと言うと偏見の目で見ていた「勉強のできない子」や「服装の乱れた子」が実際に接してみると意外によい子たちであることを知る。教える内容は以前の進学校のような難しいレベルではないので授業にプレッシャーはない。むしろ学力もまちまちなので「全体のレベルをどこに置いて授業をするか？どの子には個別に対応するか？どのように教えたら理解できるだろうか？」と生徒に合わせて細やかにこころを砕く。〈このごろ顔色がいいですね。表情も〉と伝えると「そうですか？やっぱり仕事しているのは大事ですね」とうれしそうに笑う。

#42 そう言えばという感じでさらっと「このところ吐き気はまったくない。この病気になって以来はじめてのこと」と，症状の消失が報告される。これ以降吐き気は出なくなる。

#43 この病気になってからずっとED（勃起障害）であることがはじめて語られる。「調子が悪かったころはそんな気も起きないので困らなかったが，今は性欲はあるのにできない。男性として自分自身がダメになってしまっている感じ。自信がなくなる」。以前のように'なんとかして欲しい'とこちらに投げ出すような口調ではなく，Aさん自身が'抱えている'問題として落ち着いた口調で語られる。EDの回復は'男性としての自分'や'両親からの自立'というテーマとも重なるのだろう。面接がようやくAさん自身が考えて語る場になってくる。

#44〜#48 家では多忙な妻を気遣ってこれまでほとんどしたことのなかった掃除や洗濯を少しずつ手伝うようになる。非常勤講師をしながら就職活動も続けているが悩みは尽きない。「どうして自分はこんなに不幸なのだろう。先のことを考えると不安。何も楽しみがないまま一生が終わるのかと思うとさびしい。この病気が恨めしい」。愚痴の内容は以前とさほど変わらないが「でも，そんなこと言ってもどうしようもないんですけどね（#46）」と過去のこととし

て惜しんでいる。現実逃避でなくAさん自身はすでにこちら側（現実）にいると感じられるので，ThにもAさんの悔しさや無念さが響いてくるようになる。

#49～#55　「この病気にさえならなければ……」という嘆きは次第に「どうしてこの病気になったのだろう？」という問いに変わり，Aさん自身に向きはじめる。「病気になってはじめて人から悪い評価を受けた。人一倍出世欲が強かったのでがっくりきて自信がなくなってしまった（#51）」「家を出ようと思ったこともないわけではないが楽な方を選んでしまった。今は経済的にすべて親に頼っている（#52）」「一番辛いのは小さいころからがんばってきた勉強ができなくなってしまったこと。自分の全てを否定された感じ（#54）」「プライドが高いし，人から使われたくない。アカデミックじゃないと仕事に遣り甲斐を感じない。でも無理ならば精神障害者として福祉で食べていけないかと思う（#55）」'0か100か'の極端な人生観を語って嘆きながらも何とか現実の生活をこなしているAさんもいる。〈今のAさんにできることで，Aさんがどうしていくのか〉とThはくり返し問いかける。

#56～#57　非常勤講師の任期が切れて無職に戻る。父親は再び職探しに奔走するがAさんはそれに巻き込まれず「まともに働けるようになるためにはまず体を慣らしたいので障害者就労支援センターの作業所に通いはじめた。父親に反対されたので偽名を使った」と言う。プライドの高いAさんが利用者として作業所に通所しはじめたことや父親に逆らって意志を通したことは画期的である。少しずつ'Aさん自身'が動きはじめる。

(4) **第4期：内的ニーズとつながる（#58～#88：X＋3年6月～X＋6年1月（約2年半））（面接頻度：月1回）**

塾講師のアルバイトをはじめる。Aさんの経歴からいろいろと期待されるが，Aさん自身は「今はとてもその力はないので」と堅実に低い学年の授業から担当しはじめる。

#62～#65　3カ月もすると徐々に学力が戻ってきて担当できる学年も増えてくる。「いま仕事ができているのは頼られて任されているから。はじめて就職

したときと同じ状況（#63）」「教えることは楽しい。生き甲斐を感じる（#64）」と仕事への充実感も語られるようになる。

しかし自信や学力が戻ってきただけに「あの具合が悪い時期がなければ本当は今でも教師をしていたのではないか（#65）」とやり場のない強い怒りに苛まれるようになる。

#66〜#67　元の職場を辞めさせられたことがどうしても腑に落ちなくなり，ついにAさんは法律事務所に相談に行く。するとAさんの行った「不正（#7）」は法に触れることではなく本来は解雇の理由にはならないが，退職届を出してしまっているので今から訴訟をしても勝てないだろうと言われる。「結局は体のいいリストラだった。悔しいがいまさら言っても仕方がない」と冷静に受け止める。

これまでAさんは'自分が不正をしたから解雇されたのだ'という認識で解雇という現実に自らの責任を負っていた。これは潔いようだが，逆に'不正さえなければ解雇されなかったのではないか'という考えも含んでいる。だからこそ'不正'の妥当性いかんで解雇という現実が（過去に遡って）変わるのではないかという期待がAさんのこころのどこかに残っていたのだろう。今回の法律相談を通して'自分はリストラされたのだ'とあらためて認識したことで，Aさんの現実への向き合い方がシンプルになったとThは感じる。

#70〜#71　なにか吹っ切れたように声も大きく楽しそうに生き生きと話す。「とてもいいニュースがあります！学力がほぼ完全に戻ってきた。小学生から高校生まで，文系から理系まで教えられる。すごくやる気が出てきて毎日5時間ぐらい自分の勉強もして楽しい。ダンベルで肉体改造もはじめた。生徒や塾長から信頼されてかつての自分に戻った感じ。毎日が充実しています！」

Thが引き継ぐ前の経過でも一時期回復したことがあったが，すぐに元に戻ってしまっている。「はじめて就職したときと同じ状況（#63）」なだけに，ここからいかに病気ではないもう一方の道を作るのか，慎重に見守りたいとThは思う。しかしここで語られている'楽しさ'は人から評価されることによるものではなく，Aさん自身の内側から湧いてきたものであり，それはやはり大

きな変化であると思う。

#72 「いろいろあった。一つは男性機能が回復したこと。もう一つは元の職場が強行にリストラをして，元同僚が飛び降り自殺をしたこと。病気になっていなかったら自分も死んでいたかもしれない。命拾いした。以前は'昔はよかった。昔に戻りたい'と思っていたが，今は何でもポジティブ思考。今の人生を楽しもうと思う」。

同僚の自殺の話はAさんの自殺企図のとき（#35）にThに浮かんできたイメージとも重なる。何かが本当に死んだのだな……とThは感慨深く思う。

#74〜#77 塾に入って1年後には塾長として正式に採用される。「やはり教えることが好き。昔はすべての生徒を自分の力でなんとかできると思っていたがそれは思い上がりでした。今は自分のテリトリーをちゃんと決めて，そこから出てしまう生徒のことはやはり救えない。そういうことがやっとわかってきた。もうノイローゼにはならないと思う（#76）」。

#78〜#88 ますます元気になり，モデルガンなどの趣味も復活。「仕事に趣味に生きています！」茶目っ気たっぷりにガンホルダーを装着してきては「物騒なものを背負っている」と上着を脱いで見せるなど，まるで少年のようである。Aさんのエネルギッシュな様子にThはうれしい気持ちとともに，でも浮き上がらないように，本物になるようにとこころの中で楔を打つようなイメージを持ちながら会う。思春期のクライエントと会っているときのように，ときにはハラハラしながら，どこか眩しいような気持ちで話を聞いている。

折しも両親の過干渉への苛立ちが毎回のように語られるようになる。「両親は留守中に勝手に入ってきて家中の物を棚の中の物までわざわざ動かす。お陰であったはずのものが無くなり大迷惑。『やめてくれ』といくら言っても効果がない」。

このころ，上の息子が高校入試の時期を迎える。Aさんは勉強の面倒をみる傍ら共通の趣味のモデルガンの話にも花が咲く。また下の息子が学校内でちょっとしたトラブルを起こす。Aさんは担任の先生と連携を取りながら，父親として子どもの言い分も聞きつつ，子どもの非も見逃さない冷静な姿が印象的で

あった。この時期はAさん自身が少年の心性を生きながら，現実生活の中では少年たちの父親としての顔も持ちはじめていた。

　塾の教室運営は順調である。「かつてはできない子の気持ちがわからなかった。病気になったお陰でそういう子の指導もできるようになった。それぞれの子に合った親身な指導を売りにしたい」。やりたい方向性が見えてきたAさんは小さくても自分の教室を持つことを決意して堅実に準備を始める。

(5)第5期：一国一城の主として（#89〜#109：X＋6年2月〜X＋8年2月（約2年間））（面接頻度：月1回）

　自分の塾を開く。「不思議と先の不安はない。なるようにしかならないと思っている」とどっしりと構える。親身で丁寧な指導が口コミで広まって徐々に生徒も増えてくる。

　#89〜#96　自分自身を振り返る。「病気になってやっと人間になってきた。これまではとても'いびつ'だった。『病気にならずにあの偉そうなままだったらいつか離婚していたかもしれない』と妻に言われた。頭脳は優秀でもそれだけ。恥ずかしい話，高校を卒業するまで親が自転車にカバンまで用意して自分は乗るだけ。大学に入ってはじめてそういうことに疑問を持った。このまま親の敷いたレールを走ってその先に死があるのなら今死んでも同じなのではないか。何度も電車に飛び込もうと思った。そこからアイデンティティの模索。大学のある先生にこころの豊かさというものを教わった。そのお陰でいま生きている」。

　親のこともあらためて振り返る。「二人とも人の不幸を気の毒とも思わず見下すような，感性が欠けたおかしな人たち。自分が病気のときも『生まなければよかった』とか『死ぬなら近所じゃなく遠くに行って死んでくれ』とまで言われた。見栄っ張りで人から賞賛されること以外に興味がない。ある人に言われた『Aさんの両親はいつもつまらないことばかり話している。でもAさんも以前おかしかったときはそうだったよ』と」。

　面接の合間にAさんから何通か手紙が届く。両親への激しい怒りや，昔から

怒りで胃がやられることなどが綴られている。『気持ちを浄化するために書いているような気がします』とあるように Th に宛てたものというよりも自分自身を見つめ直す作業のようだった。

#97　ついに父親と大喧嘩。『いい加減にしろ！ぶっ殺してやる！』とAさんは本気で凄み，数日後に生まれてはじめて父親に謝られる。

#99　喧嘩以降は親の干渉も減り，少し距離がとれるようになる。「やっと思春期が終わったというか始まったというか。最近負け惜しみじゃなく人を羨む気持ちがなくなった。いろいろなことを自分の力でやってみたら意外とできて自信になる。少し前から自分で料理もできるようになった。ハヤシライスが美味しくできたとか，そんなつまらないことが楽しい。今は何かあっても親の手を借りずに生活が成り立つ。妻に『結婚生活ってこういうものなのだとはじめてわかった。これまでまるで養女のようだったけどはじめて妻になった気がする』と言われた。やっと'二世帯住宅'になった」。

親と内面的にも現実的にも対決したAさんは口調も穏やかになり，年齢相応の落ち着きが感じられるようになる。'思春期'を越え，'自分の家（#24）'の主となり，そして'夫婦（couple）'になられたのだなと Th も思う。

#100〜#109　親への疑問や批判の目は，次第にかつての自分自身の在り方を見つめる目になってくる。「病気になる前は出世欲が強かったが，生徒たちには'立身出世など目指すより，もっと違う生き方を'と知的な理想を語っていた。こうなってみて，やっと自分の言っていることとやっていることが一致したのかもしれない（#100）」としみじみと語る。

「以前はすべてが必然で思う通りにならないのは怠けているからだと思っていた。最近はすべてが偶然なのだと思う。ことごとくレールから外れた後，思う通りじゃなくても受け入れるしかないのだと気づいて。そこからあらためて見てみると人生っていろいろ面白い（#106）」「最近小説を読んでいて，すべてが解決したわけではないが何か納得してこころに収まるという筋がこころに残る（#107）」一番ひどかったころ（第2期）のことを回想し，自分はあのときに一度死んで今は納得したおまけの人生を楽しんでいるのだと笑う。仕事も順調

に軌道に乗り，その後は穏やかに充実した日々を過ごしている。

4. 考　　察

(1) イメージとして捉えた身体症状
　ユング派の心理療法では面接の中で語られることは実際の出来事であってもイメージとして受けとめていく。Ａさんの診断はいみじくも身体表現性障害であるが，Ａさんの身体症状はＡさんの内的な問題を端的に'表現'していたと思われる。ここではそれをイメージとして捉え，それが面接過程を通してどのように動いていったのか見てゆきたい。

①嘔吐
　吐き気や嘔吐はＡさんが幼少期から長年抱えていた症状であり，Ａさんにとって根源的なテーマである。嘔吐は，口に入れて食べようとしたものを身体が拒絶する反応である。つまり自らの中に取り込もうとしている何かに対しての違和感や抵抗感が'本当は呑み込みたくない！消化したくない！'と身体レベルで表れているのだと言える。
　「親が自転車にカバンまで用意して自分は乗るだけ」というエピソードに象徴されるように，Ａさんは過保護で過干渉な両親のもとで'主体性'を発揮できずに育ち，大学に入学するまではそのことにあまり疑問を感じたこともなかったと言う。しかし意識的には疑問を感じていなくても，嘔吐という症状はずっと抱えていた。つまり嘔吐は，Ａさんの意識的な在り方とは異なる'無意識的な主体性'（河合，2004）の表れだったのではないだろうか。
　吐き気に悩まされたことがきっかけでＡさんはカウンセリングを受けることになる。本来，カウンセリングはクライエント自身が自らに向かい合う場となるはずであるが，第１期，第２期のＡさんはThにひたすらアドバイスを求め，家でも親主導の生活を送り，徹底的に主体性を放棄している。「現実的なことを考えると吐き気がする」とひたすら現実逃避を試みる。しかし第３期になってＡさん自身が現実に向き合いはじめたころ，嘔吐は役割を終えたかのように

ぴったりと出なくなる（#42）。自らの奥底から湧き上がる違和感や抵抗感はついにAさん自身に自覚され、嘔吐という身体症状ではなく意思や感情という形になって語りの中に表れるようになったのである。このように第3期以降のAさんは無意識的主体と繋がりを持ち、Aさん自身が主体的に嘆き、悲しみ、悔しさを生きているので、この時期の語りは第1期、第2期と同じような内容の愚痴であってもまったく違う迫力を持ってThに響いてきたのであろう。

またAさんの嘔吐は怒りの表出でもあった。第5期の手紙の中で「怒りで胃がやられる」とあるように、ここではAさん自身が自らの嘔吐の正体を見通している。そしてAさんは吐き気ではなく怒りそのものを感じて親と対決し、親との分離を果たすことになる。

② ED（erectile dysfunction：勃起障害）

嘔吐にバトンを渡されたかのように、吐き気が消失した次の回にEDの話が出る（#43）。EDは男性の性的機能の障害であるが、象徴的に捉えれば「大人の男性としての自分の確立」、もしくは「自らが主体として立つこと（＝自立）」が障害された状態と言えるだろう。

第2期まではこの症状が面接の中で語られることはなかったが、後から振り返ると、第2期はAさん自身が身をもってEDのような状態を生きていたとも言える。面接場面でも身体を起こしていられずに横臥し、日々の生活も自主性がなくゴロゴロと横になって過ごす。まさに文字通りに症状と一体化してしまったために、症状は語りの内容とはならなかったのではないだろうか。

第3期になり、はじめて自らが抱え持つ症状としてEDのことが語られる。それに呼応するように、この時期からAさんのプロセスは'自らが主体として立つこと（自立）'がテーマとなる。現実離れした願望と絶望的な嘆きの狭間を長年さまよっていたAさんであるが、#56には利用者として障害者の作業所へ赴く。願望や嘆きと現実的に向き合うべく自らが立てる'地面'に降り立ったのである。そこから今の自分にできることを確かめるべく一歩一歩進んでいくと数カ月後には元々持っていた学力を取り戻す。また、社会的な地位のないアルバイトだとしても教えることに生き甲斐が感じられることも実感する（#

64）。こうした変化はAさんにとって喜ばしいものであると同時に，それではなぜ自分はあのまま元の学校で教師をしていられなかったのか，どうして辞めねばならなかったのか，と葛藤する。

　そして自分はリストラされたのだという現実に向き合った直後に元同僚の飛び降り自殺がある（#72）。これはAさんの自殺企図のとき（#35）にThに浮かんできた'カリスマ時代のAさんが死ぬ'というイメージとも重なる。Aさんの言う「命拾い」とは「元同僚は死んだが自分は命拾いをした」という文字通りの意味だけでなく，Aさんの中の'何か'も死に，同時に'何か'は命を得てこちらに戻ってきたということなのではないだろうか。この回に同時に語られているEDの回復は，象徴的な意味で'死'をくぐったAさんの帰還，つまりイニシエーションのイメージでもある。

　この後，Aさんは社会的な自立を果たすが，同時に，思春期的な心性を生きることを通して自分を確立するという内的な仕事もしている。これはAさんの社会復帰が「過去の栄光（#1）」への回帰ではなく，象徴的な'死'に裏打ちされた真にリアルなもの，つまり心理学的に'大人'になるための大切なプロセスだったと思われるのである。

(2)「カリスマ教師」という在り方

　遡ればAさんのアイデンティティ模索は大学入学時の五月病から始まっている。それまで親の引いたレールの上を疑問なく歩んでいたAさんは大学進学という岐路で挫折してはじめて自分自身の在り方に疑問を抱く。方向喪失となり鬱状態で自分の道を模索している中で，ある教授と出会い，親の価値観にはなかったこころの豊かさというものを知る。しかし，それまで生きてきた親の価値観（立身出世や人からの賞賛を重視）との内的な対決はそこでは起こらず，Aさんは二つの相反する価値観の妥協点を生きることになる。それが「カリスマ教師」だったのではないだろうか。#100にAさん自身が語っているように，立身出世を目指さない知的な理想と現実的な出世願望を解離して，それに気付かぬまま生きる。この「カリスマ教師」という在り方こそがAさんの神経症だっ

たのではないだろうか。
　本来，Ａさんは教えることが好きで生徒に細やかに親身に関わる人である。教師を目指した当初は教えることをこころから楽しみ，その結果として自然に人気や実績も上がったのだろう。しかし親の価値観との対決を留保したままだったＡさんは，無意識の内に出世欲や人からの賞賛を求める気持ちに呑み込まれてしまう。そしていつしか'カリスマ'の方に重点を置くようになり，次第に'教師'として行き詰まってゆく。そして主訴となった'止まらない嘔吐'に見舞われたのである。先に考察したように嘔吐やEDなどの症状として表われてきたものこそが，Ａさんの神経症的な在り方を内側から捉え，それをＡさん自身に突きつけ，根底から揺り動かし，導いてゆくものだったのではないだろうか。

　　付記：長く貴重なプロセスをこのように発表することを快諾して下さったＡさんに心から感謝と尊敬の意を表します。

文献
河合俊雄　2004　分析心理学的アプローチ　伊藤良子（編）　臨床心理面接技法
　　1　誠信書房　pp. 49-94.

「神経症の40代男性との心理面接」に対するコメント
──身体や行動を通じての主体の確立

河合　俊雄

　この事例の主訴は「吐き気が止まらない」ということで，症状としては神経症圏に入るであろう。また吐き気も，セラピストが考察しているように違和感や抵抗感としてイメージ的に理解できる。しかしセラピーを見ていると，セラピストに非常に依存的であったり，面接室で横になったりと，ややレベルがよくない。これについては，吐き気の症状が取れたころにEDのことを訴えるように，このクライエントが身体症状を持つレベルの人で，神経症圏よりも脆弱なパーソナリティでベースのところが問題になるからとまず考えられる。
　ところがさらに，第2期で面接室中を目まぐるしくさまよい歩いたりするのはADHD的とも考えられるし，まったく親の言いなりで分離がなく主体性がないこと，モデルガンという趣味，あまり内省的でないところ，次の面接が待てずに手紙を送る溜めのなさなど，やや発達障害的でもある。このような事態については，病態水準で考えるよりも，身体症状を持つ人などから発達障害に至るまで，軽いものから重いものまでの主体のなさのスペクトラムを想定すると治療的に有意義であると考えている。もちろんこのクライエントは発達障害ではないけれども，この人も主体のなさという視点で捉えた方がよいのではないか。そしてセラピーは見事にクライエントが主体性を獲得する方向に展開したのである。
　まずは，クライエントが解雇され，どん底まで落ちて自分のなさに思い至ったことが大きいと思われる。そのためには，まず'空気の抜けた浮き輪'という表現でセラピストがクライエントにぶつかり，だめさを突きつけたことが大きい。後には正論をまくしたてる父親にセラピストが一歩も引かなかったのも効いているようで，クライエントに芯ができてくる。神経症圏よりも重い，あるいは未分化なレベルのクライエントには，どこかでセラピストがニュートラ

ルさを捨てないとうまくいかない。セラピストの気っぷの良さは，クライエントに好影響を与えている。

　このクライエントは，自分のなさについて考えたり，病気になった原因について問うたりするものの，それはあまり治療につながらない。つまりあまり内省や象徴化によって治療は進まず，身体が変化することや具体的な行動によって改善していく。どん底の状態にあったのが通信制高校の非常勤講師になって吐き気はなくなり，やがて ED から回復し，父親に逆らって意志を通し，息子に対して父親的になり，学力が回復し，ダンベルで肉体改造をする。これら全ては，何かに変容したり，屈折や逆説があったりするのではなくて，力やエネルギーがまっすぐに伸びたり，回復したりしていくものであるのが特徴的である。自分や主体の確立は，非常にポジティヴでストレートに進んでいく。セラピストも指摘しているように，このクライエントの本質は少年なのではないだろうか。

　その中で，元同僚が飛び降り自殺をしたことが報告されたのは大切だと思われる。つまりそれは，すくすくと回復していくクライエントにとってのネガの面であり，死なないと再生しないという逆説が示されているところなのである。しかしこれも象徴的に体験されるのではなくて，他人の実際の出来事として扱われるのが特徴的であるけれども。

　もう一つは妻との関係である。このクライエントの本質は少年であり，したがって心理学的な課題も親からの自立である。自分が親として子どもに接するのも，あくまで少年たちの父親である。しかし次第に妻との関係ができてきて，料理もできるようになる。ここでようやくクライエントは女性性との関係をはじめたと思われ，それは今後の課題とも言えるし，またクライエントが同じ繰り返しに終わらない証拠とも考えられるのである。

ユング派心理療法を学ぶ人のためのブックガイド

河合　俊雄

　本書は，ユング派心理療法の入門書なので，もう少し背景となるユング心理学について学びたい，本書で取り上げていないユング派心理療法を知りたい，さらにはより詳しく専門的なものを紹介してほしいという人のために，いくつかの本を挙げた。

1．ユング心理学について

①河合隼雄　1967　ユング心理学入門　培風館（2009　岩波現代文庫）
　ユング心理学についての，もはや古典的となった入門書。『自我と無意識の関係』を種本にしつつ，集合的無意識，影，アニマなどの概念を，日本人のこころや読者に配慮しつつ解説している。
②ユング，C. G.／小川捷之（訳）　1976　分析心理学　みすず書房
　タヴィストック・クリニックに招かれて行ったレクチャーを元にした，ユング自身によるユング心理学入門書と言えよう。治療関係や言語連想についても記述が多い。
③ユング，C. G.／松代洋一・渡辺学（訳）　1995　自我と無意識　レグルス文庫
　『自我と無意識の関係』の邦訳で，ユングの著書を何か1冊というなら，これを勧める。分析のプロセスとして，自我に対して無意識が最初は影，次は異性像のようにどのように変化していくかが描かれている。
④ユング，C. G.／河合俊雄（監訳）　2010　赤の書　創元社
　ユング心理学の基礎となった，ユング自身の精神的危機のときに体験した夢・ヴィジョン・イマジネーションの記述とコメントからなる。また編者のソヌ・シャムダサーニによる「序論」が，ユングの生涯と心理学についてのよい

解説になっている。

*

　ユングの著作は，絶版のものもあるが，全集をはじめ公刊されているものは大部分が邦訳されている。英訳のユング全集は美文であるが，かなり文意が原文のドイツ語と異なるところが散見される。

　かなりの数の未公刊セミナーがあり，今後順次公刊されていく予定である。その中には，スイス連邦工科大学（ETH）での講義ノートなど，貴重なものも含まれる。

2．他学派・一般の心理療法の中で
①河合俊雄　2000　心理臨床の理論　岩波書店
　心理療法の理論全般について解説する中で，精神分析，行動療法，トランスパーソナル心理学などとの比較でユング派の心理療法も位置づけられている。
②伊藤良子（編）　2004　臨床心理面接技法1　臨床心理学全書8　誠信書房
　さまざまな心理療法の面接技法の中で，ユング派心理療法が位置づけられている。
③河合隼雄　2009　カウンセリング教室　創元社
　河合隼雄によるカウンセリング入門書は多くあるが，本書は原則的なことを体験に基づいて説明していて，秀逸である。
④ Cambray, J. & Carter, L.　2004　*Analytical Psychology: Contemporary Perspectives in Jungian Analysis.* Brunner-Routledge.
　英語であるが，副題にあるように，ユング派分析のさまざまな局面を紹介したものとして便利なので紹介する。

3．統合失調症・重症例
①武野俊弥　1994　分裂病の神話　新曜社
②角野善宏　1998　分裂病の心理療法——治療者の内なる体験の軌跡　日本評論社

ユング派心理療法は，個人を超えたこころを強調するだけに統合失調症の心理療法にも取り組んできたが，この二人のセラピストの仕事には説得力がある。
③山中康裕・河合俊雄（編）　1998　重症例・境界例の心理臨床　金子書房
　当時に比べて境界例のクライエントは減ったものの，境界例や統合失調症に近いクライエントへのユング派心理療法のアプローチとしては今も通じると思われる。

4．子どもの心理療法
①山中康裕　1978　少年期のこころ　中央公論新社
②岩宮恵子　2009　生きにくい子どもたち　岩波現代文庫
　どちらも，子どもや思春期のクライエントに対してのプレイセラピーやイメージを通した著者自身の事例に基づいて書かれていて，事例は感動的である。
③河合隼雄・山王教育研究所（編著）　2005　遊戯療法の実際　誠信書房
　自ら代表を務めた山王教育研究所のスタッフによる8事例にコメントしたもの。

5．イメージ・夢との関わり
①河合隼雄　1969　箱庭療法入門　誠信書房
　日本に箱庭療法が導入された直後に書かれた本であるが，いまだに箱庭療法についての最良の入門書である。
②ギーゲリッヒ，W.（著）河合俊雄（編著）田中康裕（編）　2013　ギーゲリッヒ夢セミナー　創元社
　夢への内在的アプローチが，実際の夢の例についてのコメントから明らかになっていく。

6．日本文化
①河合隼雄　2002　昔話と日本人のこころ　岩波現代文庫
　日本の昔話を，女性を主人公にして女性の意識として読み解いていったもの。

対象であった女性が主体となるプロセスとしても読める。
②河合隼雄　1999　中空構造日本の深層　中央公論社
　古事記，昔話などから，中空構造をはじめ，日本人のこころの構造を明らかにしていったもの。
③河合隼雄　2010　仏教とユング心理学　岩波現代文庫
　自分のユング派心理療法を，仏教をベースに捉え直したもので，河合隼雄の心理療法論としてはもっとも深いものと思われる。

7．新しい意識

①岩宮恵子　2009　フツーの子の思春期　岩波書店
　学校のカウンセリングにおいて，葛藤や内面がない子どもが増えてきていることを指摘し，それへの関わり方を示したもの。
②河合俊雄（編）　2010　発達障害への心理療法的アプローチ　創元社
　2000年くらいから発達障害と診断される人が増えており，従来の内省的で象徴性に基づく心理療法が通じない中で，主体を形成する新たなアプローチを提唱したもの。
③河合俊雄　2011　村上春樹の「物語」――夢テキストとして読み解く　新潮社
　村上春樹の作品を，夢テキストとして内在的に読み解く中で，ポストモダンとプレモダンの世界が交錯する現代の世界・意識に焦点を当てたもの。

　ジャーナルとしては，日本ユング心理学会編の『ユング心理学研究』（創元社）が市販されており，また市販はされていないが『箱庭療法学研究』も存在する。海外のジャーナルとしては，*Journal of Analytical Psychology* がさまざまな検索システムでもカバーされているメジャーなものである。

さくいん

あ行

アイデンティティ 171
悪夢 59
アジール 20
阿闍世コンプレックス 53
圧縮 71
アドバイス 175
アトピー 44, 201
アニマ ii
アニムス ii
アレキシサイミア 71
ED 284
異界 194
育児支援 146
移行対象 34
移動 71
イニシエーション 9
遺糞症 158
ウィニコット（Winnicott, D. W.） iv
うつ 25
　——病 29
ウロボロス 195
ADHD 287
英雄 54
エディプス・コンプレックス 53
エビデンス 48
円形脱毛症 229
嘔吐 166, 283
親子関係 47

か行

解釈 84
外傷体験 133
解離 12, 221
　——性障害 69
カオス 68
学習障害 152
拡充法 56

影 ii
過食 166
葛藤 146
河合隼雄 iii
ギーゲリッヒ（Giegerich, W.） iv
儀式 28
境界 128
境界例 63
共感 174
鏡像段階 62
強迫 25, 187
恐怖感 251
恐怖症 64
拒食症 54
近代意識 16
空虚 196
クライン（Klein, M.） 36
華厳 87
結合 67
　——と分離の結合 67
下痢 165, 207
嫌悪感 226
幻覚 250
元型 ii, 47
言語能力 109
攻撃性 141
行動化 27
コフート（Kohut, H.） 36
個性化 14
言葉の遅れ 93
コミット 84
混沌 124
コンプレックス i

さ行

差異 104
罪悪感 25, 185
再生 130

さくいん

在／不在　105
作業療法　239
三者構造　37
自意識　23
自我　19, 197
　　──境界　252
自己　ii
　　──愛　23
　　──意識　25
　　──関係　23
　　──反省（self-reflection）　47
自殺　265
思春期　178
実体化　207
自閉　61
　　──傾向　93
　　──症スペクトラム　66
シャーマニズム　27
自由画　240
集合的無意識　i, 47
集団精神療法　237
主体　5
守秘義務　20
循環　104
焦燥感　272
象徴　30
衝動　193
女性性　166, 288
人格障害　65
神経症　14
心身症　70
身体感覚　217
身体症状　287
身体表現性障害　272
心的外傷　130
神話　29
垂直　104
水平　104
スーパーヴィジョン　9
スクイグル　113
ずれ　84

精神分析　i
性的　193
青年期　201
性犯罪　130
摂食障害　166
前近代　27

た行

対象関係論　63
対人恐怖　24, 252
他者　177, 250
中断　174
中立性　174
直面化　203
沈黙　44
通過儀礼　130
抵抗　44
DV　132
転移　6
投影　25
統合　74
　　──失調症　i, 237
　　──失調症型人格障害　270
投薬　272
トラウマ　55
トリックスター　58

な行

内在的　76
内省　194
内面性　77
ナラティヴ　48
喃語　103
日本神話　105
塗り絵　237

は行

場　5
ハイデッガー　24
バウム・テスト　62
吐き気　283

294

派遣　144
発達検査　93
発達障害　61
パニック　50
母親面接　146
母なるもの　54
反復　66
被害的　238
ヒステリー　27
否定性　129
秘密　249
描画　11
病態水準　19
ヒルマン（Hillman, J.）　83
不安　24, 187
　　──障害　24
　　──夢　24, 49
風景構成法　85
布置　47
不登校　111
不眠　252
フラッシュバック　131
フロイト（Freud, S.）　i
噴出　110
分離　67
蛇　56
ペルソナ　ii
弁証法　73
防衛機制　233
暴力　132
母子関係　166
母子分離　94

ポストモダン　70

ま行

曼荼羅　57
万引き　166
無意識　i
メタファー　63
メトニミー　70
妄想　65, 250
物語　47

や行

薬物中毒　236
夜尿　164
融合　67
誘発線法　249
抑圧　232
抑うつ　206, 221
夜泣き　147

ら・わ行

ライフサイクル　145
ラカン（Lacan, J.）　14
リストカット　166
リフレクション　174
両価性　199
両性具有　198
劣等感　25
ロールシャッハ・テスト　86
ロジャース（Rogers, C. R.）　6
枠　7

《執筆者紹介》

河合俊雄（かわい・としお）編者，はしがき，第Ⅰ部1〜6，第Ⅱ部コメント，ブックガイド
　京都大学こころの未来研究センター　教授

大久保もえ子（おおくぼ・もえこ）第Ⅱ部1
　山王教育研究所／チューリヒ International School of Analytical Psychology 留学中

桑原晴子（くわばら・はるこ）第Ⅱ部6
　岡山大学大学院教育学研究科　講師

高見友理（たかみ・ゆり）第Ⅱ部3
　島根大学教育学部附属教育支援センター　講師

田熊友紀子（たぐま・ゆきこ）第Ⅱ部8
　元文京学院大学人間学部　教授／チューリヒ International School of Analytical Psychology 留学中

橋本尚子（はしもと・なおこ）第Ⅱ部5
　京都学園大学人間文化学部　准教授

福田　周（ふくだ・あまね）第Ⅱ部9
　東洋英和女学院大学人間科学部　教授

藤巻るり（ふじまき・るり）第Ⅱ部11
　埼玉工業大学人間社会学部　講師

前川美行（まえかわ・みゆき）第Ⅱ部7
　東洋英和女学院大学人間科学部　准教授

三宅理子（みやけ・りこ）第Ⅱ部4
　東海学園大学人文学部　准教授

本島京子（もとじま・きょうこ）第Ⅱ部10
　帝京平成大学専門職大学院　実習担当カウンセラー

渡辺あさよ（わたなべ・あさよ）第Ⅱ部2
　七里ヶ浜心理臨床オフィス solala　主宰

《編著者紹介》

河合　俊雄（かわい・としお）

　京都大学大学院教育学研究科博士課程中退　phD.（チューリッヒ大学）
　現　在　京都大学こころの未来研究センター　教授
　主　著　『心理臨床の理論』岩波書店，2000年
　　　　　『京都「癒しの道」案内』（共著）朝日新書，2008年
　　　　　『発達障害への心理療法的アプローチ』（編）創元社，2010年
　　　　　『赤の書』（監訳）創元社，2010年
　　　　　『村上春樹の「物語」』新潮社，2011年
　　　　　『ギーゲリッヒ　夢セミナー』（共編著）創元社，2013年

ユング派心理療法

2013年3月1日　初版第1刷発行　　　〈検印省略〉
2013年7月10日　初版第2刷発行

定価はカバーに
表示しています

編著者　　河　合　俊　雄
発行者　　杉　田　啓　三
印刷者　　田　中　雅　博

発行所　株式会社　ミネルヴァ書房
607-8494　京都市山科区日ノ岡堤谷町1
電話代表　(075)581-5191
振替口座　01020-0-8076

©河合俊雄ほか，2013　　　創栄図書印刷・清水製本

ISBN978-4-623-06575-2
Printed in Japan

心理療法プリマーズ
森田療法
——————————北西憲二・中村　敬 編著　Ａ５判　392頁　本体3200円
●日本で独自に発展した心理療法である森田療法の理論と，様々な症状に対する治療の事例を紹介する入門書。

心理療法プリマーズ
家族療法
——————————————————亀口憲治 編著　Ａ５判　280頁　本体2800円
●現代社会を生きる家族の無数のニーズから生まれ，発展してきた家族療法の理論や技法，様々な事例を紹介。

心理療法プリマーズ
行動分析
——————————大河内浩人・武藤　崇 編著　Ａ５判　572頁　本体3000円
●クライエントと環境との相互作用を明らかにし，それに働きかけることによって，不適応行動の解消や望ましい行動の生起をうながす「行動分析」の理論と実践。

心理療法プリマーズ
内観療法
——————三木善彦・真栄城輝明・竹元隆洋 編著　Ａ５判　312頁　本体3000円
●現在さまざまな領域でさかんに活用されている内観療法。背景にある歴史や理論，活用の仕方などを解説し，具体的な事例も多数紹介。

やわらかアカデミズム・〈わかる〉シリーズ
よくわかる心理臨床
———————————————————皆藤　章 編著　Ｂ５判　220頁　本体2200円
●心理療法や心理査定を行うために必要な基本的な考え方と知識を身につけることができるテキスト。

やわらかアカデミズム・〈わかる〉シリーズ
よくわかる臨床心理学［改訂新版］
—————————————————下山晴彦 編　Ｂ５判　312頁　本体3000円
●どこから学べばいいかがわからない初学者のために，アセスメント，技法，療法等をわかりやすく説明し，体系的に学べるよう配慮した。

いちばんはじめに読む心理学の本
臨床心理学——全体的存在として人間を理解する
————————————————伊藤良子 編著　Ａ５判　256頁　本体2500円
●12の問いに答えるかたちで，たんなる知識だけでなく，臨床心理学に携わる者の基本的な考え方・本質的なあり方を解説する。

——— ミネルヴァ書房 ———

http://www.minervashobo.co.jp/